アンシアン・レジーム期フランスの権力秩序

蜂起をめぐる地域社会と王権

仲松優子
Nakamatsu Yuko

有志舎

アンシアン・レジーム期フランスの権力秩序

——蜂起をめぐる地域社会と王権——

《目次》

第四章　蜂起と地域秩序　131

凡例

（1）本書では、都市名である Les Vans および Villeneuve de Bergを、現在のラングドック地方における一般的な発音にのっとり、それぞれ「レ＝ヴァンス」、「ヴィルヌーヴ＝ド＝ベルグ」と表記した。

（2）註の書誌情報は、各章ごとに初出とみなし記載している。

（3）註で史料を特定する際には、各文書館の整理番号として、cote だけでなく、可能なかぎり pièce や folio（f. と略記）を記載している。また、史料の表題を原文のままで記載する場合にはイタリックにし、史料に表題がついていない場合や長文になる場合は、筆者が内容に即して簡潔な表題をつけ、これはイタリックにせず区別している。

（4）史料を引用する際に、筆者が補足を行う場合には、［ ］で示した。

（5）史料中に出てくる度量衡については、本書では以下の数値に換算している。

一ピエ＝約三二・五センチメートル。

一プス＝一ピエの一二分の一＝約二・七センチメートル。

（6）本書では、以下の略記を用いる。

A.N.: Archives nationales（フランス国立文書館）

A.D.Ardèhe: Archives départementales de l'Ardèche（アルデーシュ県文書館）

A.D.Haute-Garonne: Archives départementales de la Haute-Garonne（オート＝ガロンヌ県文書館）

A.D.Hérault: Archives départementales de l'Hérault（エロー県文書館）

序章　アンシアン・レジーム再考

フランスのアンシアン・レジーム期は、一般的に一六世紀から一八世紀にかけての時代を指す。かつてこの時代は、ルイ一四世（Louis XIV）のような強力な王権のもとで中央集権化が進み、近代国家の基盤が形成された時代としてとらえられてきた。

こうした見方を顕著に示す絶対王政論は、第二次世界大戦以降、見直しが進められていく。これにより、王権だけでなくさまざまな権力や社会集団の存在に関心が注がれ、王権が必ずしも自らの意志を貫徹させて権力を行使できたわけではなかったことが明らかになった。このような研究の進展のなかで、日本では一九七〇年代末に、二宮宏之による論文「フランス絶対王政の統治構造」が、社団的編成論を提示した。[*1] 二宮は、王権が多種多様な社会集団の独自性を抑圧したのではなく、これを特権として認可してその集団に「社団」としての地位を与え、これと引き換えに統治下においたことを示した。これは現在にいたるまで、アンシアン・レジーム期の権力秩序を考察する際に、フランス史のみならずヨーロッパ史の領域において参照され続けている議論である。

しかし、二宮の社団的編成論には、絶対王政論との共通点が見出される。社団的編成論では、確かにアンシアン・レジーム期の社会の基盤に、王権に対して一定の自律性を確保したさまざまな社会集団が存在したことが重視されている。だがそのうえで社団的編成論は、こうした社会集団がいかに自律性を保持しながら、王権による統治に組み込まれていたのかを示すことを目的としていた。すなわち、社団的編成論もまた王権による統治のあり方を問う統治論の一つであり、この点では絶対王政論と立論の視点が同じであるといわざるをえない。

本書は、これに対してアンシアン・レジーム期の権力秩序のあり方を、王権からではなく、支配を受けあるいは支配を支えた側の視点から問い直すものである。これにより、権力への視野を王権だけでなくそれを支えた諸権力へと広げることを目的とする。そのような視点を取るとき、王権が志向する権力秩序は、一つの権力秩序を示しているにすぎず、多様な秩序の可能性が存在していたことに気がつくだろう。そこには、王権のもとで徐々に近代国家が形成されるとする見取り図に収れんさせることができない、アンシアン・レジーム期の政治構造や社会構造のあり方がみえてくるはずである。そしてそれは、アンシアン・レジームからその後の近現代のフランスの歴史を発展段階的にとらえる見方をも、再検討することにつながるのではないだろうか。

このような観点に立ち、本書では、南フランスのラングドック地方の地域権力や地域住民の視点から、アンシアン・レジーム期の権力秩序を再考する。ラングドック地方は、一三世紀という比較的早い段階でフランス王国に併合された地域であったが、アンシアン・レジーム期をとおして、北フランスとは異なる言語が日常的に使用され続け、法制度や行政システムも独自の形態をとった。そのため、フランス革命にいたるまで王権に対して政治的な自律性を確保し続けた地域と考えられている。

しかし一方で、ラングドック地方は、カトリックを基盤とする王権の宗教および統治政策のなかで、常に監視と抑圧の対象となった地域であった。大小さまざまな蜂起が頻発したことは、王権のこうした態度の要因であり、そしてその結果でもあった。この地方から権力秩序を眺めるとき、地域社会は王権が志向する秩序とは異なる秩序を形成し、時には集団や組織ごとの利害にもとづいて王権の秩序を読み直しこれを利用する様が明らかとなってくる。

本書の視点のように、地域権力の利害や主体性を重視し、そこからアンシアン・レジーム期の権力構造を考察する研究は、特に英語圏で一九八〇年代から発展してきた。近年では、王権と諸権力が対立していただけでなく、利害を共有し、交渉すること（negotiation）を通じて相互に依存し協働関係（collaboration）を築いていた側面に研究が展開しており、両者が形成する複雑な支配構造が明らかとなってきている。

しかし、これらの研究では、諸権力が形成する権力秩序と、地域住民の関係が具体的に議論されることは稀である。本書はこれに対して、権力秩序の形成の要因の一つとして地域住民による蜂起を位置づけ、地域社会の動向がいかに権力秩序のあり方に影響を与えていくのかという点を、あわせてみていきたい。これにより、「王権」と「地方」という二項対立の関係だけでなく、地方内部の権力の重層性にも目が向けられることになるだろう。この研究視角は、二〇〇〇年代より新たな展開を示している蜂起研究に多くのことを負っている。アンシアン・レジームの権力秩序を考察するうえで、蜂起をいかに位置づけるかという点は、近年再び議論されている問題である。

以上のような視点のもとに、本書ではラングドック地方の地域秩序や蜂起をめぐって、王権と地域権力、地域住民の間で繰り広げられた政治を分析していく。その政治には、アンシアン・レジームの権力秩序と支配構造が如実に表れてくるだろう。

アンシアン・レジーム期フランスの権力秩序についての考察は、絶対王政論からはじまり、現在の研究状況にいたるまで大きく変化してきた。この研究視点の変化には、どのような研究の進展と論争が影響を与えているのか。また、日本で大きな影響力をもってきた、二宮の社団的編成論は、この文脈のなかでどこに位置づけることができるのだろうか。以下では、その研究史を整理し、次に本書の立場と課題を明確にしていくこととする。

第一節　絶対王政論・社団的編成論のその先へ

絶対王政論は、先にも述べたとおり、第二次世界大戦以降より見直しがすすめられた。しかし、いまだに日本の高等学校の教科書では、アンシアン・レジームやフランス革命についての叙述が、「絶対王政」が存在していたことを前提としており、学界においても「絶対王政」という言葉でアンシアン・レジーム期を表現し、政治や社会のあり方をここから解釈することはやんでいない。それは、「主権国家」から「国民国家」へと発展するとする近代国家形成の物語に、「絶対王政」論がきわめて適合的だからだろう。

そのため、ここでは一九世紀以来の絶対王政論をあらためて振り返ることからはじめ、現在にいたるまでこの見方がいかに克服されようとしたのか、そして何が引き継がれていったのかという点を整理していくこととしたい。これによって現在のアンシアン・レジーム研究が到達した地点を確認し、研究課題を考えていく。

(1)　一九世紀フランスの歴史学と絶対王政論

一九世紀に生まれた絶対王政論のうち、後の時代にまで大きな影響を与えたものとして、自由主義的立場から考察された絶対王政論と、マルクス主義絶対主義論の二つを挙げることができるだろう。

一九世紀フランスでは、革命とナポレオン（Napoléon Ier）の体制を経て、一八一五年に王政が復活する。この王政復古の時代に、歴史学は過去の体制の検証と王政のあり方を模索するものとして、盛り上がりをみせた。歴史学は、当時の体制のあり方をめぐる政治闘争に立脚したものとして展開した。

この時代、フランスの歴史学において主流となってくるのが、自由主義に立脚する歴史学であった。自由主義歴史学においては、王権と貴族とブルジョワジーが歴史の主体として考えられ、そのなかでもブルジョワジーが歴史的に果たした役割が重視された。[*2] そこでは、民衆は歴史主体とはみなされず、また王権の強権的な態度に対して批判はするが、王政そのものを否定することはなかった。こうした立場は、一八三〇年の七月革命によって生じることになるオルレアン王政のあり方と合致するものであり、自由主義歴史家たちの多くは、オルレアン王政下で政治家として、あるいは大臣として政権の中枢を担い、自由主義歴史学は、体制の側の学問としての地位を確立した。

これを代表した歴史家で、アンシアン・レジーム期をはじめて学問的に分析したと考えられているのが、アレクシス・ド・トクヴィルである。その著作『アンシアン・レジームとフランス革命』(一八五六年)では、アンシアン・レジーム期フランスの社会が、強力な王権のもとで極度に中央集権化されたものとして描かれた。[*3] トクヴィルはここに、一九世紀フランスの中央集権体制の萌芽をみたのである。ただしトクヴィルは、自由主義的立場から中央集権体制を批判しながらも、王政自体を否定したわけでなく、むしろ制限のない自由の拡散やフランス革命に対して懐疑的であった。[*4] トクヴィルの理想は、貴族が王権に歯止めをかける中世的な封建社会だった。

トクヴィルの自由主義的な絶対王政像は、その後もアンシアン・レジームおよびフランス革命研究に大きな影響を及ぼしていくことになる。フランスでは、一九世紀半ば以降、実証主義歴史学が成立していくが、王政復古期に形成された自由主義歴史学の見方は継承された。[*5] そして、実証主義の広がりと制度史の発展のなかで、自由主義歴史学の歴史認識は、フランスの歴史学において脈々と受け継がれていくのである。

他方、マルクス（Karl Heinrich Marx）の歴史学も、同時代に形成されていた。マルクスの階級闘争の視点が、フランスの自由主義歴史学から発想を得ていることは、マルクス自身が認めているところである。[*6] しかし、フランスの自由主義歴史家たちが、一八四八年革命を経て保守化していき、民衆の存在を軽視していったことは、マルクス主義歴史学との大きな分岐点となった。[*7]

ただし、マルクス主義は、歴史における階級闘争を重視したものの、アンシアン・レジーム期を強力な王権が支配する時代ととらえていた点において、一九世紀のフランスの歴史学と共通の特徴をもっていた。フリードリヒ・エンゲルスは『家族・私有財産・国家の起源』（一八八四年）において、階級対立と国家の関係について議論を展開し、絶対主義時代の国家権力は、貴族とブルジョワジーの力が均衡しているなかで、その利害を調停する役回りを果たすことによって自らの権力を伸長させたと述べた。[*8]

この絶対主義一般の定義をふまえ、カール・カウツキーは『フランス革命時代における階級対立』（一八八九年）において、フランス革命前の社会を強力な王権のもとに成立した体制として詳述した。[*9] ただしカウツキーは、エンゲルスの定義からふみこんで、絶対主義国家権力を、貴族とブルジョワジーのいずれの階級にも基盤をもたない超階級的性質をもったものと述べたため、多くの批判を受けることになった。

エンゲルスに端緒をみることができるこの「均衡論」は、日本を含め、マルクス主義にもとづく絶対主義研究の議論の枠組みであり続けた。[*10] また、国家が階級的性格をもつのかもたないのかというのいずれの立場にせよ、封建制から資本制への移行期に生ずるとされた「絶対主義」の時代に、強力な国家権力が形成されたとするイメージは、マルクス主義歴史家においても共有されていくことになる。

(2) 身分制社会論をめぐる論争

こうした古典的なフランス絶対王政論は、一九五〇年代頃から本格的に見直しが進められていくことになる。その転機は、フランスの制度史家ロラン・ムーニエとソヴィエト連邦のマルクス主義歴史家ボリス・ポルシュネフを軸に行われた論争であった。

一九世紀以来の自由主義歴史学の流れをくむムーニエは、その著作『アンリ四世とルイ一三世治世下の売官制』(一九四五年)で、アンシアン・レジーム期の官僚制の性格を規定していた官職売買の実態に光をあてた。[*11] そしてこれが、絶対主義の貫徹に制限を加えていたとする認識を示した。ムーニエのこの研究は、官職の担い手や売買ネットワークを実証的に明らかにすることによって、狭い制度史の枠を突破して社会史の領域に接近し、アンシアン・レジーム期の権力秩序の問題に実態からせまる可能性を開いたと、評価することができるだろう。[*12]

しかし、ムーニエによるアンシアン・レジーム論は、王権が近代化をすすめたとする絶対王政論の枠組みを変更させるものではなかった。ムーニエは、中世以来行われていた売官制を、一六世紀から一七世紀前半の王権にとって障害であったと確かに述べているが、一七世紀初頭に王権が官職の売買や相続に対して税を設けて公式にこれを承認し、国家制度として組み込んでいくことによって、官僚の王権に対する従属を引き出すことに成功したとみなしているからである。[*13] そしてルイ一三世以降は、国王が直轄する官僚制を新たに導入することによって、売官制を克服しようとする動きがみられ、「絶対王政」はさらに強化されていったという見通しを示した。[*14] すなわちムーニエは、売官制にせよ、その否定の政策にせよ、アンシアン・レジーム期を、王権が強化され、そのもとで近代化がすすめられていく過程として描いているのである。

こうしたアンシアン・レジーム理解を批判したのが、マルクス主義歴史家のポルシュネフである。その著作『一六二三年から一六四八年におけるフランスの民衆蜂起』（ロシア語原版は一九四八年、ドイツ語訳は一九五四年、フランス語版は一九六三年出版）は、これまでのフランスの歴史学が、ルイ一四世の偉大さを強調するあまり、社会変化の推進力としての民衆蜂起に目を向けることがほとんどなかったことを批判し、ルイ一四世の即位直後にフランス全土に広がったフロンドの乱（一六四八―五三年）の再検討をうながした。[*15]

それまでフランスの歴史学界では、フロンドの乱は、王権による中央集権的政策に反発した官僚や貴族層が起こした最後の反抗とみなすことが一般的であった。すなわち近代化をすすめようとする王権が、封建的諸権力の抵抗を除去していく過程のなかに、フロンドの乱を位置づけたのである。ムーニエもこれに該当する。[*16] しかしポルシュネフは、この通説に対して異を唱え、フロンドの乱に先立つ時期には、三十年戦争への参戦による課税強化が実施されており、これを原因として、農民や都市の下層民をおもな担い手とする民衆蜂起が頻発していたことに注意をうながし、ここからフロンドの乱の解釈を行うことを試みた。すなわち、フロンドの乱周辺の時期に生じた一連の民衆蜂起には、反王権や反封建制という方向性をもつ農民や都市下層民による階級闘争が看取できるのであり、そのただなかで生じるフロンドの乱では、官僚や貴族が指導者として表舞台に出てくるものの、その基底には、民衆層の動機や役割が存在していたのであり、そこからフロンドの乱の歴史的意味は考える必要があることを主張したのである。[*17]

ムーニエはこれに対して、フロンドの乱前後の時期に起きた蜂起には、領主と農民の連携がみられ、農民は領主層に対立していないとし、この時期の蜂起を階級闘争として理解することはできないと反論した。[*18] ムーニエは従来の研究にのっとり、フロンドの乱は、旧来の特権や支配秩序に対する王権の政治的介入への拒否反応だと説明したのである。これ以降、一七世紀の蜂起についての両者の解釈をめぐり、学界では論争が広がっていった。[*19] そして、ムーニエはこの論争を展開していくなかで、マックス・ウェーバー（Max Weber）に依拠しながら、アンシアン・レジーム期社会を特徴づけていたのは階級ではなく、身分や権威であり、この時代の社会は身分制社会であると主張するにいたったのである。[*20]

一九六〇年代にムーニエが主張した身分制社会論に対しては、特に一九七〇年代に多くの批判が寄せられた。[*21] それは三点に要約することができる。第一に、ムーニエは単一の価値体系のもとに階層化されている社会を想定しているが、単一の価値体系への合意が形成されていたかどうかは疑問であるという批判である。[*22] 第二の批判は、ムーニエがロワゾーなどの同時代の思想家の言説から社会構造を描き、思想家の思想や理念を現実と同一視していることに向けられた。[*23] そして第三の批判は、ムーニエの国家に対する認識を問題とした。ムーニエは王権と国家の役割を過大評価しすぎており、王権のもとでの予定調和的な社会を想定しているという批判である。[*24] これらの批判点は、ムーニエの身分制社会論に限らず、現在のアンシアン・レジーム研究においてもつきまとう問題といえるだろう。

以上のような、「階級」か「身分」かをめぐる議論は、アンシアン・レジーム期社会を理解するうえで重要な論点を提供していると考えられる。もちろん、フランス革命をブルジョワ革命とする見方に疑問が提起された現在、アンシアン・レジーム社会を貴族とブルジョワジーそして農民の対立という、単純な図式から説明することは難しい。しかし、一方でムーニエのように、身分と特権だけで、この時代の社会のあり方を理解することもできないだろう。身分や地位は、社会的な価値判断をともなうものであるのと同時に、経済的な条件においても形成されるものである。経済的条件と社会的条件の双方は、複雑に絡み合いながら社会を規定するのであり、前近代を「身分」で、近代以降を「階級」でとらえようとする二項対立的な歴史認識では、歴史の実態を見逃すのではないだろうか。

それにもかかわらず、一九七〇年代以降の日本では歴史学全体において、戦後歴史学への批判が展開し、マルクス主義歴史学が後退するなかで、アンシアン・レジーム期社会を理解するうえでも重要だと考えられる、分析枠組みとしての「階級」や階級闘争の視点が投げかけていた問題は消えていく。[*25] そしてこれに代わって、ムーニエの身分制社会論に近い、社会的結合（ソシアビリテ）論にもとづく社団的編成論が、日本のフランス史研究の視点の主軸にすえられていくのである。

(3) 社団的編成論を超えて

日本のフランス史研究とヨーロッパ史研究において広く受容され、大きな影響力をもった二宮宏之の社団的編成論をここでは検討していきたい。二宮は、「フランス絶対王政の統治構造」（一九七九年）において、アンシアン・レジーム期の王権は、古典的な絶対王政論で示されるようなイメージとは異なり、さまざまな集団の自律性を前提として統治していたことを示した。[*26] 王権は、人々の「自然生」的結合関係にもとづく共同体の自律性を、特権として認め、共同体に一種の法人格を付与して、「社団」として編成し統治していたのである。なお二宮は、自らの論を「社団国家論」とは、呼んでいない。アンシアン・レジーム期を、封建制国家と国民国家の間の時期ととらえ、この時代を「社団国家」の時代としたのは、柴田三千雄である。[*27]

二宮の社団的編成論が発表されたのは、先にみたポルシュネフ＝ムーニエ論争が終わりを迎えた頃であった。二宮はこの論争に対して、どのような立場にあったのだろうか。

実は二宮は、「フランス絶対王政の統治構造」のなかで、この論争そのものについて言及していない。しかし、その社団的編成論の立論に際しては、第二次世界大戦以前に構想された社団国家論に依拠しており、これに対して検討を加えている部分に、二宮のポルシュネフ＝ムーニエ論争に対する立場が看取できる。

社団国家論は、エミール・ルースとフランソワ・オリヴィエ＝マルタンを主要な論客としたものである。身分制議会を専門としたルースは、一九三〇年代より、これまでの制度史が王権を重視するあまり、ほかの諸権力や団体を軽視していたことに対して批判を行い、ドイツの等族国家概念に発想を得て国家論を展開し、アンシアン・レジーム期の社会を社団国家として提示した。[*28]

二宮は、こうしたルースらコルポラティストの社団国家論から多くの発想を得ながらも、その立論に直ちには与せないとも述べている。それは、彼らに「社会集団の自律性・共同性を、論理的範疇の次元においてではなく現実そのものと見做す傾向」や、「諸集団間の関係も予定調和的なものとして捉え、そこに安定した秩序を見ようとする傾き」があるからだとする。二宮は、ムーニエの身分制社会論そのものを批判しておらず、また自らの社団的編成論との違いも明確に述べていない。しかし、ここでコルポラティストの問題として列挙している点は、ムーニエの身分制社会論に向けられた批判と同じ内容をもっているといえるだろう。

では、ポルシュネフへの意見はどうか。二宮は同じ箇所でコルポラティストを批判するのと同時に、「しかし他面、これら諸社会集団の自律性・独立性を単なる法的・制度的外被と見做し、すべてを領主対農民、あるいは『封建的』支配層対従属的民衆の関係に解消してしまう観点からは、絶対王政の権力メカニズムを捉えることはむずかしい」と述べている。論文ではポルシュネフの名前を挙げていないが、ここで述べられている批判は、ポルシュネフが来日した際の講演に対して、二宮が批判的に述べた意見と同じものである。[*29]

したがって、二宮はムーニエとポルシュネフ双方の問題点について念頭におきながら、社団的編成論を形成していったと考えられる。しかし、二宮の社団的編成論がムーニエの身分制社会論に多くのものを負っていることも事実だろう。例えば、二宮の社団的編成論の特徴である、社会的結合関係を社会の基層として重視する考え方については、ムーニエの身分制社会論を参照していた。[*30]また、「社団」の定義においても、広い意味での「身分」概念と重なっていること、そしてムーニエの「社団」概念と近いものであることが説明されている。[*31]すなわち、二宮はこの段階で、マルクス主義的視角をとらず、身分や特権といったものをアンシアン・レジーム期の社会構造を理解する鍵として、重視していたといえるだろう。

そのうえで、二宮の社団的編成論がムーニエと異なるのは、共同性をもった集団をアプリオリに社団としてみなすのではなく、こうした集団が王権による統治のなかに組み込まれる過程を重視したことである。アンシアン・レジーム期の社会構造を社団の単なる重なり合いとして理解するのではなく、社団が形成される際に内包される支配・従属関係の契機を見逃さなかったところに、二宮の社団的編成論の特徴を見出すことができる。[*32]

このように、二宮の社団的編成論は、ムーニエの身分制社会論がもつ問題を乗り越えていく可能性に満ちていた。しかしながら、それでもなおムーニエの論理がもつ静態的な秩序観は払拭されていないのではないだろうか。

まず、二宮の社団的編成論において、社団は自律性を認められているが、それでもなお王権の統治構造に組み込まれているものとして提示されているにすぎない。国王を頂点とする秩序への反逆や、王権による統治からはみ出す秩序は想定されていないのである。そして、王権と社団が取り結ぶ協調関係は、ある共同体が「社団」として認定される段階だけが問題とされ、その後は持続するものとして想定されているようにみえる。

また、社団と王権の関係の変化の契機は、一八世紀になってこれまでの社団のあり方が変容し解体していくことを指摘することによって、説明されているだけである。[*33]しかし、フランス社会は、一七世紀までに王権によって社団として編成が進められていき、一八世紀に突然変容したのだろうか。こうした見取り図は、ルイ一四世時代の統合力の強化や、その後に生じるフランス革命によって国家が一人一人を掌握する近代国家が誕生したという見方を、暗黙の前提としているのではないだろうか。二宮自らも後年、社団的編成論が静態的な構造論であることを認めているが、[*34]まさにこれらの点にその問題をうかがうことができる。

社団的編成論によるアンシアン・レジーム期社会の静態的な把握を乗り越えていくには、どのような方法があるだろうか。それは、一九八〇年代以降の新しいマルクス主義歴史学の方法と、そこからはじまり近年にいたる研究動向から導き出すことができると考える。

(4) マルクス主義歴史学の新展開

一九六〇年代以降、マルクス主義は大きな転換期を迎えることになる。それは一九五〇年代よりはじまるマルクス主義内部の自己批判とともに、一九六八年革命に象徴されるような政治・社会・文化運動の展開のなかで生じたものであった。マルクス主義には、エンゲルスやカウツキーによる「均衡論」はあったものの、それまで国家権力の構造的分析に正面から取り組むことがなかった。しかしこれ以降、マルクス主義国家論の構築と議論が進められていくことになる。[*35]そしてそれは、歴史学にも影響を及ぼしていった。

アンシアン・レジーム期研究では、特に英語圏で一九八〇年代以降、こうしたマルクス主義歴史学の変化を基盤としながら、ムーニエへの批判を呼び水に権力秩序に関する研究が大きく発展していく。アメリカ合衆国のマルクス主義歴史家であるウィリアム・ベイクは、『一七世紀フランスにおける絶対主義と社会』（一九八五年）において、ラングドック地方における王権と地域権力の関係を分析し、アンシアン・レジーム期の権力秩序について新たな視点を提示した。[*36] 研究の方法についてベイクは、ムーニエらの身分制社会論が、社会秩序を静態的に把握していると批判し、社会の動態を分析するために、階級分析の有効性を主張した。ここで重要な点は、ベイクが、経済的条件を重視するために階級分析の必要を説いているわけではないことである。ベイクは、ムーニエの制度史やアナール学派の社会史は、社会に存在する対立や紛争、不平等な関係を軽視していると批判し、一七・一八世紀を分析するうえで、あえて「階級」概念をもち込み、これによって社会の矛盾をみることを主張したのである。

しかし一方で、ベイクは従来のマルクス主義的絶対主義論も批判した。彼は、ルイ・アルチュセールらの構造主義的マルクス主義や、イギリスのマルクス主義歴史社会学者ペリー・アンダーソンの研究に依拠しながら、絶対王政研究に取り組んだ。[*37] その特徴の一点目は、社会へのアプローチの仕方である。ベイクは、階級分析の必要を主張したが、構造主義的マルクス主義に依拠しながら、経済的側面だけでなく政治やイデオロギーの役割も重視し、これらの全体システムの働きのなかで形成されるものとして社会をとらえることを提案した。[*38]

二点目の特徴は、マルクス主義の発展段階的な歴史把握を批判し、アンシアン・レジーム期を、ブルジョワジーが形成され発展していく段階として位置づけることを問題視した点である。[*39] ベイクは、アンシアン・レジーム期の社会を、人々が抑圧される封建的要素が長期に持続する社会とみなし、その構造を明らかにするべきであると主張した。[*40] このようにベイクは、古典的なマルクス主義による封建制の定義を拡大して、アンシアン・レジーム期を資本制が生まれる時代としてではなく、古い体制が生き残り続ける時代として理解するべきであるとしたのである。

以上のように、ベイクはアンシアン・レジーム期の権力構造を動態的に把握するために、新しいマルクス主義の視点の導入を主張した。その際に、経済決定論や発展段階論を排し、アンシアン・レジーム期社会の権力構造の形成を政治的なものとして理解し、権力が持続性をもつシステムを解明しようとしたのである。そしてベイクは、なぜルイ一四世が勢力の拡大に成功したのかという問題に着手し、王権とラングドック地域エリートが利益を共有するシステムを形成していたことを明らかにしたのである。

ここでベイクが注目したのは、王権と地域エリートが双方の利益を増大させるために行った交渉や、これにもとづく協働関係であった。[*41] この視点は、その後多くの研究者に共有され、ケーススタディが積み重ねられていった。[*42] ただし、ベイクが注目した協働という視点は、特に英語圏の研究に広がったものであった。フランス語圏では、ムーニエ以降、社会史の視点を組み込んだ新しい制度史の枠組みのなかで、絶対王政論を見直す実証研究が積み重ねられていった。そして、二〇〇〇年前後から、王権と諸権力の協働関係に注目した英語圏の研究との接点が生まれてくるのである。[*43]

(5) ヨーロッパ近世の政体論・国家論への架橋

王権と諸権力の協働の具体的なあり方を明らかにすることにより、近世社会の統治の実態を分析しようとするベイクの視点は、近年のヨーロッパ近世史研究の研究動向と重なり合うものである。[*44] その代表作の一つは、スペイン史研究者のJ・H・エリオットによる「複合君主政のヨーロッパ」(一九九二年)である。[*45] エリオットは、ヨーロッパの近世においては、自律性をもつ複数の地域がその独自性を保持しながら緩やかに統合されていた、複合君主政が一般的であったと指摘した。そして、フランスについても、地方議会をもつ政治的自律性をもった地域が含まれており、ここに複合君主政的特徴をみた。

しかしエリオットは、ルイ一四世以降のフランスでは、王権による統合が強化され、その度合いはほかのヨーロッパ地域と対照的であったとした。そして、ヨーロッパに広くみられたとする複合君主政の枠組みに、この時代以降のフランスを入れることはなかった。[*46]

このようにフランスは、ヨーロッパの地域の多様性が議論されるなかでも、例外的に王権が強固で、統合が進んだ国家として論じられることが多い。例えば、イギリス史の複合国家論の代表的論客であるH・G・ケーニヒスバーガも、フランスを君主が臣民の合意を得ずに支配できた国家の典型としている。[*47]

しかし、フランス史研究において、地域の多様性が実証的に明らかにされ、王権と諸権力の協働関係に注目した研究が蓄積された現在、フランスをヨーロッパと比較して例外的に統合力が強かったものとする見方は維持することはできないだろう。ルイ一四世以降のフランスでも、地方の法的・制度的多様性は維持されていたのであり、近世ヨーロッパの政体との共通性がみられるからである。フランスにおける王権と地域権力の協働関係に注目し、研究を進めているジュリアン・スワンも、エリオットの複合君主政論の議論のなかに、フランスを入れて論じることの有効性を主張している。[*48]

近年のヨーロッパ近世史研究では、このように国家および帝国内部における地域や多様な集団の自律性と、それをふまえた統合のあり方に注目が集まっている。[*49] フランス史研究においては、複合君主政や複合国家という枠組みでアンシアン・レジーム期の社会を議論することは、これまでほとんどなかった。しかし、王権と諸権力の交渉や協働を明らかにしている近年の研究は、こうしたヨーロッパ史の文脈のなかでも、その比較を可能とする土壌を生み出しているといえるだろう。ヨーロッパにおけるフランスの特徴は、その統合力の強さではなく、王権と諸権力の交渉や協働の具体的なあり方を比較するなかで、議論する必要がある。本書は、ヨーロッパ近世史研究においても、一つの事例を提供することができると考えている。

第二節　本書の課題

(1)　本書の立場と視点

以上のように、アンシアン・レジーム期の権力秩序をめぐる研究は、一九世紀以来の絶対王政論を見直すかたちで進められてきた。フランスの自由主義歴史学とマルクス主義歴史学の間の対立は、現在のフランス語圏と英語圏の研究の違いや、日本のフランス史研究のあり方に影響を与えているといえるだろう。ここでは、本書の視点を明確にするために、特に社団的編成論とマルクス主義歴史家のベイクの研究に対して、本書が設定する課題を整理しておきたい。

まず、社団的編成論についてである。二宮の社団的編成論は、絶対王政論を批判し、そして王権が絶対的に強力でないのであれば、王権はどのように統治が可能であったのかという問題提起から生まれたものであった。そこでは、社会的結合関係が社会の基底にあることが重視されたが、それがいかに王権によって支配秩序のなかに取り込まれたのかを考察することが目指された。すなわち、社団的編成論は、王権による統治論なのである。

社団的編成論は、社会史の成果をふまえながら、絶対王政論に代わる新しいモデルを提供したという点で、大きな意義があった。しかし、王権による統治論であるため、以下のような三点の問題が生じていると考える。第一に、支配秩序の形成において王権以外のアクターが果たした役割がみえにくいという問題である。そして第二に、統治者が王権であることが前提であるため、王権による統治に対して、諸権力や地域住民がこれにどう同意していたのかという点は問われていない。しかし、支配とはこれに対する被支配側の同意があってはじめて成立するものであり、権力秩序はこの点を視野に入れて議論する必要があるだろう。第三に、王権が志向する秩序には与せず、これに反逆する秩序観やその実践が、権力秩序の形成において果たした役割は、ここでは視野に入ってこないという問題である。

本書は、これらの問題を考えるために、以下のように取り組んでいきたい。すなわち、社団的編成論の立論の視点を逆転させて、支配を受けた地域諸権力や地域住民の視点から権力秩序を考察する方法を採る。これによって、先の三点の問題に次のように応えていきたい。第一に、王権以外のアクターの働きについては、王権以外の諸権力や諸集団がいかなる動機と利害から王権に反発し、あるいは協調していくのかという点に焦点をあてていく。第二の問題である王権の統治への同意については、諸権力が支配下におかれる段階だけでなく、その後も王権と諸権力の間で不断に行われる政治実践のなかに読み取っていくこととする。これによって、第三の問題である、王権が志向する秩序とは異なる秩序が、垣間見えてくることになるだろう。なぜならば、諸権力はそれぞれの利害にもとづき、王権を頂点とする権力のヒエラルヒーを乗り越えて、行動していくことがあるからである。そして本書では、王権や諸権力が維持したい秩序を危機に陥れ、これを変更させる契機として、蜂起をめぐる政治を分析していく。これにより、王権による支配秩序とは異なる原理にもとづいた、さまざまな秩序が併存し競合していた実態が浮かび上がってくるだろう。

こうした課題に取り組むうえで、本書はベイクの研究から多くの発想を得ているが、他方で、ベイク以来の王権と諸権力の協働関係を重視した研究には疑問も残る。それは、「協働理論」にもとづく研究では、支配エリートに焦点があてられ、地域住民の位置づけが問われることがほとんどない点である。[*50] 王権と諸権力の利害が共有されるとき、その影響はどこにどのようなかたちで生じるのか。また、王権と諸権力が相互補完的に支配秩序を形成するとき、支配される住民はそこでいかなる役割を果たしているのか。本書では、こうした問題を考えるために、地域政治において蜂起がいかなる意味をもったのかという点を分析していくことになる。本書は、ベイクの研究以降、広がりをみせている「協働理論」を、批判的に乗り越えていくことも目指している。

(2) ラングドック地方の裁判および権力秩序についての研究の現状

本書で具体的に分析するのは、ラングドック地方で起きたマスクの蜂起の前後の時代に繰り広げられた、秩序をめぐる政治である。ラングドック地方では、一七八三年に「マスクの蜂起」と呼ばれる地域住民による蜂起が起きた。マスクの蜂起は、司法関係者を攻撃対象とし、三週間の間にラングドック地方北部の農村に次々に広がっていった。諸権力は、蜂起を鎮圧しただけでなく、さまざまな方法を駆使して地域の秩序化に乗り出していく。本書は、このマスクの蜂起を軸にしながら、その前後の時代に焦点をあて、王権や地域権力がラングドック地方においていかに支配秩序を形成していたのか、そして蜂起後にはどのように秩序を再建しようとするのか、またそこに地域住民はどのように関与していたのかという点を分析していくことになる。

それぞれの分析対象にかかわる研究史は、各章で述べていくことになるが、ここでは本書全体に関係する研究の現状を整理し、本書の課題を明確にしておきたい。

まず、ラングドック地方の裁判制度とこれをめぐる権力の問題について考察しよう。ニコル・カスタンは、一八世紀のラングドック地方における裁判制度の整備と、これによる抑圧の強化について研究に取り組んだ。[*51] カスタンは、ミシェル・フーコー（Michel Foucault）の権力論に触発されながら、ラングドック地方において近代的な権力がいかに作動したのかという観点から、裁判制度の整備と機能に焦点をあてた。しかし、こうした権力論に依拠した研究では、ラングドック地方の諸権力や諸集団が実際に保持した利害の多様性や、それにもとづいて繰り広げられた対立や協調といった政治は、後景に退くことになる。本書では、実際の政治に焦点をあてるのと同時に、こうした「近代的権力」からはみ出していく秩序を重視する。

また、ディディエ・カタリナは、ラングドック地方の下級国王裁判所と領主裁判所の管区の変遷を整理するという困難な研究課題に取り組んだ。[*52] アンシアン・レジーム期の裁判所の管区の境界線は、大枠として引くことはできるが、飛び地がいくつも存在し、さらに領主裁判所は上級・中級・下級の裁判権に分かれその複合として機能していた。したがって、これを地理的に把握することには困難がつきまとうのであり、これを把握したカタリナの研究成果は重要なものである。しかし、管区が形成される際に重要な背景となる地域政治についての十分な考察はなく、裁判所の管区の決定と地域における権力秩序の形成の関連は問われていない。また、司法制度の改編をめぐる政治のなかで、権力秩序を変更する重要な契機となりうるマスクの蜂起が、カタリナの研究では扱われていない点にも、司法制度の改編と地域政治の関連を問う視点がとられていないことが端的に示されている。

次に、蜂起研究である。本書が秩序をめぐる政治を分析するなかで、具体的な争点として位置づけるのがマスクの蜂起である。蜂起研究については、マスクの蜂起に限らず近年大きな研究の転回があったことは特筆するべきだろう。先にみたポルシュネフ＝ムーニエ論争以来、一九六〇年代から八〇年代にかけてアンシアン・レジーム研究では、蜂起研究が盛んとなった。しかし、こうした研究の大半は、一七世紀を対象としたものであった。蜂起研究が進展してもなお、一七世紀後半のルイ一四世の親政開始以降の時代については、「絶対王政」の確立と社会の秩序化のなかで、蜂起はいくつかの例外を除いてほとんど起こらなくなったと考えられてきたのである。しかし、二〇〇二年に発表されたジャン・ニコラの研究書は、アンシアン・レジーム末期まで、フランス全土の蜂起がやむことはなく、むしろ増加していたことを明らかにした。[*53] この研究成果は、民衆運動研究に限らず、フランスのアンシアン・レジーム期の権力構造の見直しを迫るものであるといえるだろう。

マスクの蜂起については、一九七〇年代と八〇年代を中心に研究が行われた。[*54] これらの研究では、蜂起参加者の蜂起にいたった動機や、蜂起にみられる民衆の独自の行動様式や文化を抽出することが目指された。これは、フランスにおける蜂起研究全体の一般的な動向と合致するものであり、そしてその後蜂起研究は、新しい視覚がないまま低迷していった。しかし、ニコラの研究成果をふまえるならば、蜂起と政治の関係を問う新たな視覚のなかで、マスクの蜂起が地域政治においてもった意味は、再検討することができるだろう。

最後に、王権とラングドック地方の地域権力の関係について、スティーヴン・ミラーの研究を検討しておきたい。[*55] ミラーは、一八世紀の同地において、王権と地域権力が課税システムをとおして利益の共有を図っていたこと、そして一七七〇年代以降の財政危機を原因とする改革のなかで、ラングドック地方三部会（États de Languedoc）だけが王権との癒着を強めていき、そのほかの支配層との間に亀裂が生じたことを示した。

ミラーの研究は、王権と地域権力の対立だけでなく協調関係に着目する点において、本書と共通する視点をもっている。しかし、そこで分析に用いている「階級」概念が問題を生じさせていると考える。例えば、ミラーは、領主や、高等法院（parlement）などに所属する官職保有者、地方三部会の構成員を一括して利害を共有する「上流階級（the upper classes）」としている。さらに一七七〇年代以降の改革のなかで生じる対立軸を、地方三部会と、それ以外の領主や官職保有者層の間にみているが、三部会における構成員の多様性が無視されているのと同時に、三部会構成員とそれ以外の人々との人的ネットワークや利益の共有はなかったのか疑問が残る。

ミラーの「階級」の定義がどのようなものか、その著作では定かではないが、ミラーは「階級」という分析の枠組みを措定することによって、多様な諸権力の利害を抽象化し、一八世紀の権力構造と革命前後の変化を鮮やかに提示することができた。しかし、現実には多様な利害関心をもつ権力集団を一枚岩とみなすことで、地域権力の多様性を見逃し、王権と地域権力の関係も単純化してしまっているのではないだろうか。ミラーは、地方三部会に焦点をあて、三部会と王権の関係を軸にラングドック地方の権力構造をみていった。これに対して本書では、すべての権力が利害を有する地域秩序をめぐる紛争を分析することによって、ラングドック地方の権力構造と王権とのかかわりを、複合的に分析することが可能になると考える。

(3) 史料

ここで、本書で使用した史料について説明を加えることは、本書の視点を明確にすることにつながるだろう。本書で用いる史料のうち最も重要な史料群は、ラングドック地方の三つの県文書館に所蔵されている。一つは、ラングドック地方の最高裁判所に相当する高等法院が設置されていたトゥルーズのオート＝ガロンヌ県文書館である。二つ目は、ラングドック地方三部会が開催され、地方長官および地方総司令官が駐留し、ラングドック地方の財政・行政・軍事の中心地であったモンプリエに設置されているエロー県文書館である。そして三つ目は、マスクの蜂起が起きた地域に設置されているアルデーシュ県文書館である。本書では、これらラングドック地方の県文書館に収められている各種裁判所の記録、地方三部会記録、地方長官記録、軍隊記録などをおもに用いた。そのほかに、パリの国立文書館に所蔵されている、国王諮問会議記録や地方行政関係史料も使用している。しかし、ラングドック地方に所蔵されている史料と比べれば量的には少ない。本書は、ラングドック地方の諸権力や諸組織がいかに地域秩序を認識して行動し、ネットワークを形成していたかに焦点をあてるものであり、王権に対する働きかけや情報の提供も、基本的にはラングドック地方の側の史料から論じている。それが実際に王権のもとにどのように届き、受け止められたのかという点については、パリの史料で確認できる限りにおいて補完した。したがって本書では、王権と地域諸権力の関係を考察するにあたって、基本的にはラングドック地方の史料に依拠している。

(4) 本書の構成

本書の構成は以下のとおりである。

第一章は、本書の前提となる事項を整理することを目的としている。まずは、アンシアン・レジーム期の地方統治にどのような権力や組織がかかわり、ここに司法権がどのように位置づけられるのかという点を確認する。そして、一八世紀に王権の地方統治政策が転換することを司法制度改革と地方行政改革からみていく。また、本書が舞台として設定するラングドック地方の特徴を概観する。

第二章では、一八世紀末にラングドック地方北部のヴィヴァレ地方に、国王裁判所が創設されるまでの経緯をみていく。ヴィヴァレ地方は、マスクの蜂起が起きた地域であり、この時に設置された裁判所が中心となって、その後マスクの蜂起の裁判が実施される。本章では、この国王裁判所の設置をめぐって地域諸権力がどのような利害をもち、結果としてどのような制度が設計されたのかという点を分析する。

第三章では、こうして設置された国王裁判所に、どのような人々が司法官としてポストを得たのかという点を明らかにしていく。ここから、国王裁判所と地域社会が密接にかかわり、諸権力の利害が共有されるシステムが形成されていたことが、読み取れるだろう。

そして、第四章以降は、マスクの蜂起が生じた後の地域社会を論じていく。

第四章では、マスクの蜂起が起きた直後の諸権力の反応を、扱っていくことになる。蜂起が起きてすぐに、ラングドック地方の複数の裁判所は一斉に裁判に乗り出し、管轄争いが起きた。これには、裁判所だけでなく、王権を含めたさまざまな権力が介入していくことになる。この管轄争いが解決されるにいたる過程には、地域秩序をめぐる諸権力の争いに対して、いかに王権が振る舞い、これを調整しようとしたのかという点と、諸権力の権限の重複のなかで「合理的に」秩序を形成することが目指される、アンシアン・レジーム期の司法秩序の特徴が浮かび上がってくる。

第五章では、マスクの蜂起後に高等法院によって実施された、ラングドック地方の巡回任務を分析する。王権ならびに諸権力は、伝統的な権威としての高等法院を現地に派遣し、直接地域住民と接触させることによって蜂起後の秩序の再建を目指した。しかし、マスクの蜂起後に目指された「秩序」の内実は、諸権力によって異なっていたことがここでは明らかとなる。

第六章は、マスクの蜂起参加者に対する裁判と処刑、その後の恩赦を分析していく。諸権力は地域秩序をめぐってヘゲモニー争いを繰り広げていたが、蜂起に参加した人々と地域住民にどのように対峙したのだろうか。そして地域住民はこれにどう反応したのか。こうした点を分析していくなかで、秩序をめぐる政治のなかで、地域住民がいかにこれに関与したのかという点を考察する。

終章では、ラングドック地方の地域秩序の形成をめぐる政治を分析した結果、アンシアン・レジーム期フランスの権力秩序をどのようなものとしてとらえることが可能かという点を考察していく。そして、アンシアン・レジーム期の権力秩序と、フランス革命がどのようにかかわっていたのかという点を検証し、アンシアン・レジーム後のフランス社会について考察を加えていくこととする。

註

*1　二宮宏之「フランス絶対王政の統治構造」吉岡昭彦・成瀬治編『近代国家形成の諸問題』木鐸社、一九七九年、一八三―二二三頁。以下、本書で参照する二宮の著作については、初出情報を記載し、参照箇所を特定する場合には、以下の著作集の頁数を示す。『二宮宏之著作集』全五巻、岩波書店、二〇一一年（以下、『著作集』と略記）。

*2　一九世紀フランスの自由主義歴史学の特徴は、以下で整理されている。高橋清徳『国家と身分制議会―フランス国制史研究―』東洋書林、二〇〇三年、三二―四二頁。

*3　Alexis de Tocqueville, *L'Ancien Régime et la Révolution*, Paris, 1856 dans J. P. Mayer dir., *OEuvres complètes*, t. 2, vol. 1, 1952［小山勉訳『旧体制と大革命』筑摩書房、一九九八年］。

*4　ウィリアム・ドイル（福井憲彦訳）『アンシャン・レジーム』岩波書店、二〇〇四年、一九―二二頁。

*5　高橋、前掲書、三五―三八頁。

*6　マルクスからヨーゼフ・ヴァイデマイアーへの書簡（一八五二年三月五日）、『マルクス＝エンゲルス全集』第二八巻、大月書店、一九七一年、四五七―四六一頁。フランスの自由主義とマルクス主義の関係について、新自由主義の立場から整理したものであるが、以下を参照。Ralph Raico, *Classical Liberalism and the Austrian School*, Alabama, 2012, pp. 183-217. フランスの自由主義歴史家のうち、オーギュスタン・ティエリ（Jacques Nicolas Augustin Thierry）とフランソワ・ギゾー（François Guizot）が、階級闘争の視点を提示した代表的な歴史家である。Robert Paris, «Lutte de classes», André Burguière dir., *Dictionnaire des Sciences historiques*, Paris, 1986, pp. 423-425; 林田伸一「ロラン・ムーニエと絶対王政期のフランス」二宮宏之・阿河雄二郎編『アンシアン・レジームの国家と社会』山川出版社、二〇〇三年、七九頁、註一一。

＊7　ティエリの保守化については、以下で指摘がある。Raico, *op. cit.*, pp. 207–210. ティエリは、「第三身分」の歴史的役割を強調しながら、その内部における対立をみることをやめ、王権については、「第三身分」を政治の場に引き立てたとして賛美するにいたる。

＊8　Friedrich Engels, *Der Ursprung der Familie, des Privateigenthums und des Staats*, Hottingen-Zürich, 1884［土屋保男訳『家族・私有財産・国家の起源』新日本出版社、一九九九年］.

＊9　Karl Kautzky, «Die Klassengegensätze von 1789», *Die Neue Zeit*, 1889（後に単行本として刊行。*Die Klassengegensätze im Zeitalter der Französischen Revolution*, Stuttgart, 1908［堀江英一・山口和男訳『フランス革命時代における階級対立』岩波書店、一九五四年］）.

＊10　均衡論をめぐる研究史整理は、以下が詳しい。中木康夫『フランス絶対王政の構造』未来社、一九六三年、一三―二四頁。中木自身は、均衡論がフランス「絶対王政」を理解するうえで不十分な議論であることを、実証研究によりながら主張している。また、カウツキーの均衡論の問題点については、カウツキー（堀江・山口訳）『フランス革命時代における階級対立』の第二版に、新たに書き加えられた訳者による「解説」にも整理されており、国家権力の階級的性格を考察するに際しては、貴族やブルジョワジーだけでなく、農民および手工業者を視野に入れることの必要性が述べられている。

＊11　Roland Mousnier, *La vénalité des offices sous Henri IV et Louis XIII*, Paris, 1945. ムーニエの歴史研究については、以下の論考が詳細に論じている。林田、前掲論文。

＊12　林田、前掲論文、一九九頁。

＊13　Mousnier, *La vénalité*, pp. 666–667.

＊14　*Ibid.*, p. 667.

＊15　Boris Porchnev, *Les soulèvements populaires en France de 1623 à 1648*, Paris, 1963. 一九世紀のフランスの歴史学が、民衆蜂起を軽視したことへの批判は、特に一八―一九、二九―三七頁。また、ポルシュネフのマルクス主義歴史学における立ち位置については、二宮宏之「絶対主義をめぐる諸問題―ポルシュネフ氏を迎えて―」『歴史学研究』三四五号、一九六九年、四五―四九頁。

＊16　フランスの歴史学におけるフロンドの乱の位置づけと、ムーニエへの批判については、以下を参照。Porchnev, *op. cit.*, pp. 17–18, 37–40, 505–520.

＊17 *Ibid.* フロンドの乱に先立つ民衆蜂起の分析は、第一部と第二部、フロンドの乱の再解釈は、五二〇—五三七頁。

＊18 Roland Mousnier, «Recherches sur les soulèvements populaires en France avant la Fronde», *Revue historique moderne et contemporaine*, t. 5, 1958, pp. 81-113.

＊19 フロンドの乱をめぐる論争については、以下が参考になる。千葉治男「フロンドの乱研究の一動向」『西洋史研究』（東北大学）第五号、一九五九年、八七—九二頁; 同「フロンドの乱をめぐる諸問題」『歴史学研究』第二四八号、一九六〇年、四九—五五頁。また、ポルシュネフとムーニエの論争は、フロンドの乱に限らず、民衆蜂起をめぐる論争に発展した。この論争に、ロベール・マンドルーは早くから介入した。Robert Mandrou, «Les soulèvements populaires et la Société française du XVIIe siècle», *Annales E.S.C.*, t. 14, n° 4, 1959, pp. 756-765. 蜂起をめぐる初期の論争を整理したものとして、以下の論考がある。J. H. M. Salmon, «Venality of office and popular sedition in seventeenth-century France: A review of a controversy», *Past and Present*, n° 37, 1967, pp. 21-43.

＊20 ムーニエがはじめて身分制社会論を定式化したのは、以下の論文である。Roland Mousnier, «Problèmes de stratification sociale», R. Mousnier, J.-P. Labatut et Y. Durand, *Deux cahiers de la noblesse pour les états généraux de 1649-1651: problèmes de stratification sociale*, Paris, 1965, pp. 9-49. ただしムーニエは、すでに『売官制』において、同時代の思想家ロワゾーの著作に依拠しながら、社会構造を描いていた（Mousnier, *La vénalité*, pp. 529-578）。社会的地位や名誉が、官僚のヒエラルヒーに依拠しながら秩序化され、その頂点には王権がいたとする見方には、後に論争となる身分制社会論の原型をみることができる。

＊21 ムーニエの身分制社会論とそれへの批判は、林田、前掲論文、一九九—二一三頁で詳細が論じられている。

＊22 Charles Tilly, «Book Reviews: Social Hierarchies, 1450 to the Present by Roland Mousnier», *The Journal of Modern History*, vol. 46, n° 4, 1974, pp. 706-707.

＊23 Pierre Goubert, «L'ancien société d'ordres: verbiage ou realité?», idem, *Clio parmi les hommes*, Paris, 1976, p. 285.

＊24 林田、前掲論文、二一二—二一三頁。また、マンドルーは、ムーニエを直接的に批判してはいないが、諸身分が区切られたものとして階層的に並列し、諸身分の関係を問わないような理想化された社会的図式は意味がないとし、社会グループは相互の接触のなかで、グループ内の共通の利益に対する意識をもつようになると指摘している。そして一六・一七世紀の社会は、中世的な身分概念でとらえることは難しく、階級という概念によってとらえることができるような状況が部分的ながら生じて

いたという。Robert Mandrou, *Introduction à la France moderne, 1500–1640*, Paris, 1961, pp. 138–143.

＊25　この点について、筆者は以前に考察した。拙稿「二宮史学の批判的継承に向けて—戦後歴史学・政治文化論・ジェンダー—」『歴史学研究』第九三一号、二〇一五年、二〇—二八頁。

＊26　二宮「フランス絶対王政の統治構造」。

＊27　柴田三千雄『近代世界と民衆運動』岩波書店、一九八三年、三二頁。

＊28　Emile Lousse, «Parlementarisme ou corporatisme? Les origines des Assemblées d'États», *Revue historique de droit français et étranger*, t. 14, nº 4, 1935, pp. 683–706. ルースの理論の思想的背景については、以下が詳しい。高橋清徳「国家と身分制議会（一）（二）」『明治大学法制研究所紀要』第一三・一四号、一九七一年、一五五—一七七頁; 第一五号、一九七二年、一五—三三頁。また、法制史家のオリヴィエ＝マルタンの国家論については以下の著作がある。François Olivier-Martin, *L'organisation corporative de la France sous l'Ancien Régime*, Paris, 1938. 彼らは当時イタリアのムッソリーニが提唱していた社団国家論に賛同し、アンシアン・レジーム期の社会を、国王権力のもとで調和的に秩序が形成された社団国家として提示した。ドイル（福井訳）、前掲書、三四頁。一九三〇・四〇年代に議論が活発化したコルポラティスムの歴史的背景について、高橋清徳「コルポラティスム論の歴史的射程」外尾健一・広中俊雄・樋口陽一編『人権と司法』勁草書房、一九八四年、三一三—三二九頁。

＊29　二宮「絶対主義をめぐる諸問題」（『著作集二』九七頁）。二宮は、ポルシュネフの議論では、社会や運動の多様性を超えて、反封建という共通性があるという大原則に立ち戻ってしまっていて、これでは歴史現象の多様性がみえてこないと批判している。

＊30　二宮「フランス絶対王政の統治構造」（『著作集三』一四四頁、註二八）。なお、二宮はここで社会史の研究成果もふまえていることを述べている。

＊31　同上（『著作集三』一五八頁）。

＊32　同上（『著作集三』一四四頁）。

＊33　同上（『著作集三』一六一—一六六頁）。

＊34　二宮宏之「アンシアン・レジームの国家と社会—序にかえて—」二宮宏之・阿河雄二郎編『アンシアン・レジームの国家と社会—権力の社会史へ—』山川出版社、二〇〇三年、三—二二頁。参照箇所は特に、『著作集三』二二八頁。

*35 この時期のマルクス主義国家論の議論の先駆けとして重要な役割を果たしたのが、イギリスの政治学者ラルフ・ミリバンドと、ギリシアからフランスに亡命した構造主義的マルクス主義政治学者のニコス・プーランツァスの間の論争であった。議論の争点は、国家と支配階級はどのような利害関係にあるのかという点や、支配階級の利害が国家をとおして実現化する構造の問題であった。両者の論争とその後の影響については、以下を参照。田口富久治『マルクス主義国家論の新展開』青木書店、一九七九年。特に「Ⅲ　最近のマルクス主義国家論の動向」。

*36 William Beik, *Absolutism and Society in Seventeenth-century France. State Power and Provincial Aristocracy in Languedoc*, Cambridge, 1985.

*37 ベイクが特に依拠しているのは、以下の研究である。Louis Althusser, Étienne Balibar et al., *Lire le Capital*, Paris, 1965［今村仁司訳『資本論を読む』上下、筑摩書房、一九九六―一九九七年］; Perry Anderson, *Lineages of the Absolutist State*, London, 1974.

*38 Beik, *op. cit.*, pp. 21–22.

*39 *Ibid.*, p. 21.

*40 *Ibid.*, pp. 28–31.

*41 ベイクと同時期に、ラッセル・メイジャーは、一六世紀の権力秩序のあり方を理解するうえで、王権と諸権力の交渉に着目した（Russell J. Major, *Representative Gouvernment in Early Modern France*, New Haven, 1980）。しかしメイジャーは、こうした諮問的な王権のあり方を「ルネサンス王政」と名づけ、「絶対王政」と呼ばれる時代の前段階に位置づけた。すなわち、メイジャーは、こうした交渉を、一七世紀以降にはみないのである。ベイクは、メイジャーが、王権と諸権力の交渉に着目した点には共感を示しつつも、「ルネサンス王政」から「絶対王政」に移行するとする図式に対して、疑問を呈している。

*42 James B. Collines, *Classes, Estates, and Order in Early Moderne Brittany*, Cambridge, 1994; Donna Bohanan, *Crown and nobility in early modern France*, 2001; Julian Swann, *Provincial Power and Absolute Monarchy: The Estates General of Burgundy, 1661–1790*, Cambridge, 2003. パトロン＝クライアント関係による人的ネットワークの形成と政治についても研究が蓄積されている。Sharon Kettering, *Patrons, brokers and clients in seventeenth-century France*, Oxford, 1986; Peter Robert Campbell, *Power and politics in old regime France, 1720–1745*, London, 1996; Roger Mettam, *Power and Faction in Louis XIV's France*, Oxford, 1988. また、ベイク自身がその後の研究動向を整理した以下の論考は、ベイク以降の「協働理論」について理解するために有益である。William Beik, « The Absolutism of Louis XIV as Social

Collaboration», *Past and Present*, nº 188, 2005, pp. 195–224. 近年では、王権と諸権力の協調関係の崩壊に分析の力点をおいている以下の論考も発表された。Julian Swann, «From servant of the king to 'idol of the nation': The breakdown of personal monarchy in Louis XVI's France», Julian Swann and Joël Félix eds., *The Crisis of the Absolute Monarchy: France from Old Regime to Revolution*, Oxford, 2013, pp. 63–89.

＊43　フランス語圏の研究においては、社会史の影響が強く政治史が後退していたが、英語圏の研究の進展がフランス語圏の研究に大きな刺激となった点について、以下で指摘されている。Stéphane Durand, Arlette Jouanna et Élie Pélaquier et al., *Des États dans l'État. Les États de Languedoc, de la Fronde à la Révolution*, Genève, 2014, p. 12.

＊44　この点について、以前に論じた。拙稿「複合君主政と近世フランス―ヨーロッパ近世史研究とフランス近世史研究の接続の可能性―」『北海学園大学人文論集』第六二号、二〇一七年、一一一―一三八頁。

＊45　J. H. Elliott, «A Europe of Composite Monarchies», *Past and Present*, nº 137, 1992, pp. 48–71.

＊46　実は、エリオットがこのような結論を導くにあたって、参照したのはベイクの研究であった。たしかに、ベイクが一九八五年の研究で示した問題設定は、いかにルイ一四世が地方貴族を平定することに成功したのかを問うものであった。そのうえでベイクは、王権と交渉する地方の姿を描いたが、結論はしだいに地方が交渉力を弱め、王権の統治に組み込まれることを明らかにするものであった。ベイクの研究は、地域権力が王権による統治に組み込まれるプロセスや原因を解明したと、エリオットには受け止められたのである。しかし、その後のベイクの研究では、同じく交渉や協働に注目しながらも、これに対する解釈の仕方を変化させていった。すなわち、それは地域エリートの体制側への組み込みを意味しているのではなく、地域が王権に対して影響力を与えるアクターとしての主体性を発揮したことを証明するものとして、評価するにいたったのである。ベイクの立場の変化は、以下の論文で端的に表れている。Beik, «The Absolutism of Louis XIV as Social Collaboration».

＊47　H. G. Koenigsberger, «Composite states, representative institutions and the American Revolution», *Historical Research*, vol. 62, 1989, pp. 135–153. 特に、一三五頁を参照。

＊48　Julian Swann , «Le roi demande, les états consenté: Royal Council, Provincial Estates and *Parlements* in Eighteenth-Century Burgundy», D. W. Hayton, James Kelly and John Bergin, *The Eighteenth-Century Composite State: Representative Institutions in Ireland and Europe, 1689–1800*, New York, 2010, pp. 163–182. スワンの論文が収録されている同書は、アイルランド史研究者を中心に、フランス、ハンガリー、ポー

ランド＝リトアニアを対象とする研究者によって開催されたシンポジウムの記録集である。

＊49　日本でも、こうした研究への関心が高まっている。例えば、最近では以下の論文集がある。古谷大輔・近藤和彦編『礫岩のようなヨーロッパ』山川出版社、二〇一六年。本書では、先に挙げたエリオットとケーニヒスバーガの論文の日本語訳や、スウェーデン史が専門で、礫岩国家論を唱えたハラルド・グスタフソン（Harald Gustafsson）の論文の日本語訳をはじめ、さまざまな地域を対象とした論考が収録されており有益である。なお、グスタフソンが一九九八年に発表した論文では、フランスも礫岩国家としての特徴をフランス革命まで保持したとされており、フランス史におけるベイク以降の研究成果が参照され、ヨーロッパの枠組みのなかでフランスを議論することの可能性が開かれていると思われる。

＊50　実はベイクは、王権と地域権力の協働関係について研究を発表した後に、民衆運動に関する著作を著している。William Beik, *Urban protest in seventeenth-century France: The culture of retribution*, Cambridge; New York, 1997. ベイクのこの著作は、一七世紀の都市における蜂起から、民衆の行動や文化の特徴を明らかにすることを目的としている。そのなかで、一七世紀末以降に、王権が都市行政への介入の度合いを強めていき、これによって都市行政が蜂起鎮圧の協力を王権から得ることができるようになったという点について指摘をしている（pp. 261–262）。しかし、王権と地域権力の協働関係と地域住民の関係についての考察としては、不十分だろう。また、一八世紀を対象とする研究は、蜂起が一八世紀にはほとんど起こらなかったという前提があったためか、王権と地域権力の協働関係に、地域住民がどうかかわったのかという点の考察はほとんど行っていない。しかし、二〇〇〇年以降の蜂起研究の見直しによって、王権と諸権力の協働の側面を分析している研究にも、王権と地域権力の協働関係に地域住民がどうかかわったのかという点への考察が求められていると考える。

＊51　Nicole Castan, *Justice et répression en Languedoc à l'époque des Lumières*, Paris, 1980.

＊52　Didier Catarina, *Les justices ordinaires, inférieures et subalternes de Languedoc（1667–1789）: Essai de géographie judiciaire*, Montpellier, 2003.

＊53　Jean Nicolas, *La rébellion française. Mouvements populaires et conscience sociale（1661–1789）*, Paris, 2002.

＊54　マスクの蜂起の研究整理は、第四章で詳細に論じる。

＊55　Stephen Miller, *State and Society in Eighteenth-Century France: A study of political power and social revolution in Languedoc*, Washington, D.C., 2008.

第一章　アンシアン・レジーム期の地方統治

はじめに

本章では、アンシアン・レジーム期の王権による地方統治の全般的な特徴をみていき、具体的な分析の場となるラングドック地方の概観を整理していく。

この時代の諸権力や諸組織のあり方を本章で整理する前に、アンシアン・レジーム期の制度について前提として三つの特徴をおさえておきたい。一点目は、王権が新しい制度を設計する際、古い制度を廃止したり旧権力を排除することはせずに、新しい組織やポストを導入したことである。そのため新旧組織の権限は重なり合い、錯綜した制度が形成され運営されていた。

二点目は、そのような錯綜した権力関係のなかで、制度の運用の実際を決めていたのは、諸権力の個人的ネットワークとその影響力、そしてそのなかで行われる政治交渉であったことである。[*1] 諸権力は交渉を重ねることで、問題に対応しようとした。本章では、地域権力が中央政府といかなる交渉のルートで結ばれていたのかを確認しておく。

三点目の特徴は、法制度のあり方が、地域によって異なっていたということである。例えば、アンシアン・レジーム期には、全国画一的な民法典や刑法典は整備されていない。裁判は地域によって異なる慣習法にもとづいて実施されていた。ここに端的に表れているように、地域の制度の運用は、地域が歩んだ歴史とこれにもとづく権力構造に規定され、地域の多様性を生み出していたのである。

したがって、アンシアン・レジーム期の法や制度のあり方を把握するには、一般的な制度の変遷を整理するだけでなく、具体的な時代と地域における諸権力の特徴をおさえておかなくてはならない。本書でフィールドとするラングドック地方の諸組織のあり方も、この章では確認していくことにする。

以下では、まず第一節で、フランス王国における地方統治のアクターと中央行政との関係を確認していく。第二節では、地方統治において裁判権がどのように位置づけられ、どのような権力がかかわったのかという点を、裁判所の審級を確認しながらみていきたい。第三節では、一八世紀の地方統治の特徴をおさえるために、この時代に実施された司法制度改革と地方行政改革をみていく。一八世紀は地方統治政策の大きな転換点であった。しかし、それは単純に新しい体制が生まれたということではなかった。その点をふまえながら整理しておきたい。そして第四節では、本書がフィールドとするラングドック地方の特徴とフランス王国における位置づけを確認し、「地方」がいかに形成され、地方統治の枠組みのなかに取り込まれようとしたのかという点をみておこう。

第一節　王権と地方

(1) 地方統治のアクター

ここでは、地方統治にかかわったさまざまな権力のうち、おもに本書で問題にする地域秩序の形成に関与した代表的な諸権力に焦点をあてて整理していく。アンシアン・レジーム期の地方統治のシステムは、王国の領域が徐々に拡大していくなかで構築されていったものであることは、理解の前提となるだろう。

まず、地方統治のアクターとして、軍事の領域からみておこう。アンシアン・レジーム末期まで存在しつづける最も古い権力の一つといえるのが、地方総督（gouverneur de province）である。地方総督は、その前身が一三世紀にさかのぼることができ、一六世紀中葉からは、その管区である地方総督管区（gouvernement）が、地方行政区画の一つとなる。[*2] 地方総督は、管区における治安、裁判、軍事において幅広い権限を保有し、その管区数は、一六世紀に約一二、アンシアン・レジーム末期には、領域の拡大にともなって三九に増加した。[*3]

しかし、地方総督は、一六世紀後半の宗教戦争期がその権力の全盛期といわれており、一六世紀末以降は、自らの管区に赴くことに対して王権から制限が加えられるようになってくる。これにより、地方総督が自らの管区を直接的に支配することは難しくなり、代わってその代理である総代官（lieutenant général）が、地方統治における地方総督の権限を行使することになり、その権限も軍事の領域に制限されていった。[*4]

一八世紀には名誉職と化し宮廷に常駐するようになった地方総督や総代官に代わって、地方総司令官（commandant en chef）が、地方総督の実質的な権限を担うようになっていった。彼らが実質的な権力を行使したかどうかは、地方によって異なるが、[*5]以下でみていくように一八世紀のラングドック地方においては、この総司令官が大きな影響力をもち、ラングドック地方の軍事行政において最高位に立っていたといえる。

こうした地方総督の系列に属する権力と異なる誕生の経緯をもつのが、地方長官（intendant de justice, police et finances）である。ルイ一三世の宰相リシュリュー（Armand Jean du Plessis, duc de Richelieu）によって、一六三〇年代に、これまで臨時的に地方を調査していた役人が、地方長官として全国の総徴税管区（généralité）に配置された。[*6]地方長官は、その正式名称が示しているとおり、裁判、治安、財政の領域に権限をもち、既存のさまざまな権力と権限が重複していた。それは地方においては特に財政をめぐる権限争いへと発展した。地方長官制の本格的な導入の背景には、三十年戦争による戦費増大があったが、リシュリューは、それまでの地方の承諾をともなう課税方式から、地方長官による強制的な課税システムへと変更しようとしたのである。

これが地方三部会（États provinciaux）の権限を侵害することとなり、地方では強い反発を引き起こした。地方三部会は、基本的には三身分の代表からなる合議体であり、もともとフランス王国に併合される前から存在していた地方の合議体が、併合時に「地方三部会」として位置づけられたり、あるいは併合後に新たに設置される場合があり、中世にはフランス王国の各地方で開催されていた。三部会は、管区の直接税の課税額を王権と交渉し徴収する権限を有し、地域利害を代表していた組織であった。しかし、王権による直接徴税制度の整備および拡大政策によって、地方三部会は廃止に追い込まれていく。ただし、フランス革命前夜には、ラングドック地方をはじめ、プロヴァンス地方、ブルゴーニュ地方、ドーフィネ地方、ブルターニュ地方など王国全体の三分の一の領域に、地方三部会は設置されており、地方三部会の同意を必要とする課税および徴税方式は持続していくことになる（地図1）。

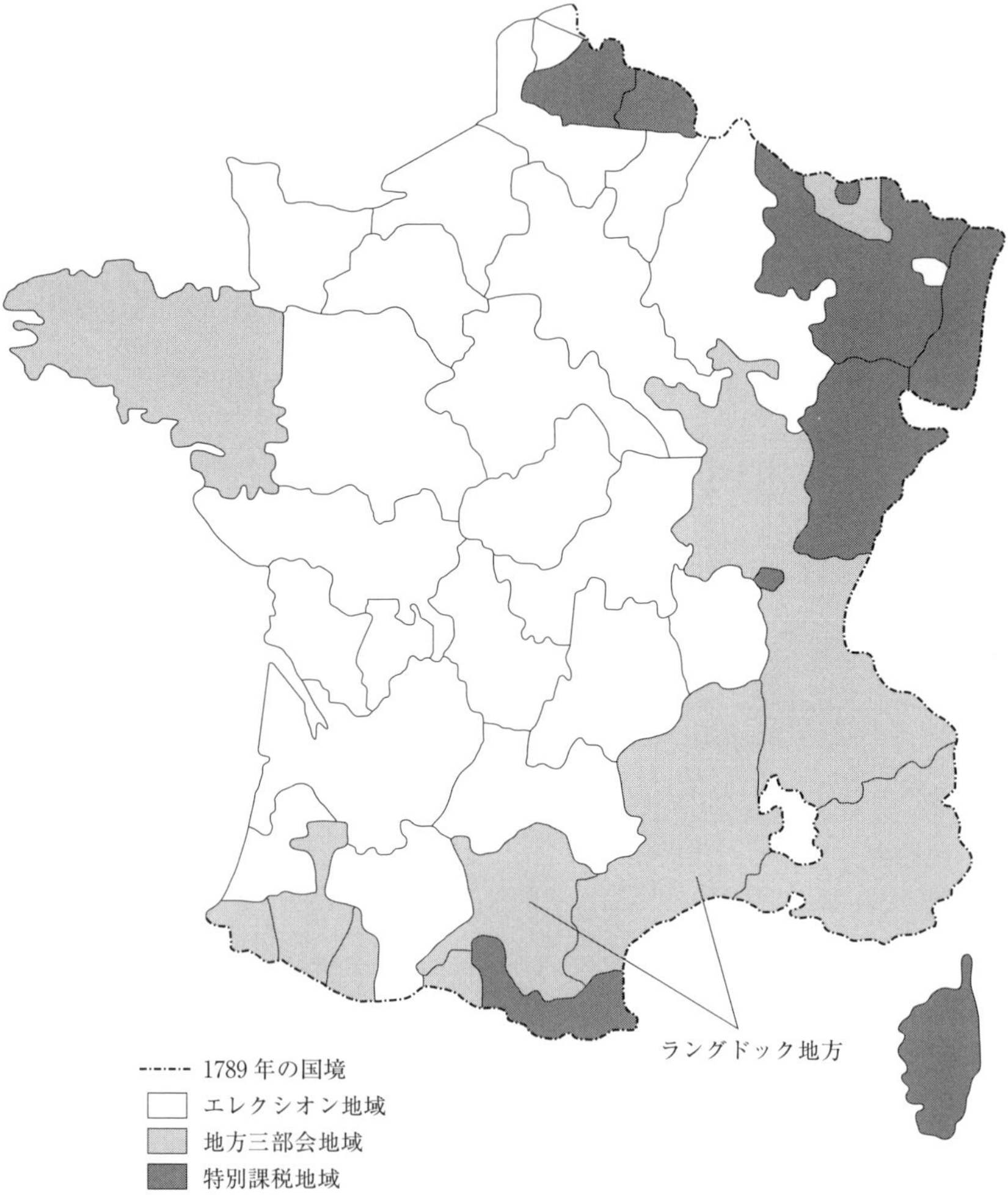

出典：二宮宏之『フランス　アンシアン・レジーム論―社会的結合・権力秩序・叛乱―』岩波書店，2007 年，239 頁に筆者加筆.
註：エレクシオン地域（pays d' élections）とは，国王役人が直接的に課税･徴税していた地域．なお，ラングドック地方の西が，オ＝ラングドック地方，東がバ＝ラングドック地方と呼ばれる.

地図 1　アンシアン・レジーム期フランスの徴税管区

この地方三部会と並んで、地方で大きな影響力をもち、裁判や治安に関する権限をめぐって地方長官に強烈に反発したのが、各地に設置されていた高等法院であった。高等法院は、パリ高等法院が一四世紀はじめに組織化され、その後王領地が拡大していくなかで地方に増設されていき、一七八九年の段階では一三を数えるにいたった。[*7] 高等法院は各管区で下級裁判所を統括し、管区内でほぼ最終審に相当した。これに加えて、高等法院は王令の是非を議論し認可する登録権と、王令の内容について意見を述べる建白権を保持し、国王の立法権を制限した。王令は、高等法院で登録されてはじめてその管区における効力を発したのである。高等法院は、王権によって設置された組織であり、高等法院の裁判官たちは国王官僚であったが、国王の権力を制限し、むしろ地域と結びついて王権と対立する志向性をもっていたといえるだろう。

このように、アンシアン・レジーム期に地方統治のアクターとして最も大きな権力をもっていたのは、地方で王権を代理すると位置づけられた地方総督（およびその代官、なかでも地方総司令官）と地方長官、そしてこれに対して地方の利害を代弁したとされる地方三部会と高等法院と一般的にはいえるだろう。この四者のもとには、さまざまな下部組織や下位権力が位置づけられる。

これら諸権力の権力バランスは、これまでの研究ではどのようにとらえられてきただろうか。かつての研究では、アンシアン・レジーム期フランスの王権による地方統治は、一七世紀に国王直轄官僚である地方長官を全国に配置し、そのもとで中央集権化が前進していくものとして、長らく説明されてきた。[*8] そうした見方のもとで、地方三部会は実質的な権力を失っていくものと解釈された。しかし現在では、地方長官が地方統治を実施するには、地域諸権力との協働が必要であった点が強調されるようになった。[*9] こうした研究をふまえるならば、地方統治にかかわったさまざまなアクターの実際の活動に目を向け、そこから地方統治のあり方は論じていく必要があるだろう。

さらに地方統治を分析する際に重要なことは、先にも述べたが、地方統治をめぐるアクターが、相互に権限を重複させている点である。そのため、権力バランスは地域の権力構造に規定されたのと同時に、統治のアクターとしての官職を実際に担った人物の影響力の如何によっても左右された。地域によって異なる地方統治のあり方は、具体的な場においてみていく必要があり、ラングドック地方における地方統治のアクターの権力バランスや、実際の職務の遂行のあり方については、以下の各章で論じていくことになる。

(2) 中央と地方の交渉の回路

地方統治にあたる諸権力が、権限の重複状態のなかで自らの支配権を確立し維持するためには、中央に働きかける必要があった。地方と中央はいかなる回路でつながっていたのだろうか。

中央行政は、国王諮問会議（Conseil du Roi）によって担われていた。時代が下るにつれて国王諮問会議は、いくつかの会議に専門分化していく。ただし、国王諮問会議そのものは一体性をもつという原理が生き続けたため、議論し決定を下した会議が何であれ、発行された文書は「国王諮問会議」の結論として提示された。[*10]

国王諮問会議のうち、ルイ一四世の親政期の改革以降、地方の行政、治安、裁判、宗教にかかわる問題を扱っていたのが、国王が主宰した内務諮問会議（Conseil des dépêches）である。この会議では、地方総司令官や地方長官などから受けた報告にもとづき、その対応が議論され返答が行われた。[*11]

内務諮問会議のメンバーは、各種大臣（ministre d'État）、大法官（chancelier）もしくは国璽尚書（garde des sceaux）、財務総監（contrôleur général des finances）、財務諮問会議長（chef du Conseil royal des finances）、一二名から三

名程度の国務評定官（conseiller d'État）であった。会議において具体的な情報を取りまとめ報告する任にあたったのは、大法官と各種の国務卿（secrétaire d'État）であった。特に国務卿は、それぞれ管轄地方が割り当てられており、自らの管轄地方に国王の命令を伝えるための文書や裁定を準備し発行する役割を果した。[*12] 各種の国務卿のうち、一八世紀にラングドック地方を担当していたのは、宮内卿（secrétaire d'État de la maison du roi）である。[*13]

この内務諮問会議以外にも、大法官が主宰した司法諮問会議（Conseil d'État privé, finances et direction）が、地域秩序の問題を考えるうえで重要である。会議は、裁判中の案件への介入や判決の破棄、そして裁判管轄争いの仲裁を行う権限を有していた。構成員として出席する権利をもっていた者は多数いたが、実際に出席していたのは、大法官以外には、国務評定官と訴願審査官（maître des requêtes）であった。[*14]

したがって、ラングドック地方の諸権力が地域秩序の問題に関して中央政府に働きかけを行いたいと考えるならば、この内務諮問会議や司法諮問会議のメンバーや、特に会議で情報の収集や報告にあたった大法官もしくは国璽尚書、宮内卿、そして訴願審査官といった人々と連絡を取ることになるのである。この場合、地域権力は、地方総司令官や地方長官をとおすこともあれば、それを飛び越えて中央行政体のメンバーに直接働きかけをする場合もあった。また、ラングドック三部会は、定期的に請願書を携えて、大臣たちと直接交渉をしていた。[*15]

トクヴィルは、地方統治が財務総監と地方長官のパイプをとおして貫徹されるものと示したが、実態がそうではないことは、以下の各章で諸権力の交渉のあり方をみていく際に明らかになるだろう。[*16] 地域諸権力による中央政府との交渉は、単線的な指揮・命令系統に沿ったものばかりではなく、複数のルートを用いたり、さらには権力のヒエラルヒーを飛び越えて行われていくことになるのである。

第二節　地方統治と裁判権

地域秩序の問題を扱う場合、地方統治の全般的なアクターをおさえるだけでなく、特に裁判の領域にかかわった権力について詳しくみていく必要があるだろう。本節では、アンシアン・レジーム期の統治における裁判権の位置づけを確認し、王権が裁判権をどのように独占しようとしたのかという点と、それと同時にその限界をみていく。次に、王国全域における一般的な裁判所審級とそれぞれの裁判所の権限を確認する。

(1)　王権と裁判権

アンシアン・レジーム期フランスにおいては、「正義の源泉は国王にある」とする法理論が、国王権力に正当性を付与していた。この定式は、一〇世紀頃に形成された観念にさかのぼることができる。カロリング朝崩壊後、フランス各地では有力領主が勃興し、「フランス国王」は、一領主に過ぎないほど弱体化していった。しかし、その後のカペー朝期に、王権は徐々に権力の集中化に成功し、諸権力の紛争の仲裁をつとめるなかで、やがて上位権力としての権威を獲得していったのである。[*17] そして、この定式は、一六世紀後半の宗教戦争によって国内が内戦状態に陥り、王権のもとでの秩序維持が困難になった際に、ジャン・ボダン（Jean Bodin）のような理論家たちによって、練り上げられていった。[*18] この定式が「絶対王政」を理論的に支えていくことになる。

国王の裁判権は、二種類に分類することができると考えられていた。一つは、国王委任裁判権（justice déléguée）であり、もう一つが国王留保裁判権（justice retenue）である。国王裁判所は、前者の国王委任裁判権に依拠して、国王の名のもとに裁判を行い、判決をくだすとされた。

後者の国王留保裁判権は、「正義の源泉」である国王のもとに留保される裁判権のことである。この国王留保裁判権は、具体的には、国王が直接的に逮捕・投獄を命じる封印状や恩赦状の発行、国王諮問会議における高等法院の判決の破棄などにみられた。[*19] また、行政のレベルにおいても、王令の登録を拒否している高等法院などの国王裁判所に、王令の強制登録を行わせることができた。[*20] 国王は、こうした国王留保裁判権の保持により、国王裁判所の権力の助長や自律性を抑制し、「正義の源泉」としての国王の位置づけを守ろうとしたのである。

こうした理論のもとで、王権は裁判権の一元化を目指したが、実態はそのようなものにはならなかった。まずは、王権が保持する以外の裁判権の存在が指摘できるだろう。アンシアン・レジーム期には、国王の裁判権のほかに、都市裁判権や領主裁判権が共存していた。そのうち、フランス革命まで実質的な権力を維持させていた領主裁判権が特に重要である。[*21] 領主は、裁判官吏を自ら任命し領主の名のもとに裁判を行っていた。

王権は、特に刑事の領域において領主裁判権を制限し、国王裁判所の従属下におくために、法整備を進めていった。[*22] しかし、領主裁判権は、中世以来、国王から譲渡されたものであり、貴族の名誉や所有権にかかわるものであるとする主張が存在した。こうした見解に支えられ、領主裁判権はフランス革命まで完全に廃止されることはなかったのである。[*23]

かつての研究では、国王裁判権の拡大にともなって領主裁判所がしだいに無力化していったとする説明が一般的であった。[*24] しかし、最近の研究はこうした図式を修正し、領主裁判所の果たした機能の分析に積極的に取り組んでいる。[*25] これらの研究成果により、領主裁判所はフランス革命まで国王裁判所と連携し、国王裁判所の下級審として機能していたことが明らかとなっている。

王権による法の一元化が貫徹されなかった実態として、もう一つ指摘したい点は、先にも触れたが、アンシアン・レジーム期には、王国全体に適用される民法典と刑法典の整備が行われなかったことである。この時代には、何が違法行為であり、それにはどのような刑罰を科すのかということを明記した画一的な法規定は存在しておらず、裁判は地域ごとに異なる慣習法や教会法にもとづいて判決が導かれた。王権は、一六六七年に民事王令、一六七〇年に刑事王令を整備し発布したが、これは裁判所の手続きを定めたものにすぎなかった。さらにそれは、各裁判所の権限の規定について曖昧な部分を含んでおり、本書が分析するように、裁判管轄争いを頻発させていたのである。

以上でみてきたように、国王裁判権は、国王の支配権を確立し、強力なものとする理論的主柱として位置づけられ、理論家たちによって精密に定義されていった。しかし実際には、領主裁判権は存在し続け、民法典や刑法典は整備されることがなく、王権のもとでの法の一元化は進んでいなかった。裁判権や裁判所の競合状態は、フランス革命まで続くこの時代の裁判権のあり方の特徴といえるだろう。

しかしながら、こうした裁判権の競合状態を、「非合理的」であり「非近代的」と評価することは、この時代の社会のあり方を理解するうえで障害となるだろう。権力の競合状態のなかで、その都度問題に対処していく方法は、アンシアン・レジーム期の統治システムにおいては「合理的」だったといえる。問題が生じたときに一斉に諸権力が動くことによって、すべての権力と裁判所は秩序形成の主体となり、秩序は形成され維持されたのである。そしてその「合理性」は、支配される側にとっては、権力の恣意性として立ち現れてくるだろう。こうした権力のあり方が、アンシアン・レジーム期の権力の特徴であり、「秩序」の本質といえるのだ。

(2) アンシアン・レジーム期の裁判所審級

ここで、アンシアン・レジーム期の一般的な裁判所審級を確認しておくこととする。アンシアン・レジーム期の裁判所審級は、一六六七年の民事王令で成文化された。[*26] 当時の国王裁判所は、通常裁判所系列(juridictions de droit commun)と、特別裁判所系列(juridictions d'exception)に分けることができ、一般的な案件は、通常裁判所系列で裁かれた。[*27] 以下では、まず一般的な裁判所審級を整理し、次に特別裁判所系列に属した裁判所の権限を確認する[*28](図1)。

まず一般的な裁判所審級を、審級の下の裁判所から順に整理しよう。先にも言及したように、アンシアン・レジーム期の裁判所審級では、国王通常裁判所系列の下に初審として、領主裁判所が機能していた。有力ないくつかの都市で権限を保持していた都市裁判所も、審級のレベルでは領主裁判所と同等の位置にあった。

領主裁判所や都市裁判所の上級審には、国王裁判所のいわゆる通常裁判所系列が位置していた。それを順次みていくと、まずプレヴォ裁判所(prévôté)やヴィギエ裁判所(viguerie)が存在した。[*29] これらの裁判所は一一世紀から存在しており、王国の南部では、ヴィギエ裁判所が一般的であった。[*30] しかし、プレヴォあるいはヴィギエ裁判所の管轄は、上位裁判所であるバイイ裁判所(bailliage)およびセネシャル裁判所(sénéchaussée)の管轄と重なっている場合が多かったため、一五六一年には両裁判所が並存する都市では、プレヴォあるいはヴィギエ裁判所は廃止されることとなった。この王令は長らく有効性をもたなかったが、一七四九年の王令以降は時機に応じて各都市に適用され、プレヴォあるいはヴィギエ裁判所は王国の裁判所審級のなかで、しだいに実質的な機能を失っていった。

次の審級は、バイイ裁判所もしくはセネシャル裁判所となる。バイイおよびセネシャル裁判所は、一二世紀末

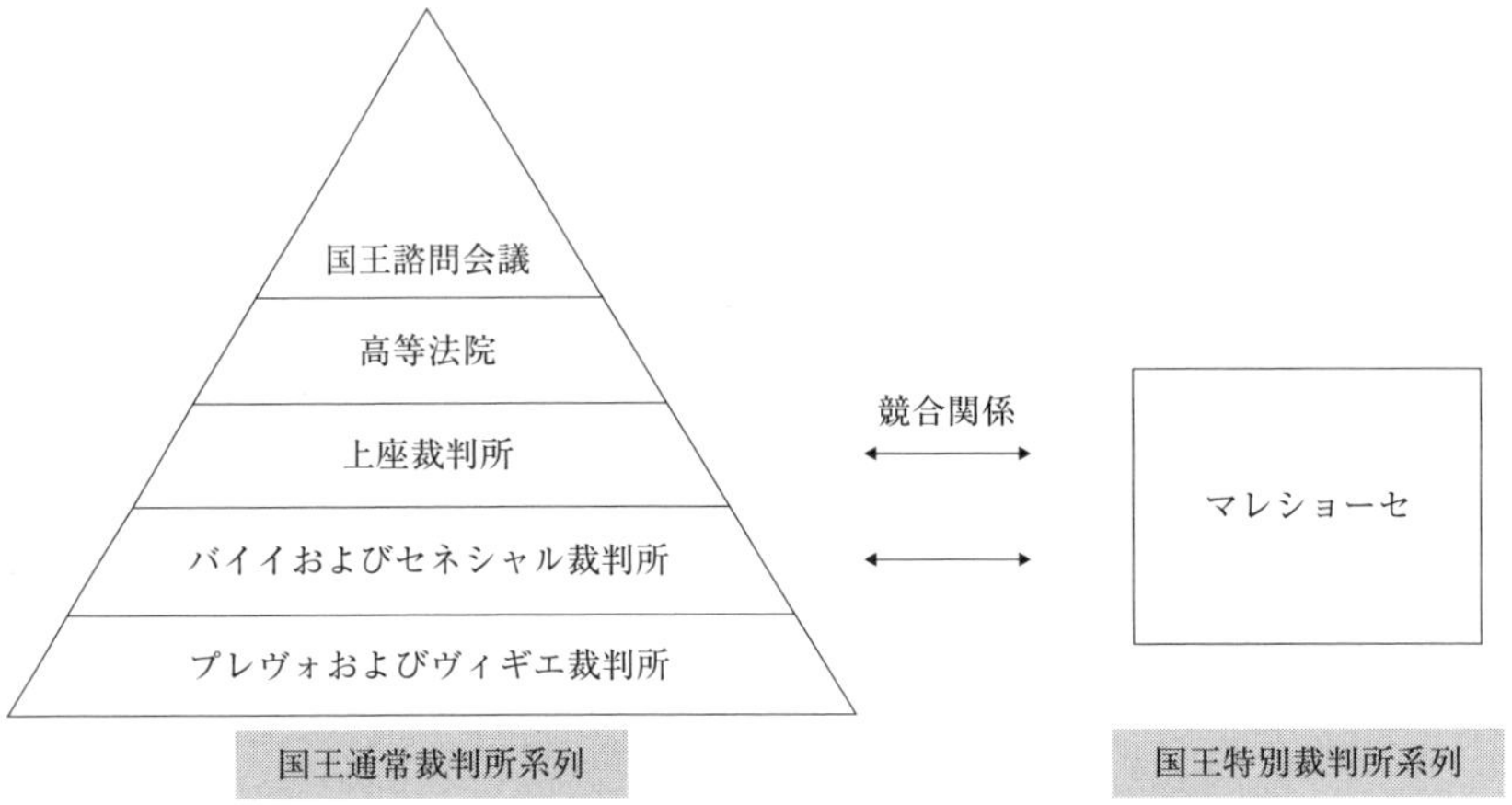

註：なお，アンシアン・レジーム期の裁判所は，同等の地位にある裁判所であっても地域によって名称が異なっていた．ここでは，本書に関係のある裁判所の名称で簡略化して示した．また，被告の身分や職業，案件の内容によっては，上記の審級を飛び越すこともあった．

図１　18 世紀フランスの一般的な裁判所審級

より王国全土で創設がはじまった。バイイ裁判所はおもに北フランスに、セネシャル裁判所はおもに南フランスに設置され、一七八九年時点で全国に四〇〇以上存在し、国王裁判所のなかでもっとも数が多い裁判所であった。[*31]

全国のバイイ裁判所とセネシャル裁判所のうち重要な裁判所に付設されたのが、上座裁判所(présidial)である。上座裁判所は一五五二年に、官職を売りに出すことによる軍事費の調達や、高等法院の権限の縮小をねらいとして、バイイおよびセネシャル裁判所と高等法院の中間審として創設された。一八世紀末で約一〇〇の上座裁判所が設置されていた。[*32] ところで、上座裁判所は、既に存在していたバイイおよびセネシャル裁判所に併設された裁判所であった。構成員も、バイイおよびセネシャル裁判所の司法官と重なる。したがって上座裁判所は、上座裁判所案件を扱う権限をもつバイイおよびセネシャル裁判所という様相を呈していた。[*33]

上座裁判所の上位には、高等法院が存在していた。高等法院は、一三世紀に国王を補佐していた王会（Curia regis）の司法部門が独立したものであり、パリ高等法院の創設をかわきりに、王国の領土拡張にともなって主要都市に順次増設された。一七八九年の時点で、王国全土に一三の高等法院が設置されていた。高等法院は、各管区においてほぼ最終審に相当した。[*34]

高等法院の判決に対しては、国王諮問会議が破棄権を有していた。これは、国王留保裁判権の行使と考えられた。この権限をもとに、国王諮問会議は、審理中の案件やすでに判決がくだされた案件を別の裁判所に差し戻し、重要案件の場合には国王諮問会議自らが判決を下した。[*35]

次に、特別裁判所の系列をみてみよう。特別裁判所系列には、会計租税法院など管轄が専門的領域に特化した裁判所や、マレショーセ（maréchaussée）が存在していた。[*36] 本書で分析する地域秩序の問題においては、特にマレショーセが重要な役割を果たすため、ここでやや立ち入ってみてみよう。

マレショーセの起源は、フランス元帥（maréchaux de France）が中世に行使していた裁判権にさかのぼることができる。[*37] アンシアン・レジーム期には、マレショーセは、フランス元帥の代官であるプレヴォ・デ・マレショー（prévôt des maréchaux）を長とした、軍隊組織であり裁判組織でもあった。[*38] 軍隊組織としてのマレショーセは、騎馬によって公道を巡回し、放浪者や脱走兵の取り締まりや治安の維持にあたった。裁判組織としては、もともと軍人や放浪者に対する裁判権をもっていたが、一五三六年の王令以降、民間人や定住者へと管轄権を暫時拡大し、一六七〇年の刑事王令によってマレショーセの管轄権と訴訟手続きが確定された。王令では、マレショーセが管轄権をもつプレヴォ専決事件（cas prévôtaux）の定義がなされた。しかし、プレヴォ専決事件は、上座裁判所も管轄権をもっており、さらに、バイイもしくはセネシャル裁判所が権限をもつ国王専決事件（cas royaux）と重複する事件も多かった。これに加えて、マレショーセは即決で最終審として裁くことができる強力な権限をもっていたため、国王通常裁判所との間に管轄争いが頻繁に起きていた。本書で分析するマスクの蜂起をめぐる裁判管轄争いも、これに相当する。

ここまで、アンシアン・レジーム期の裁判所審級を整理してきたが、その特徴を以下のようにまとめることができる。まず、裁判所の審級と権限は、基本的に一六六七年の民事王令と一六七〇年の刑事王令によって規定されていた。しかし、この規定が曖昧で不十分であり、各裁判所の権限が重複していることも多かったため、その後の数々の王令が積み重なり、アンシアン・レジーム期の裁判制度は形成されていた。また、身分によっても、裁判の進み方が異なっていたことも特徴の一つに挙げることができるだろう。さらにつけ加えれば、ここで言及することができなかった裁判所は数多く存在し、また基本的には行政官でありながら、特別な場合には裁判権を行使することができた官僚も無数に存在した。このようにアンシアン・レジーム期の裁判制度は錯綜し、事件の管轄はその時々の判断にゆだねられた場合も多く、そこに政治的利害や権力関係が入り込む余地があったのである。

第三節　一八世紀における地方統治政策の転換

すでにみてきたように、アンシアン・レジーム期の地方統治は、権限の重複するさまざまな権力が、政治的な交渉を行うなかで、地域の状況に即して実施されていた。しかし、本書で分析の中心となる一八世紀には、こうした時々の状況に応じて制度を運用させることによってではなく、地方統治にかかわる既存の諸権力の存立基盤を揺るがすような改革が試みられた。これらの改革は、地方を代表する二つの組織であった、高等法院と地方三部会のあり方を争点としたものであった。本節では、一八世紀の司法制度改革と地方行政改革について、それが実行された背景や、その実施の過程を整理していく。

(1) 司法制度改革

一八世紀の司法制度改革と後にみる地方行政改革は、ともに深刻な財政危機を背景として実施された。フランスは、革命に先立つおよそ百年間、イギリスをはじめヨーロッパ諸国と戦争を重ねていた。アウクスブルク同盟戦争(一六八八―九七年)、スペイン継承戦争(一七〇一―一三年)、オーストリア継承戦争(一七四〇―四八年)、七年戦争(一七五六―六三年)を遂行し、一七七八年にはアメリカ独立戦争へ参戦した。こうしたヨーロッパにおける戦争と平行して、植民地においては特にイギリスとの間で植民地争奪戦が繰り広げられ、それが莫大な支出と財政赤字を引き起こしていた。累積していく財政赤字を前に、政府は免税特権の廃止も視野に入れた財政改革に着手していくのである。

政府が目論む財政改革は、これまでの政策と同様に高等法院で承認される必要があったが、高等法院はこれにことごとく反対し登録を拒否していった。一八世紀以前から高等法院は、国王に対する建白権と、王令の登録拒否権を梃子に、国王との間にしばしば熾烈な政治闘争を行ってきたが、一八世紀のそれは時間的にも空間的にも最大のものであった。[*39] 一七五〇年代までは特にジャンセニスムといった宗教問題について、それ以降はとりわけ穀物取引の自由化問題、王室財政の問題、そして新税の導入が大きな争点となっていた。これらの問題をめぐって、全国の高等法院は連帯し王権に対抗していくことになる。

こうした王権と高等法院の対立のなかで、二つの司法制度改革が実施された。まず実行されたのは、大法官モプー（René Nicolas Charles Augustin de Maupeou）による改革（一七七一―七四年）である。これは、一七六三年にブルターニュ地方のレンヌ高等法院と王権の間で生じた新税の導入をめぐる対立が発端となったものである。この問題にパリ高等法院と地方高等法院が介入して両者の対立は激化し、王権は高等法院の権限を縮小する司法制度改革を断行した。[*40] 改編をとおして、高等法院の発言権と影響力に打撃を与え、王権に従順な最高裁判所を建設することが意図されたのである。しかしモプーの改革は、ルイ一五世（Louis XV）の死去にともない、一七七四年には頓挫し、高等法院を頂点とする司法制度は改革前の体制に復帰した。

しかし、アンシアン・レジーム末期に再びラモワニョン（Chrétien François de Lamoignon）の改革（一七八八年）が行われることになる。[*41] 王国の財政は一七八三年ごろから危機的状態に陥り、新たな税の導入が検討されていたが、高等法院は再び、課税を命ずる王令の登録を拒否したのである。こうした状況の打開をねらい、一七八八年国璽尚書のラモワニョンの主導による司法制度改革が実施された。改革は、高等法院の司法権限の縮小だけでなく、[*42] 王令の登録権を高等法院から剥奪するものであった。[*43] こうした高等法院の司法および立法権限の制限は、高等法院をはじめとする司法関係者の反発や、ドーフィネ地方に顕著にみられたように都市における騒擾を引き起こし、ラモワニョンの改革はわずか数ヵ月で挫折した。そして財政問題の解決は、翌年の一七八九年に約一七〇年ぶりの開催となる全国三部会に、先送りされることになるのである。

このように、一八世紀の二つの司法制度改革は、財政問題を背景とした国王と高等法院の政治的対立に端緒をもっていた。二つの司法制度改革の最大の目的は、高等法院の権限を縮小させることにあったのである。[*44] そしてモプーの改革がブルターニュ地方の問題から派生したように、またラモワニョン改革がドーフィネ地方に大きな反響をもたらしたことに端的にみられるように、高等法院をめぐる問題は地方に波及し大きな問題となっていた。高等法院は、王権の地方統治政策にとっても、また地域の権力構造においても、要となる組織だったからである。高等法院をめぐる政治が緊迫度を増すなかで、地域秩序の形成の現場には、どのような影響を与えていたのだろうか。本書ではこの点にも焦点をあてていくことになる。

(2) 地方行政改革

司法制度改革と同じく、財政危機を背景に同時期に実施されたのが、地方行政改革である。一八世紀に重農主義者たちは、免税特権を設けない新税の導入を模索し、これに影響を受けた政府中枢では、税の配分と徴収を担う新たな議会の導入があわせて検討されていた。一八世紀後半には、地方三部会をモデルとした議会を、三部会が廃止されていた全国の地方に創設しようとするさまざまな計画がもち上がる。すなわち、一七世紀には新しい課税方式として地方長官制が導入されたが、一八世紀の半ば以降は、地方長官の権限を縮小させて、既存の地方三部会と新しい議会をとおした徴税システムへの転換が模索されたのである。[*45]

一七六〇年代から、地方行政制度の改革について多くの構想が発表されるようになる。なかでも、一七七五年のデュポン＝ド＝ヌムール（Du Pont de Nemours）による『自治体に関する覚書』は、地方に「自治体（municipalité）」と呼ばれる議会を設置し、議員の間には身分の区別を設けないとする構想を描いており、財務総監のテュルゴ（Anne Robert Jacques Turgot）に提出された。この構想を受けて、一七七八年には、最初の地方議会（assemblée provinciale）がネッケル（Jacques Necker）のもとで設置された。しかし、特権身分への配慮から身分制が採用され、政策も一部の地方に導入されたにすぎず、一七八〇年にはムーラン総徴税区への設置を命じる王令が、パリ高等法院で登録が拒否され、ネッケル自身も翌年に失脚した。

しかし、一七八六年には再び地方議会の設置が試みられた。財務総監カロンヌ（Charles Alexandre de Calonne）は全身分を対象とする新税創設案とともに、身分の区別を採用しない議会の設置を提案したが失敗した。続くブリエンヌ（Loménie de Brienne）は、一七八七年にその提案を修正して実施した。ブリエンヌが導入した地方議会では身分制が採用され、評決が割れた場合には、貴族もしくは聖職者がつとめる議長に決定権があるなど、特権身分に配慮したものであった。ただし、この地方議会も翌年には開催が中止された。

この地方議会に関する政策の展開においては、既存の地方三部会について議論が波及していた点が重要だろう。実施に移された政策では、地方三部会は温存され、三部会を保持していなかった地方にのみ新しい議会を設置することになったが、改革派は地方三部会が地方の利害を代表していないことを糾弾し[*46]、保守派は新しく導入する会議を既存の地方三部会の形式に沿わせることを要求していた[*47]。そうして、一連のアンシアン・レジーム期の行政改革で構想された新しい議会では、地方三部会のような身分別構成を排除できず、さらに革命の発端となる全国三部会においても状況は同じであった。古い体制としての地方三部会は、一八世紀に再びその存在感を増していたといえるだろう。そして同時に、地方三部会のあり方への見直しの機運も生まれており、身分制に沿う代表議会のあり方に疑問が提示されていたのである。

以上のように、一八世紀には司法制度改革と地方行政改革が実施され、これをとおして全国の諸権力に権力秩序をめぐる政治が引き起こされていた。それでは、本書がフィールドとするラングドック地方は、中央との関係をどのように形成し、変化させていったのか。次にその概略を整理しておこう。

第四節　ラングドック地方と中央

ラングドック地方は、王権が中央集権化をすすめていくなかでも、王権に対する自律性が確保されていたことが強調されることが多い。しかし、ラングドック地方の歴史をみていくと、中央集権化と自律性は二項対立ではないことが浮き彫りになってくる。すなわち、ラングドック地方の自律性とは、王権によって作り出されたものともいえるのだ。「地方」を定義する際に、言語や文化の共通性といった条件が示されることが多いが、地方の枠組みは、領域内部の条件だけでなく、中央との関係のなかで形成されていくものであることを、ラングドック地方の事例は示している。

実は、「ラングドック地方」という枠組みは、フランス王国に併合された南フランスの地域に、事後的に形成されたものであった。王国に併合される前に、「ラングドック地方」というまとまった領域は存在しないのである。

本節では、まず後のラングドック地方に相当する地域が、フランス王国に併合され、領域としての一体性を付与されていく過程を整理し、アンシアン・レジーム期のラングドック地方の行政組織や産業の特徴などを概観する。次に、ラングドック地方の裁判権力の特徴を整理する。

また、ここでは、ラングドック地方の北部に位置するヴィヴァレ地方についても、簡単にみておきたい。ヴィヴァレ地方は、後述するように、マスクの蜂起の舞台となった地域であり、ラングドック地方の一部を構成していた。しかし、ラングドック地方とヴィヴァレ地方は、もともと別の地方としての歴史を歩んでおり、両者がフランス王国に併合された後に、一つの地方を構成するものとして再編されていた。そのため、ラングドック地方に含まれることとなったヴィヴァレ地方には、ラングドック地方のほかの地域とは異なる制度が維持されていくことになる。ラングドック地方とヴィヴァレ地方の複雑な関係が形成される歴史的経緯を、ここでみておこう。

(1)「ラングドック地方」の形成

一〇世紀のラングドック地方は、複数の諸侯領がモザイク状に集まっていたにすぎず、そのなかで最も大きな力をもっていたトゥルーズ伯も、これを統一することはなかった。[*48] 地中海に面したラングドック地方一帯では、レヴァント地方との貿易や文化交流が盛んであったが、一二世紀後半よりオリエント発祥の善悪二元論を特徴とするキリスト教異端のカタリ派が普及した。教皇は北フランスの諸侯たちにカタリ派の討伐を訴え、一二〇九年にアルビジョワ十字軍が開始された。戦争はやがてフランス国王による地中海沿岸一帯地域に対する支配の確立を目指すものへと変容し、一二二九年にはトゥルーズ伯レイモン七世も降伏した。

この一連の征服過程において、トゥルーズ伯以外の諸侯も次々とフランス王権の支配下におかれ、これ以降、以前には存在しなかった「ラングドック地方」としての領域的一体性が形成されていく。[*49] この地域の統治のために、フランス国王は行政官を派遣し、一三世紀にはすでに「ラングドック地方」が管轄地域として割り当てられていた。ただし、この時点での管轄区域は、その後のラングドック地方の枠組みを超えてオック語圏を広く覆ったものであった。ラングドック地方のアンシアン・レジーム末期にいたるまでの基本的な境界線が引かれるのは、英仏百年戦争のただなかの一三六〇年である。ラングドック地方はこの戦争によりイギリス軍の侵略を受けたが、この年のカレー講和条約の締結により地方の行政区画が明確化され、ボケール、トゥルーズ、カルカソンヌの三セネシャル管区から構成される地域に縮小された。
さらに英仏百年戦争の最中の一四一八年には、ラングドック地方三部会の年次集会が正式に承認され、一四二八年にはフランス国王はこの地方の課税について三身分の合意がなければ税を徴収しないことを約束した。[*50] また、一四二〇年にはトゥルーズに高等法院が設置された。これらの措置はラングドック地方に対するフランス国王の譲歩と考えることができる。これによりフランス国王は、英仏百年戦争におけるラングドック地方の支持を勝ち得ていくことになるのである。

このように、一三世紀のアルビジョワ十字軍と、一四世紀から一五世紀にいたる英仏百年戦争を経て、ラングドック地方は、フランス国王のもとで領域的にまとまりがあるものとして確定されていった。[*51] 本書で使用する「ラングドック地方」という用語は、基本的にラングドック地方三部会の管轄区域を指すこととする。

ここで、アンシアン・レジーム期のラングドック地方の特徴を概観したい。ラングドック地方は、二つの領域に分けて論じられることが多い。それは、一五四二年の総徴税管区改革の際に、二つの管区が導入されたことに起因する。ラングドック地方の西部のトゥルーズを中心とした地域が、トゥルーズ総徴税管区（généralité de Toulouse）であり、オ＝ラングドック地方とも呼ばれる。もう一つはラングドック地方東部のモンプリエを中心都市としたモンプリエ総徴税管区（généralité de Montpellier）であり、バ＝ラングドック地方と呼ばれる。この二つの総徴税管区は、一人のラングドック地方長官によって統括された。[*52]

オ＝ラングドック地方とバ＝ラングドック地方では、経済構造や産業に大きな違いがあった。オ＝ラングドック地方の中心都市であるトゥルーズには高等法院が設置されていたこともあり、その周辺地域では陸上と水上の交通網が発達していた。オ＝ラングドック地方はフランスでも有数の穀倉地帯であったため、その発達した交通網を利用して、穀物は一旦トゥルーズに集積され、バ＝ラングドック地方や、プロヴァンス地方、パリ盆地、スペイン、時にはイギリスやオランダにまで輸出されていた。[*53] 産業では、トゥルーズとその周辺では中世以来毛織物産業が盛んであったが、[*54] 一六世紀には大青の生産と取引で栄えた。しかしやがてアメリカ大陸からのインディゴの流入におされ、これも衰退した。その後のトゥルーズ一帯は、発達した交通網を生かし、輸送業によって発展することになる。[*55]

豊かな農業地帯でありながら、産業が停滞していったオ＝ラングドック地方とは対照的なのが、バ＝ラングドック地方である。バ＝ラングドック地方の地中海沿岸地域では、ブドウやオリーヴなどの栽培が盛んであった。また、北部の山岳地域は、農業に適さない土地であり、農業に代わって牧畜業や毛織物業が盛んであった。ラングドック地方は、中世より毛織物産業で栄えたが、その材料を供給していたのが、バ＝ラングドック地方の特に山岳地域であった。[*56] また、一八世紀からはニームを中心とした絹織物産業も発達し、山岳地域もその産業ネットワークに含まれた。[*57] バ＝ラングドック地方の中心都市モンプリエは、ラングドック地方三部会の開催都市であるのと同時に、地方長官や地方総司令官が駐在しており、ラングドック地方の財行政および軍事行政の中心地としての地位を占めていた。[*58]

このように東と西で異なる特質をもっていたラングドック地方であったが、アンシアン・レジーム期をとおして、東西を包括して管轄区とする三部会を保持し続けた。[*59] ラングドック地方三部会は、聖職者、貴族、第三身分の代表からなる合議体である。[*60] 聖職者代表は、ラングドック地方内部のカトリック行政区分である司教区（diocèse ecclésiastique）の各代表者からなり、一八世紀には二三代表を数えた。代表は司教もしくは大司教であり、そのうちナルボンヌ大司教が三部会の議長をつとめた。

貴族代表は、三部会に出席する権利が付与された二三バロン領（baronnie）の領主から構成された。そのうち、ヴィヴァレ地方とジェヴォーダン地方には特別な制度がしかれ、それぞれがさらに一二バロン領と八バロン領を含み、各バロン領の領主が、毎年順番に三部会に出席することになっていた。

第三身分代表は、ラングドック地方三部会の下位行政区分であるディオセーズ区（diocèse civil）から主要都市の代表二名が派遣された。[*61] 一八世紀のディオセーズ区は二四であったが、投票権をもつ議員は四六名であり、代表の多くは、都市行政体のトップである第一コンシュルと前年の第一コンシュルから成り立っていた。

ラングドック地方三部会の投票方法は、議員ごとの個別投票であり、貴族と聖職者代表を合わせた議員数と、第三身分代表の投票可能数は同数であった。一見、第三身分に開かれた議会のようにみえるが、第三身分の代表には、都市代表として多くの貴族が含まれていた。一七世紀には第三身分代表に占める貴族の割合は二〇から四〇パーセントと高いが、一八世紀後半にはおおむね一〇パーセント前後で推移し、革命直前には、弁護士や医師の占める割合が貴族を超えていく。[*62] ただし、三部会議長をナルボンヌ大司教がつとめていたこともあり、特権身分の影響力が大きい組織であったといえるだろう。

ラングドック地方三部会は、同地方が負担する税額を王権側と交渉することになるが、三部会にはどこまでその交渉の幅が認められていたのだろうか。地方三部会が国王に納めていた上納金（don gratuit）は、一六七〇年代まで王権側の要求額を下回っていたが、これ以降は、金額が王権の要求どおり受け入れられ、一時期を除いて三〇〇万リーヴルで固定化された。[*63] しかし、一七世紀末から全国に導入されていく新税をめぐっては王権と三部会の間で緊迫したやり取りがあり、またラングドック地方に要求された特別税をめぐっては、三部会は拒絶や減額に成功していた。すなわち、ラングドック地方三部会の交渉力は、革命まで無視できないものであったといえるだろう。[64]

また、三部会の交渉は、三部会開催時における税額の決定時にのみ行われたわけではなかった。三部会は会期が終了すると、毎年税の免除や要求をまとめ、王権に陳情しに向かったのである。パリでは関係者と折衝し、最終的には王権から回答を得て、ラングドック地方に帰還していた。[65] 交渉の機会は、三部会開催という時期にのみ限定されていたわけではなかったのである。

このラングドック地方三部会とともに、地方を代表する権力として大きな力をもったのが、トゥルーズ高等法院であった。地域秩序の形成をめぐる政治に関与してくる、ラングドック地方の裁判所や軍隊組織について、以下で詳しくみておこう。

(2) 裁判および軍隊組織

ラングドック地方の司法権力のうち、最も大きな権限と権威をもっていたのが、トゥルーズ高等法院であった。トゥルーズ高等法院の創設は一四二〇年であり、パリ高等法院についで創設された。トゥルーズ高等法院管区には、ラングドック地方のみならず、ルエルグ地方、ケルシー地方、フォワ伯爵領、アルマニャック地方、ビゴール地方が含まれており、王国ではパリ高等法院につぐ二番目の広さの管区を有していた。

こうした広大な管区において、高等法院の下級審として機能していたのが、セネシャル裁判所であった。トゥルーズ高等法院管区のなかでもラングドック地方に限定すると、ラングドック地方にはフランス王国に併合された当初は、三つのセネシャル裁判所が設置されていた。トゥルーズ、カルカソンヌ、ボケール（後にニームに移動）の三セネシャル裁判所管区の枠組みは長らく続いたが、一六世紀以降、当初設置された三つのセネシャル裁判所管区の分割により、セネシャル裁判所の増設が進められた。一七八九年のフランス革命までには、ラングドック地方では全部で八つのセネシャル裁判所管区が設置されるにいたった。また、これらセネシャル裁判所のなかでも、重要な裁判所と考えられたものには上座裁判所が付設された。

裁判所のほかに、ラングドック地方の秩序維持にあたった権力として、国王の軍隊組織についてここで整理しておく必要があるだろう。一八世紀のラングドック地方では、軍隊組織への命令権を実際に実行していたのは、地方長官と総司令官であり、地方総督は後景に退いていた。なかでも特に総司令官は、一八世紀に大きな影響力をもちはじめ、その部下である司令官(commandant)の任命権も有していた。

総司令官のもとに、ラングドック地方の軍隊組織は、以下のように階層化されていた。[*66] まず、副総司令官(commandant en second)がおり、その指揮下に、ヴィヴァレ地方、セヴェンヌ地方、ヴレ地方それぞれに一名ずつの合計三名の司令官が配置されていた。またそのほかに、ラングドック総督の命令系統に属する官職として、総代官三名のそれぞれがオ＝ラングドック地方、バ＝ラングドック地方、セヴェンヌ地方およびヴィヴァレ地方を管轄し、さらに九名の国王代官も配置されていた。また、軍隊組織であると同時に裁判権も保有していたマレショーセが主要都市に配置されていた。このように、ラングドック地方の軍隊組織はラングドック地方全体をカバーしていたのと同時に、ヴィヴァレ地方、セヴェンヌ地方、ヴレ地方という山岳地帯を重点的に警戒していたことになる。マスクの蜂起が起きたのは、まさにこの地域であった。

(3) ラングドック地方とヴィヴァレ地方

マスクの蜂起が起きたヴィヴァレ地方について、ここでラングドック地方との関係を中心に整理しておきたい。ヴィヴァレ地方はラングドック地方を構成する一地方として位置づけられる。しかし、「ラングドック地方」という枠組みと異なるのは、ヴィヴァレ地方は王国に併合される前に、すでにヴィヴァレ地方として領域の一体性を形成していたことである。ヴィヴァレ地方は、八一五年のカロリング朝時代にヴィヴィエ司教のもとで領域としての一体性を形成し、その後プロヴァンス伯領（八七九—九三三年）、ついでブルゴーニュ伯領（九三三—一〇三二年）に組み込まれた。一〇三九年にはブルゴーニュ伯領が神聖ローマ帝国に編入されるにあたって、ヴィヴァレ地方も神聖ローマ帝国領となった。その後一三〇五年から一三〇八年にかけて、ヴィヴィエ司教とフランス国王の間で結ばれた協約により、ヴィヴァレ地方はフランス王国へ併合された。[*67] ラングドック地方の併合からは、約八〇年の年月が経過していた。

この併合の後に、ヴィヴァレ地方はラングドック地方に組み込まれていく。その転機は、ヴィヴァレ地方三部会（États particuliers du Vivarais）がラングドック地方三部会の下部組織として位置づけられたことである。ヴィヴァレ地方三部会は、フランス王国に併合される以前から同地に存在していた合議体が、その起源と考えられている。[*68] なお、この「地方三部会」は、原語にのっとれば、「特別」あるいは「下位」の意味を訳語に加える必要があるが、本書では煩雑さを避け、「地方三部会」とのみ記す。また、ここでは慣例に従い「三部会」という訳語をあてるが、ヴィヴァレ地方三部会は、一時的な時期を除き、基本的には貴族と都市代表のみから構成されていた組織であり、聖職者は排除されていた。ヴィヴィエ司教は、ヴィヴァレ地方三部会に出席していたが、それはあくまで都市ヴィヴィエの代表という立場であったにすぎなかった。

ヴィヴァレ地方三部会は、一四二二年に王権によってその開催が認可されたが、その三年後の一四二五年には、ラングドック地方三部会の下部組織として位置づけられた。[*69] この時期は、ラングドック地方三部会の毎年の開催が王権によって認可された時期と重なっており、ラングドック地方の行財政の組織化が王権によって進められていたことになる。

一八世紀には、ヴィヴァレ地方は、ラングドック地方三部会の下位行政区分である二四のディオセーズ区の一つであった。各ディオセーズ区には、ディオセーズ区会議が存在していたが、それに相当するものとして、ヴィヴァレ地方にはヴィヴァレ地方三部会が存続していた。ラングドック地方三部会管区の内部には、このヴィヴァレ地方と隣接するジェヴォーダン地方の二つに三部会が設置され、ラングドック地方内のほかの地域とは異なる制度がひかれていたことになる。ラングドック地方三部会で決定されたヴィヴァレ地方への課税額は、ヴィヴァレ地方三部会で承認され、都市・農村共同体（communautés）ごとへの割り当てが行われることになっていた。さらにヴィヴァレ地方三部会は、治安や産業の管理も独自に決定し遂行していた。[*70]

このように、ヴィヴァレ地方は行政区画としてはラングドック地方の一部を構成することになったが、そもそもは別の領域としての歴史をもち、そのため独自の制度が維持された。アンシアン・レジーム期の権力構造は、中世の権力関係を引き継ぎながら形成されており、一八世紀の政治においてもこうした過去の歴史が政治闘争の際の道具として意味をもってくる。この点は、本書の分析のなかでも明らかとなるだろう。

おわりに

以上のように、アンシアン・レジーム期の地方統治は、中世以来の制度改編が積み重なったなかで運営されていた。王権は、時代や地域によって重用する権力や組織を変化させていき、指揮・命令系統の整備も進めてはいたが、それらを画一化することはなかった。そのため、実際の地方統治にあたった諸権力の権限は重複し、中央との関係も単線的なものではなかった。そうした権力秩序の「曖昧さ」が、政治の基盤にあったことが、アンシアン・レジーム期の特徴といえるだろう。

一八世紀における司法制度改革と地方行政改革は、フランスの財政危機を克服することを目的としたものであったが、地方のこれまでの権力構造を根本から変える契機を含んでおり、全国的に大きな反響を引き起こした。一八世紀は地方統治をめぐる政治が大きな転換点を迎えていたことを示している。しかし、これらの議論や改革を、「新しさ」だけで説明することはできない。旧来の権力は再評価され、力を増す機会ともなっていたからである。こうした新旧の権力の緊張関係のなかで、一八世紀の地方統治は運営されていたのである。

本書では、ラングドック地方を舞台に、王権と諸権力がどのように統治を実践しようとしていたのか、そしてそこに地域住民はどうかかわったのかという点を分析していく。また、ここで明らかとなる権力秩序は、一八世紀という時代状況において、どのような意味をもったのかという点も重要な論点である。これらの点を以下の各章では論じていくことになる。

註

＊1　地方政治において、諸権力の個人的影響力や人的ネットワークが重要であることを指摘しているものとして以下を参照。William Beik, *Absolutism and Society in Seventeenth-century France. State Power and Provincial Aristocracy in Languedoc*, Cambridge, 1985, pp. 223–244; Sharon Kettering, *Patrons, brokers and clients in seventeenth-century France*, Oxford, 1986; Peter Robert Campbell, *Power and politics in old regime France, 1720–1745*, London, 1996; Roger Mettam, *Power and Faction in Louis XIV's France*, Oxford, 1988.

＊2　地方総督制度の歴史は以下を参照。入江和夫「フランス・アンシァン・レジームの地方総督（Gouverneurs de province）制─国王官僚機構に関する一試論─（二）」『法政論集』（名古屋大学）第九四号、一九八三年、一六─一七、二二頁。ここで地方総督の前身と考えられているのは、国王総代官（lieutenant général du roi）である。

＊3　Bernard Barbiche, *Les institutions de la monarchie française à l'époque moderne*, Paris, 1999, p. 332.

＊4　入江、前傾論文、二四─二五、三一頁。地方総督の代理は、総代官のほかに、一七世紀末に創設された国王代官（lieutenant de roi）もいた。Barbiche, *Institutions*, p. 329.

＊5　Georges Cuer, «Gouverneurs, Gouvernements», Lucien Bély dir., *Dictionnaire de l'ancien régime*, Paris, 1996（以下、*Dictionnaire A. R.* と略記）, pp. 605-606. 総司令官の多くは、地方総督と匹敵するような大貴族から選ばれていた。Barbiche, *Institutions*, p. 329. また、地方総督の代理として活動していた総代官が国王によって任命されるのに対して、総司令官の下で職務にあたった司令官は、総司令官が自ら任命する権限をもっており、総司令官は地方総督よりも大きな権限をもっていたといえよう。*Ibid.*, pp. 329, 399.

＊6　総徴税管区は、一五世紀に財務管区として誕生し、一六世紀には各管区に財務局（bureau des finances）が設置され、税の負担額がその管区ごとに決定された。Guy Cabourdin et Georges Viard, *Lexique historique de la France d'Ancien Régime*, Paris, 1978（以下、*Lexique historique* と略記）, pp. 158-160.

＊7　高等法院以外に、それに相当するものとして周辺地域に設置されたのが、三つの最高評定院（conseil souverain ou supérieur）、アルトワ地方に設置されたのが地方法院（conseil provincial）である。Barbiche, *Institutions*, p. 106.

＊8　こうした見方は、特に一九世紀の歴史家アレクシス・ド・トクヴィルの研究に端を発する。Alexis de Tocqueville, *L'Ancien Régime et la Révolution*, Paris, 1856 dans J. P. Mayer dir., *OEuvres complètes*, t. 2, vol. 1, 1952［小山勉訳『旧体制と大革命』筑摩書房、一九九八年］.

＊9　一九六〇年代以降の研究では、地方長官が、地方統治において果たした役割の見直しが進んだ。例えば以下の研究がある。François-Xavier Emmanuelli, *Un mythe de l'absolutisme bourbonien: L'intendance, du milieu du XVIIème siècle à la fin du XVIIIème siècle (France, Espagne, Amérique)*, Aix-en-Provence, 1981; 安成英樹『フランス絶対王政とエリート官僚』日本エディタースクール出版

部、一九九八年。特に一八世紀半ばからは、地方長官が地域諸権力の利害や要求に配慮し、王権と地方を仲介する役割を担った側面が、以下の研究で指摘されている。Maurice Bordes, «Les intendants de Louis XV», *Revue historique*, t. 223, 1960, pp. 45-62; idem, «Les intendants éclairés de la fin de l'Ancien Régime», *Revue d'histoire économique et sociale*, t. 39, 1961, pp. 57-83; 林田伸一「一八世紀フランスの都市制度と王権―ラヴェルディの改革をめぐって―（上）（下）」『人文・社会科学論集』（東洋英和女学院大学）第五号、一九九二年、一七―三七頁; 第六号、一九九三年、二九―三七頁。以下のような概説書でも、地域ごとに差異がありながらも、地方長官が地方行政と協力した点が述べられている。Barbiche, *Institutions*, pp. 392-393.

＊10 Barbiche, *Institutions*, pp. 280, 306.

＊11 *Ibid.*, p. 293.

＊12 *Ibid.*, p. 293.

＊13 *Ibid.*, pp. 180-181.

＊14 *Ibid.*, pp. 297-300.

＊15 Arlette Jouanna, «Les relations directes avec la cour», Stéphane Durand, Arlette Jouanna et Élie Pélaquier et al., *Des États dans l'État. Les États de Languedoc, de la Fronde à la Révolution*, Genève, 2014（以下、*Des États dans l'État* と略記）, pp. 293-363.

＊16 地方長官の選出には財務総監があたり、国境地域については陸軍卿の意見も参照された。*Lexique historique*, p. 179. したがって、財務総監および陸軍卿と、地方長官との間には、密接な関係があることは、もちろん否定できない。

＊17 Arlette Lebigre, *La Justice du Roi: La vie judiciaire dans l'ancienne France*, Paris, 1988, pp. 24-32.

＊18 Jean Bodin, *Les Six Livres de la République*, 1577（Lebigre, *op. cit.*, p. 34 に引用）.

＊19 Lebigre, *op. cit.*, pp. 48-57; Barbiche, *Institutions*, pp. 51-56; 石井三記『一八世紀フランスの法と正義』名古屋大学出版会、一九九九年、四―五頁。

＊20 王令の強制登録は、国王親臨座（lit de justice）を開催することによって行われた。国王親臨座については、以下に概括が整理されている。石井三記「一八世紀フランスの国王・法・法院」上山安敏編『近代ヨーロッパ法社会史』ミネルヴァ書房、一九八七年、一六五―一九〇頁。

＊21　都市裁判所は、一六世紀はじめまでは活発に活動していたが、一五六六年のムーランの王令以降は、トゥルーズなどの大都市を除いて、権限が大幅に縮小され、管轄は治安の領域にとどまるようになっていった。Barbiche, *Institutions*, 1999, p. 49.

＊22　具体的に採られた方策は、大逆や貨幣偽造、武器携行や不法集会などの重要事件を国王専決事件と定義し、これに対する訴追権を国王裁判所に集中させたり、刑事事件発生から二四時間以内に領主裁判所が予審を開始しない場合には、国王裁判所がその案件に対して裁判先取権（prévention）を発動することを認めたり、あるいは領主裁判所の上訴審を国王裁判所とする上訴制（appel）を確立させるといったものであった。塙浩「フランス法史上の権力と刑事法」法制史学会編『刑事と国家権力』創文社、一九六〇年、四三一―五四七頁；志垣嘉夫『フランス絶対王政と領主裁判権』九州大学出版会、二〇〇〇年、四七―七一頁。

＊23　法理論上では、領主は国王から封地を譲渡されたうえで、裁判権を行使していると解釈することが可能だった（André Laingui, «Juridictions», *Dictionnaire A. R.*, p. 709; Barbiche, *Institutions*, p. 49）。そのように領主裁判権を位置づければ、国王裁判権の優位性を脅かすものではないとすることができた。ただし、封地の委譲と裁判権の委譲の一致をめぐっては、当時から議論があり、これについては以下が簡潔に整理している。志垣、前掲書、四一―四七頁。また、パリ高等法院院長のラモワニョンのように貴族の名誉や所有権の観点から領主裁判権を擁護する立場もあった（Laingui, *op. cit.*, p. 709）。こうした見解に支えられ、領主裁判権はフランス革命まで完全に廃止されることはなかったのである。

＊24　Marcel Marion, «Justice seigneuriale», *Dictionnaire des institutions de la France aux XVIIe et XVIIIe siècles*, Paris, 1993（1re éd.: 1923）, pp. 319–312; François Olivier-Martin, *Histoire du droit français des origines à la Révolution*, Paris, 1948（塙浩訳『フランス法制史概説』創文社、一九八六年）, pp. 516–518.

＊25　Pierre Villard, *Recherche sur les institutions judiciaires de l'Ancien Régime. Les justices seigneuriales dans la Marche*, Paris, 1969; André-Paul Mutel, « La justice de Saint-Étienne. Contribution à un essai de géographie des justices seigneuriales», *Revue historique du droit français et étranger*, vol. 68, nº 4, 1990, pp. 471–488; Sylvain Soleil, «Le maintien des justices seigneuriales à la fin de l'Ancien Régime: faillite des institutions royales ou récupération? L'exemple angevin», *Revue historique du droit français et étranger*, vol. 74, nº 1, 1996, pp. 83–97; 浜田道夫「一八世紀ボージョレ地方における領主刑事裁判―サン＝ラジェ裁判区とその周辺―」『社会経済史学』第六四号第四巻、一九九八年、四六一―

四九一頁; 志垣、前掲書。

*26 裁判所審級は、一六六七年の民事王令で成文化されたが、これに先立ち一五三六年のクレミューの王令によって、すでに整理される方向にあったことが、以下に指摘されている。志垣、前掲書、四八頁。一六六七年の民事王令は以下に収められている。Decrusy Isambert et Jourdan Isambert éds., *Recuil général des anciennes lois françaises depuis l'an 420 jusqu'à la Révolution de 1789*, Paris, 1829, vol. 18, pp. 103–180. この王令は、その後革命までの民事訴訟手続きを規定した。

*27 Barbiche, *Institutions*, p. 48.

*28 裁判所審級の概略は、以下に簡潔にまとめられている。石井、前掲書、二―六頁。それぞれの裁判所の権限の詳細については、以下で参考文献を適宜示す。

*29 地域によってはこれら二つ以外の名称の裁判所も存在し、代表的なものとして、ヴィコント裁判所（vicomté）が挙げられる。

*30 プレヴォあるいはヴィギエ裁判所には、一五三六年のクレミューの王令により平民の民事・刑事事件を裁く権限が与えられたが、貴族や特権保有者の案件に対する裁判権は認められなかった。またプレヴォあるいはヴィギエ裁判所は、領主裁判所の判決の上訴の一部を扱うことができたが、これらは直接上位の裁判所であるバイイもしくはセネシャル裁判所にもち込むことも可能であった。Barbiche, *Institutions*, pp. 347–348.

*31 バイイおよびセネシャル裁判所の司法権限は、貴族や官職保有官僚など特権保有者にかかわる案件、教会録（bénéfices ecclésiastiques）の案件、後見とその後の財産管理、そして国王専決事件に及んでおり、これらの案件については初審として判決を下した。また、領主裁判所、都市裁判所、プレヴォおよびヴィギエ裁判所判決の上告審であった。一七六九年以降には、四〇リーヴル以下の訴訟について最終審となっている。*Lexique historique*, p. 33; Barbiche, *Institutions*, pp. 348–349.

*32 上座裁判所の司法権限は、刑事においては、プレヴォ専決事件に対する裁判権を保持していた。プレヴォ専決事件とは、放浪者や軍人の犯罪、公道での犯罪、騒擾などが含まれるが、バイイおよびセネシャル裁判所が管轄権をもつ国王専決事件との区別は、困難であった（志垣、前掲書、五〇頁）。民事においては、二五〇リーヴル以下（もしくは金利一〇リーヴル以下）の係争の場合は最終審となり、二五〇リーヴルから五〇〇リーヴル（もしくは金利一〇リーヴルから二〇リーヴル）の場合には、上座裁判所判決は高等法院への上訴が可能であった。見積もりが無い場合、あるいは係争物が五〇〇リーヴル以上の場合

は、バイイおよびセネシャル裁判所に管轄権があり、高等法院に上訴が可能であった。このように、上座裁判所の管轄の事件は、きわめて限定的なものであり、案件の数も少なかった。Barbiche, *Institutions*, p. 350; Jean-Pascal Foucher et Bernard Barbiche, «Présidiaux», *Dictionnaire A. R.*, pp. 1011–1013.

*33 Pierre Goubert, «Les officiers royaux des présidiaux, bailliages et élections dans la société française du XVIIe siècle», idem, *Le siècle de Louis XIV*, Paris, 1996, pp. 140–161.

*34 Barbiche, *Institutions*, p. 106.

*35 *Ibid.*, p. 285.

*36 マレショーセは、「騎馬警察隊」と訳される場合もあるが、以下で述べるとおり、マレショーセは軍隊組織であると同時に裁判権も保持しており、本書ではマレショーセがもっていた裁判権が重要な意味をもつため、「騎馬警察隊」の訳語を避け、マレショーセとカタカナのままで表記することとした。

*37 Barbiche, *Institutions*, p. 147.

*38 マレショーセの権限と組織については、以下で詳細が論じられている。正本忍「一七二〇年のマレショーセ改革―フランス絶対王政の統治構造との関連から―」『史学雑誌』第一一〇編第二号、二〇〇一年、一―三六頁。

*39 ルイ一四世治世下では、高等法院の建白権は制限されていたが、ルイ一五世の即位と同時に、高等法院はこれを再獲得した。ルイ一五世治世下の国王と高等法院の対立の詳細は以下を参照。Jean Egret, *Louis XV et l'opposition parlementaire* (*1715–1774*), Paris, 1970.

*40 この改革により、パリ高等法院の管区は縮小され、各地の高等法院や最高諸法院は廃止や定員削減においこまれた。そして、高等法院に代わって、上級評定院（Conseil supérieur）が創設された。また、管区の再編のほかに、売官制を廃止することによって官僚制度を抜本的に改編することが試みられた。また、裁判所が訴訟関係者から徴収していた「謝礼」を廃止し、裁判の低価格化がはかられた。Barbiche, *Institutions*, p. 112.

*41 ラモワニョンの改革の背景と経緯については、以下を参照。Jean Egret, *La pré-révolution française* (*1787–1788*), Paris, 1962.

*42 高等法院のすぐ下の審級に大バイイ裁判所（grand bailliage）が創設されたが、これには旧上座裁判所がそのまま選ばれた。

また、旧バイイおよびセネシャル裁判所が上座裁判所として格上げされた。すなわち、旧上座裁判所と旧バイイおよびネシャル裁判所はそれぞれ名称を変更して権限を拡大し、これと比例して高等法院の司法権限が縮小された。

＊43　中世に開かれていた大諸侯会議（Cour plénière）が復活され、王令の登録はここでのみ行われることとなった。

＊44　一八世紀の司法制度改革の背景としては、政治的動機だけでなく、啓蒙主義との関連も問われるだろう。たしかに一八世紀には、ヴォルテール（Voltaire）をはじめとする啓蒙主義思想家によって司法制度が批判され、各地の誤審事件もあいまって、司法制度改革を要求する大きなキャンペーンがはられた。しかし、こうした批判の影響は、一七八〇年の取調べに先立つ拷問の廃止や、一七八八年のラモワニョンの改革の一環として計画された一六七〇年刑事王令の見直しと、刑罰の緩和について表明した王令にみられるのみで、一八世紀に限れば、啓蒙主義運動の実りは少なかったといえよう。ただし、市民契約論にもとづく刑法の批判は、フランス革命期の司法制度改革に結びつく。Pierre Deyon, *Le temps des prison*, Lyon, 1975［福井憲彦訳『監獄の時代』新評論、一九八二年］; 石井三記「カラス事件の法的側面―一八世紀フランスの誤審事件―（一）（二）」、『法学論叢』第一一四巻第六号、一九八四年、三一―五四頁; 第一一五編第一号、一九八四年、四一―六二頁。

＊45　*Lexique historique*, p. 180; Barbiche, *Institutions*, p. 404. 民衆の不満が地方長官に集中することを避けるべく、地方長官自らが代表議会に直接税の分配をさせることを提案していた場合もあった。Barbiche, *Institutions*, p. 102.

＊46　渡辺恭彦『一八世紀フランスにおけるアンシアン・レジーム　批判と変革の試み―エコノミストたちの試み―』八朔社、二〇〇六年、七〇、八五頁。

＊47　Bernard Barbiche, «Assemblées provinciales», *Dictionnaire A. R.*, p. 98.

＊48　エマニュエル・ル＝ロワ＝ラデュリ（和田愛子訳）『ラングドックの歴史』白水社、一九九四年、三六頁。

＊49　同上、五五―五七、六〇頁。

＊50　同上、六二頁; Arlette Jouanna, «États de Languedoc», *Dictionnaire A. R.*, p. 510. なお、ラングドック地方三部会が、不定期に開催されるようになった時期について、ジョアンナは一二七五年以降とし、ル＝ロワ＝ラデュリは、一三〇〇年代としている。

＊51　ベイクも、ラングドック地方に地方としての形を与えた契機として、一三世紀のフランス王国への併合と、百年戦争を指摘している。Beik, *op. cit.*, p. 38.

*52 Armand Brette, *Atlas des baillage*, Paris, 1904.

*53 Philippe Wolff dir., *Histoire de Toulouse*, Toulouse, 1974, pp. 354–358.

*54 山瀬善一「一三世紀初期におけるトゥールーズの毛織物工業とその経済的基礎」『国民経済雑誌』第九六巻第一号、一九五七年、一九―三六頁。

*55 宮崎洋「近世都市トゥルーズについて―その都市機能の変化―」『三田学会雑誌』第八四巻第二号、一九九一年、四五〇―四六二頁。

*56 一八世紀のラングドック地方の毛織物産業については、深沢克己「一八世紀のレヴァント貿易とラングドック毛織物工業―アレッポ向け毛織物輸出の変動をめぐって―」『土地制度史学』第三二巻第一号、一九八九年、一―二〇頁。

*57 Line Teisseyre-Sallmann, *L'industrie de la soie en Bas-Languedoc, XVIIe–XVIIIe siècles*, Paris, 1995.

*58 そのほかにも、モンプリエには会計租税財務法院（cour des comptes, aides et finances）が設置されていた。

*59 ラングドック地方の人口は、一七一五年に一二〇万人、一七八九年には一七〇万人に増加した。Philippe Wolff dir., *Histoire du Languedoc*, Toulouse, 2000, p. 381.

*60 ラングドック地方三部会の人員構成など基本的な情報は以下を参照。Jouanna, «États de Languedoc», pp. 510–512; Élie Pélaquier, «L'Assemblée des États», *Des États dans l'État*, pp. 31–66.

*61 ディオセーズ区は、司教区とは異なる行政区分である。伊藤滋夫「近世フランス地方財政史のために―一八世紀ラングドック地方債に関する史料―」『史学雑誌』第一〇七編第一〇号、一九九八年、六九頁。

*62 Pélaquier, *op. cit.*, p. 64.

*63 Arlette Jouanna, «Le déroulement des sessions», *Des États dans l'État*, pp. 76–78; Stéphane Durand, «Le système fiscal languedocien», *ibid.*, p. 214, graphique 12.

*64 Jouanna, «Le déroulement des sessions», pp. 82–83.

*65 Idem, «Les relations directes», pp. 293–316.

*66 ラングドック地方の軍隊の指揮命令系統については以下が整理している。Marcel Gouron, *Inventaire sommaire des Archives départementales* *anterieures à 1790, Hérault,* t. 5, Montpellier, 1960, pp. III–IV; Claude de Vic et Joseph Vaissète（plus tard E. Roschach, A. Molinier et autres）, *Histoire générale de Languedoc,* Osnabrück, 16 vol., 1973（1re éd.: Toulouse, 1872–1904）, t. 13, pp. 1277–1279; Louis de La Roque, *Armorial de la noblesse de Languedoc: Généralité de Montpellier,* Marseille, 1995（1re éd.: Montpellier, 1860）, pp. 548–549. 一六九二年に創設された九名の国王代官については、以下を参照。Barbiche, *Institutions,* p. 329.

＊67　Gérard Cholvy dir., *Histoire du Vivarais,* Toulouse, 1988, pp. 59–63; Pierre Babey, *Le pouvoir temporel de l'évêque de Viviers au Moyen Age*（*815–1452*）, Paris, 1956, pp. 121–129. なお、ヴィヴァレ地方にフランス王権によってバイイ裁判所が設置されたのは、正確には正式な併合直前であり、一二九二年にブーシュ＝ル＝ロワに、また一二九四年にはヴィルヌーヴ＝ド＝ベルグに裁判所が設置されていた。Didier Catarina, *Les justices ordinaires, inférieures et subalternes de Languedoc: essai de géographie judiciaire, 1667–1789,* Montpellier, 2003, p. 69.

＊68　Albert Lexpert, *Notice sur les États particuliers du Vivarais,* Tournon, 1893, p. 11.

＊69　Cholvy dir., *Histoire du Vivarais,* p. 89.

＊70　Alain Molinier, *Paroisses et communes de France. Dictionnaire d'histoire administrative et démographique: Ardèche,* Paris, 1976, p. 10; Cholvy dir., *Histoire du Vivarais,* p. 138.

第二章　国王裁判所の創設をめぐる地域政治

はじめに

フランスのアンシアン・レジーム期における裁判制度の拡充は、中央集権の進展を示す指標の一つと考えられている。実際、フランス王権は封建諸侯の上位権力としての地位を確立するために、自らの裁判権の優位性を獲得することにつとめ、さらに「絶対王政」を支えた法理論は、国王をすべての正義＝裁判権の源泉として定義した。[*1] また、アンシアン・レジーム期フランスにおいては、司法権、行政権、立法権の三権が分離せずに、権力の行使が司法の形態をとって行なわれており、[*2] 裁判権は近代的な意味での「主権」に近いものとして想定されていた。[*3] すなわち、王権は、主権者としての地位とその実質を勝ち取り、さらにこれを維持していくためには、自らの裁判権を代理して行使する国王裁判所の機能を強化していく必要があったといえるだろう。

しかし、裁判制度が拡充することは、単に王権のもとでの権力の一元化や、地方における王権の浸透や強化だけを意味したのだろうか。本章では、国王裁判所の創設を、単純にそのようなものとみなすのではなく、地域社会においてそれがどのような意味をもっていたのかを問い、裁判所の設置をめぐって諸権力や諸集団の間で繰り広げられた政治と、実際にこれがどのように決着がつけられたのかという点を明らかにしていく。

マスクの蜂起が起きたラングドック地方北部のヴィヴァレ地方では、一六世紀以降、その裁判管轄に関して制度改編が繰り返され、蜂起の起きる三年前の一七八〇年と一七八一年には、国王裁判所であるセネシャル裁判所が創設された。その創設にいたるまで、ラングドック地方の諸権力や諸集団は、上位権力や王権に対してそれぞれの利害にもとづいた要求を行い、論争と誘致合戦を展開した。この裁判所の創設をめぐる政治は、その後生じたマスクの蜂起に対する諸権力の反応に、直接的に影響を与えるものでもあった。

ここで取り上げるセネシャル裁判所とは、どのような裁判所であったのだろうか。第一に、セネシャル裁判所は、特に一八世紀に国王裁判所の初審としての機能を果たすようになり、管区住民にとって最も身近な国王裁判所であった。[*4] 第二に、セネシャル裁判所は、領主裁判所と国王裁判所を結節する裁判所であり、在地の権力との関係が常に争点となっていたことが挙げられる。第三に、セネシャル裁判所は、ヴィヴァレ地方のような高等法院から離れた地域においては、司法ならびに行政の領域で大きな役割と権限をもっていたことが挙げられる。セネシャル裁判所には、司法権限のほかに行政権限として、王令を布告することや、年市や週市の管理、教区簿冊の保存、プロテスタントの戸籍の管理などが認められていた。[*5] こうした広範な領域で権限をもち、地域社会と密接な関係をもったセネシャル裁判所について、制度改編を行うということは、地域の権力バランスにとって大きな転換を引き起こす可能性があった。そのために、諸権力がこの問題に大きく関心を寄せてくるのである。

ここでセネシャル裁判所の研究史を整理しておきたい。先に述べたとおり、セネシャル裁判所は南フランスに設置された裁判所であり、北フランスではこれに相当するものとしてバイイ裁判所が存在した。また、セネシャル裁判所とバイイ裁判所のうち有力な裁判所には上座裁判所が付設されたが、これは実態としてはバイイおよびセネシャル裁判所と同じであるため、ここではこれらの裁判所の研究史をともに扱う。[*6]

アンシアン・レジーム期のバイイおよびセネシャル裁判所と上座裁判所を扱った研究では、まず「絶対王政」の確立過程を制度の側面から考察するという視点がとられた。一九世紀後半から、数多くのモノグラフィーが著されるのと同時に、上座裁判所の歴史や権限、組織について総括を行う研究も現れた。[*7] その後の、個別の地域を対象とした研究も、国王権力の地域における浸透を証明するものであった。[*8]

第二次世界大戦以降は、とりわけ司法官に注目が集まり、地域の政治や社会における裁判所の位置づけが問われてきた。ピエール・グベールは、こうした研究の方向に道を開き、[*9] ジャン＝アンドレ・トゥルヌリーやシルヴァン・ソレイユはともに、高等法院が設置されていない都市におけるセネシャル・上座裁判所の権威や影響力を明らかにしている。[*10] また、クリストフ・ブランキーは、上座裁判所司法官の官職売買の実態を詳細に論じた。[*11] これらの研究では、セネシャル・上座裁判所と地域の諸権力機構との関係も問われているが、国王権力と各裁判所の関係に分析の重点がおかれており、地域の権力構造を明らかにするという視点はとられていない。

一方、ラングドック地方を対象としたバイイおよびセネシャル裁判所や上座裁判所研究は、二〇世紀初頭から着手されたモノグラフィー以外には、ほとんど行なわれてこなかった。[*12] ディディエ・カタリナはそうしたなか、二〇〇三年に、ラングドック地方の下級国王裁判所および領主裁判所の管区を地理的に確定しようと試みた。[*13] その一例として、ヴィヴァレ地方におけるセネシャル裁判所設置までの経緯にも言及している。しかしそこでは、裁判所の管区が決定される背後にある地域の政治についての考察は、ほとんど行われていない。そのため本章では、セネシャル裁判所創設問題を、地域における政治の問題としてとらえなおしたい。また、セネシャル裁判所の設置時に焦点を当てることによって、地域権力の構造や国王権力との関係をより鮮明に動態的にとらえることができると考える。

本章でおもに使用する史料は、モンプリエ駐在のラングドック地方長官に対して、さまざまな権力から送付された司法行政関係史料である。[*14] 地方長官は、ヴィヴァレ地方へのセネシャル裁判所設置問題においても、大きな影響力をもっていた。ここでは特に、一七六六年と、一七七六年から一七七八年にかけての時期に集中して作成されたパンフレットや請願書を分析する。この二つの時期のうち、前者は、トゥルーズ高等法院による調査団がヴィヴァレ地方に派遣された年であり、後者は、ヴィヴァレ・セネシャル裁判所が創設される直前にあたる。すなわち、この二つの時期は、一八世紀におけるヴィヴァレ・セネシャル裁判所創設をめぐる論争が、最も活発な時期であった。

以下では、まず第一節で、ヴィヴァレ・セネシャル裁判所設置問題の背景として、ヴィヴァレ地方の概観とヴィヴァレ地方に独特な司法権力の構造についてまとめる。次に第二節では、地域にとっての司法制度改革の意味を考察するために、ヴィヴァレ・セネシャル裁判所創設問題の一八世紀以前の経緯を概観し、裁判所創設をめぐるさまざまな集団の利害関係を整理する。そして第三節では、一七六六年のトゥルーズ高等法院評定官の派遣と一七八〇・八一年の制度改編を取り上げ、諸権力の利害の妥結点としての司法制度改革を分析し、それをとおしてアンシアン・レジーム期の地方統治の実態を司法制度の側面から考察する。

第一節　ヴィヴァレ地方と諸権力

ラングドック地方の行政におけるヴィヴァレ地方の位置づけは、すでに簡単に整理したが、本節では、ヴィヴァレ地方の地理や経済も含めてみていきたい。それというのも、以下で分析していくセネシャル裁判所創設をめぐる政治において、諸権力や諸集団の利害関係は、ここに起因しているからである。次に、ヴィヴァレ・セネシャル裁判所創設問題を引き起こすことになるヴィヴァレ地方の司法権力の特質を整理する。これは、ヴィヴァレ地方がフランス王国に併合された時代の政治状況に、その起源をさかのぼることができる。ヴィヴァレ地方は、なぜセネシャル裁判所の創設を求めることになるのか。その理由をみていこう。

(1) ヴィヴァレ地方概観

ヴィヴァレ地方は、ラングドック地方の北部に位置している（地図2）。この一帯は、フランスの中央を占める中央山塊の裾野にあたり、ヴィヴァレ地方も起伏に富んだ地形を有している。ヴィヴァレ地方の東にはローヌ川が流れ、これが隣のドーフィネ地方との境界線をなしていた。ローヌ川を北に行けば、大都市リヨンが、ローヌ川を地中海へと下れば、ラングドック地方の国内・国際交易都市として栄えたボケールが存在していた。ラングドック地方の産業や商業において重要な都市であるニームは、そのボケールから約二〇キロメートル西に位置していた。南フランスをフランスの北半分に連結する大動脈であるこのローヌ川沿いの地方と都市が、セネシャル裁判所創設をめぐる政治の中心的な舞台となる。

ヴィヴァレ地方は、ラングドック地方三部会管区を構成する二四のディオセーズ区のうちの一つであった。各ディオセーズ区には、ディオセーズ区会議が存在し、それに相当するものとして、ヴィヴァレ地方はヴィヴァレ地方三部会を有していた。ヴィヴァレ地方三部会は、王権に認可された三部会としては、一四二二年にヴィルヌーヴ＝ド＝ベルグで最初の会合をもち、ラングドック地方三部会で決定されたヴィヴァレ地方への課税額を

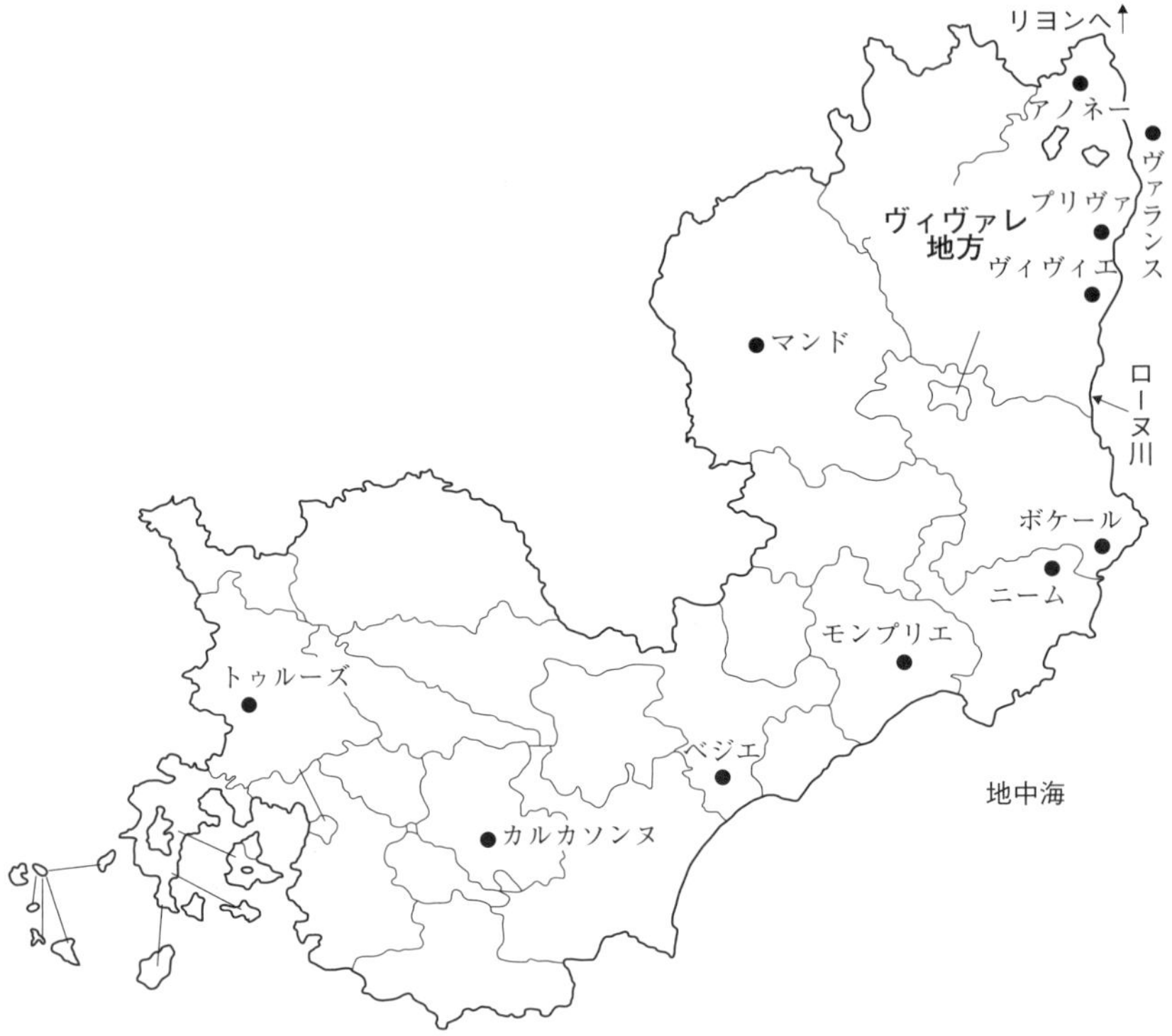

出典：Didier Catarina, *Les justices ordinaries, inférieures et subalterns de Languedoc (1667–1789): Essai de géographie judiciaire,* Montpellier, 2003, p. 379 の地図をもとに筆者作成.
註：管区を結ぶ線は、飛び地であることを示す.

地図２　ラングドック地方三部会管区とヴィヴァレ地方（ヴィヴィエ・ディオセーズ区）

都市・農村共同体ごとに割り当て、さらに治安や産業の管理を行った。[*15] セネシャル裁判所設置問題において、ヴィヴァレ・バイイ裁判所とともに、ヴィヴァレ地方の利害を代表する立場をとったのが、このヴィヴァレ地方三部会であった。

ヴィヴァレ地方の人口は、一七五〇年時点で二一万人、一七八九年時点で二六万五〇〇〇人を数えた。土地の起伏の激しさが人口の密集を困難にしており、一七八七年には三一九の都市・農村共同体が存在していたが、そのうち二〇〇〇人以上の都市は一七三四年時点で五つのみであった。アノネーが最も人口が多く四〇〇〇人弱、オブナ、トゥルノン、ブール＝サン＝タンデオル、プリヴァの四都市が二〇〇〇人から三〇〇〇人の間であり、ついでヴィヴィエ、ラルジャンティエール、ジョワイユーズが二〇〇〇人に及ばない。また、産業の発展したラルジャンティエール、オブナ、プリヴァ、アノネーは内陸に位置し、産業のほかに特に交易で栄えたブール＝サン＝タンデオル、ヴィヴィエ、トゥルノンはローヌ渓谷沿いに点在していた。すなわちヴィヴァレ地方には、物産や富を一手に握る有力な都市や区域は存在しなかったのである。[*16] それが、ヴィヴァレ地方のどの都市にセネシャル裁判所を設置するかという問題を引き起こすことになった。

ヴィヴァレ地方における一八世紀の産業の発展は、ヴィヴァレ・セネシャル裁判所創設問題の背景としてきわめて重要な意味をもっていた。とりわけ製糸業の発展は、ヴィヴァァ地方の産業地域としての意味だけでなく、交通の要衝としての重要性を高めていた。

ヴィヴァレ地方では、一七三〇年代以降、ヴィヴァレ地方三部会の支持を受けて、桑の栽培と養蚕業が盛んとなり、一八世紀後半から絹の製糸業や撚糸業が大きく発展した。オブナのマニュファクチュアは、一七五二年に創設されてすぐに王立マニュファクチュアとして認可され、国王からだけでなくラングドック地方三部会から補助金を得た。[*17] また、製糸マニュファクチュアの稼動のために必要な石炭の発掘も、一七七〇年代からヴィヴァレ地方三部会の後押しを受けてすすめられていた。[*18]

ヴィヴァレ地方の絹の撚り糸は、当時その品質が高く評価されていた。[*19] 高価な絹織物製品の材料となる撚り糸の生産に事実上成功したのは、ラングドック地方のなかではヴィヴァレ地方だけであった。[*20] ラングドック地方における絹織物業の中心都市はニームであり、ヴィヴァレ地方が生産する絹糸は、ニームの産業の発展にとっても重要であったのである。また、一六八七年の王令以来、すべての絹は、リヨンにもち込まれて価格の三分の一を税として支払わなければならなくなったため、ニームで生産された絹製品は、すべて一旦リヨンを経由してからでないと、マルセイユにはもち込むことができなくなった。[*21] ニームとリヨンを結ぶ線上に、ヴィヴァレ地方が位置していたことを、ここで再度確認しておこう。

以上のように、一八世紀のヴィヴァレ地方では産業が発展し、さらにラングドック地方の産業構造のなかで、原材料の供給地として、また交通の要衝として位置づけられるようになっていた。[*22] これらのことは、ヴィヴァレ地方におけるセネシャル裁判所創設をめぐる政治のなかで、諸権力の利害を形成する重要な要因となった。ヴィヴァレ地方を管轄下におき、同地へのセネシャル裁判所の創設に反対したニームは、当時のラングドック地方のなかで、産業・商業の中心都市としての地位を獲得していた。[*23] ニームの産業や商業を支える意味において、ヴィヴァレ地方を自らの管轄下におくことは大きな価値をもっていたのである。

(2) ヴィヴァレ地方の司法権力

アンシアン・レジーム期におけるヴィヴァレ地方へのセネシャル裁判所創設問題は、ヴィヴァレ地方がフランス王国に併合された一三世紀の司法権限規定にさかのぼって、議論が行われた。そのため、ここではまずヴィヴァレ地方の裁判所審級の中世以来の特質を確認する。次に、こうした歴史的背景のもとで形成された、ヴィヴァレ・バイイ裁判所の権限の確認を行う。これらの作業をとおして、セネシャル裁判所創設の議論のなかで、何が問題となっていたのかを明確にしていこう。なお、ヴィヴァレ地方には、二つのバイイ裁判所が設置されており、これらを区別する場合には、それぞれの裁判所名を使い分けるが、ともにセネシャル裁判所の設置を求めていた主体として登場する場合には、「ヴィヴァレ・バイイ裁判所」と表記する。

南フランス一帯が、アルビジョワ十字軍などによってフランス王国に編入された一三世紀に、ヴィヴァレ地方でもフランス王権の浸透がみられたが、それは、軍事的攻略による以外に、国王がこの地方の領主たちと共同領主契約（traité de pariage）を結ぶことによって進められた。[*24] 共同領主契約とは、複数の領主が、各自の所領を統合する場合に、あるいはある領域における権限をめぐる紛争を解決する際に締結したもので、安全の確保や、行政の整備、新都市の建設などが目的とされた。契約では、税収の分割や裁判権の共有化などが取り決められた。一三・一四世紀のラングドック地方では、領主と国王との間の契約が多くみられ、王権にとって共同領主契約は、ラングドック地方における権力伸張のための重要な戦略の一つとなっていた。[*25]

一二八四年、ヴィヴァレ地方のマザン大修道院長（abbé de Mazan）は近隣住民や領主と紛争状態にあったため、所領の安全確保を目的としてフランス国王との間に共同領主契約を結び、国王要塞都市としてヴィルヌーヴ＝ド＝ベルグを建設した。[*26] 後にヴィヴァレ地方の司法の中心となる都市の誕生である。またこの契約によって、マザン大修道院長と、国王の代理人であったボケール・セネシャル（ニーム・セネシャルの前身）の共通の裁判権行使のために、ヴィルヌーヴ＝ド＝ベルグに裁判所が設置され、官吏としてヴィギエがおかれた。[*27] これが後にヴィギエ裁判所となる。

一三〇五年から一三〇八年にかけては、ヴィヴァレ地方を支配下においていたヴィヴィエ司教とフランス国王の間で協約が結ばれ、ヴィヴァレ地方はフランス王国へ併合された。[*28] しかし、フランス王権は、併合に先立ってその拠点を築くべく、すでにヴィヴァレ地方にバイイを派遣していた。バイイの法廷は、一二九二年にブーシュ＝ル＝ロワに設置され、一二九四年にはヴィルヌーヴ＝ド＝ベルグにも増設された。[*29]

以上のような経緯においては、ヴィギエ裁判所とバイイ裁判所のどちらが上位裁判所なのかという点は、明確に定義されることはなかった。[*30] ヴィギエ裁判所とバイイ裁判所の審級の問題は、一八世紀にもち越されたのである。

これに加えて、ヴィヴァレ・バイイ裁判所とニーム・セネシャル裁判所の間でも、審級の問題が噴出した。[*31] それというのも、ヴィヴァレ地方がフランス王国に編入された際に締結された一三〇八年の協約では、ヴィヴィエ司教の裁判官によって下された判決の上訴審は、ボケール・セネシャル（ニーム・セネシャルの前身）とされ、ヴィヴァレ・バイイには裁判権が認められなかったにもかかわらず、ヴィヴァレ・バイイはヴィヴィエ司教の裁判権を侵犯するかたちで、しだいに権限を拡大していったからである。一六世紀以降、ヴィヴァレ・バイイ裁判所がニーム・セネシャル裁判所の管轄下におかれることが事実上確定してくるが、ヴィヴァレ地方は、ニームの管轄下におかれることに対する不満を表明し続けることになる。[*32]

このように、ヴィヴァレ地方に設置されたバイイ裁判所をめぐっては、そのほかの裁判所との間に審級の問題が生じていた。ここまで、フランスの一般的な裁判所審級では、バイイ裁判所とセネシャル裁判所は同列であると述べてきたが、実はバイイ裁判所のなかには、さらに細かい分類があり、大きな権限をもつバイイ裁判所が、権限の小さなバイイ裁判所を管轄下におく場合があった。[*33] ヴィヴァレ地方のバイイ裁判所は、この特殊なケースに相当し、ニーム・セネシャル裁判所の管轄下におかれていたのである。[*34]

また、ヴィヴァレ・バイイ裁判所の裁判権限も、ほとんど意味をもつことができていなかった。同裁判所の権限については、一六五〇年にラングドック地方長官やトゥルーズ高等法院評定官などが仲介して、ニーム・セネシャル裁判所とヴィヴァレ・バイイ裁判所の間で協定が結ばれていた。[*35] これが国王によって認可され、一六五一年三月に王令が発布され、一七八〇年のセネシャル裁判所の創設まで維持された。しかし、その協定による権限は有名無実化し、ヴィヴァレ地方の民事および刑事事件のほとんどは、ニーム・セネシャル裁判所で扱われていたのである。[*36]

以上のように、ヴィヴァレ・バイイ裁判所は、バイイ裁判所という肩書きをもちながら、ニーム・セネシャル裁判所の管轄下にあり、バイイ裁判所の権限も制限されたものであった。そのためヴィヴァレ地方は、ニーム・セネシャル裁判所の影響下から離れ、ラングドック地方のほかのセネシャル裁判所と同等の権限をバイイ裁判所に獲得させ、直接トゥルーズ高等法院の管轄下におかれることを要望していたのである。

第二節　ヴィヴァレ・セネシャル裁判所創設をめぐる利害の衝突

ヴィヴァレ地方の裁判管轄の問題は、このように一八世紀以前から存在していた。本章では、特に一六・一七世紀に繰り返された制度改編を重点的に整理し、この問題にどのような地域諸権力が介入していたのかという点をまずはみていく。次に、この問題をめぐる政治のなかで、最も明確な対立軸を形成したニームとヴィヴァレ地方の利害について、請願運動で作成されたパンフレットを分析することをとおして明らかにしていこう。

(1)　一八世紀以前の経緯

ラングドック地方がフランス王国に併合された一三世紀に、この地方には三つのセネシャル裁判所が設置されていた。トゥルーズ、カルカソンヌ、ボケール（後にニームに移動）・セネシャル裁判所である。この三セネシャル裁判所管区の枠組みは長らく続いたが、一六世紀以降、三セネシャル裁判所管区からの分離により、セネシャル裁判所の増設が進められた。一七八九年のフランス革命までには、全部で八つのセネシャル裁判所管区が設置されるにいたった。[*37]

旧三セネシャル裁判所管区のうち、最も多く管区の分離が行われたのは、ニーム・セネシャル裁判所管区である。ニーム・セネシャル裁判所は、一三世紀当時、ラングドック地方の約半分の領域を管轄下におさめていた。しかし、一五五二年と一五六〇年には、あいついでモンプリエ・セネシャル裁判所およびル＝ピュイ・セネシャル裁判所管区が、ニーム・セネシャル裁判所管区からの分離によって創設された。ニーム・セネシャル裁判所は、この時点で旧来保持していた管区のうちの広大な部分を失うこととなった。

しかし、上座裁判所の付設は、ニーム・セネシャル裁判所の権限を再度拡大することになる。[*38]すなわち、一五五二年（旧暦では一五五一年）一月、上座裁判所が王国全土に創設され、ラングドック地方では、ニーム、トゥルーズ、カルカソンヌ、ベジエの各セネシャル裁判所に上座裁判所が付設され、これにより、ニーム・セネシャル裁判所は、モンプリエとル＝ピュイへの管轄権を再獲得することになったのである。だが、この権限拡大は、一時的なものにすぎなかった。同年一〇月にはモンプリエに、一六八九年にはル＝ピュイにそれぞれ上座裁判所が付設されることになり、これも失うことになったのである。ニームは、セネシャル裁判所および上座裁判所の増設によって、広大な管区とその領域に対する影響力を失った。こうして、ヴィヴァレ地方に対する管轄権維持は、ニーム・セネシャル裁判所にとって、重要な意味をもつことになったのである。[*39]

ラングドック地方において、セネシャル裁判所と上座裁判所の増設が最も多く行われたのは一六世紀であったが、ヴィヴァレ地方において、セネシャル裁判所の創設が大きな問題となったのは、一七世紀であった。一六三〇年代から一六八〇年代にかけて、ヴィヴァレ・バイイ裁判所に対するさまざまな制度改編が国王によって試みられた。しかし、国王のさまざまな施策に対しては、ニーム・セネシャル裁判所をはじめとして、ラングドック地方三部会やトゥルーズ高等法院が反対し、時にはヴィヴァレ地方が、改革の不徹底を理由に不満を表明した。こうした各利害集団からの働きかけにより、改革がすぐに頓挫することが繰り返されていた。以下に、その制度改編を具体的に列挙しよう。

一六三一年、ヴィヴァレ地方の二つのバイイ裁判所に、高等法院への直接上訴機関としての地位が認められた。しかし、翌年一六三二年には、ラングドック地方三部会による請願により、王令は廃止に追い込まれた。[*40]

一六三六年には、ヴィヴァレ地方の北部を管区に含むル＝ピュイ上座裁判所の創設が命じられるが、トゥルーズ高等法院は、王令の登録を拒否した。[*41]

同年一六三六年には、ヴィヴァレ地方は、ローヌ川対岸のドーフィネ地方に設置されたヴァランス上座裁判所の管区に編入された。しかしこの体制も長く維持されることはなく、一六四九年、ヴィヴァレ地方は再びニーム上座裁判所管区に編入された。[*42]

また、一六五七年には、ヴィヴァレ地方のヴィルヌーヴ＝ド＝ベルグに、セネシャル裁判所設置の王令が出された。しかし、ラングドック地方三部会の反対により、一六五八年に王令は廃止された。[*43]

さらに、一六六五年には、プリヴァで法廷を開催することを条件に、ヴィヴァレ地方のバイイ裁判所に刑事訴訟の管轄権が認められ、民事訴訟については、高等法院への直接上訴を行う裁判所としての地位が与えられた。しかし、これも一六六六年のラングドック地方三部会による王令撤廃の要求により、一六七二年に廃止された。[*44]

この時期の度重なる制度改編の背景には、国王の財政危機の一時しのぎの意図があったと考えられる。[*45]なぜならば、王令の撤廃の代償として、国工はニームなどから上納金を献上されているからである。例えば、ニーム・

セネシャルは一六三一年王令を撤廃させるために八〇〇〇リーヴル、一六三六年には六万五〇〇〇リーヴルを国王に支払った。またラングドック地方三部会は一六五七年王令の撤廃のために二〇万リーヴル、ニーム・セネシャルは八万三〇〇〇リーヴルを国王に納めていた。[*46]

また、強固にセネシャル裁判所創設に反対をとなえていたラングドック地方三部会は、裁判所創設によるコストの増大や、審理レベルが増えることによる訴訟当事者の負担の増加などを理由に反対していた。[*47]

以上のように、一六世紀に集中したセネシャル裁判所および上座裁判所の増設によって、ニームは広大な管轄領域を失い、ヴィヴァレ地方の管区からの分離に反対する素地がつくられた。一七世紀には、ヴィヴァレ地方に関する制度改編が繰り返されたが、ニームはラングドック地方三部会やトゥルーズ高等法院の後押しを受けて、ヴィヴァレ地方を管轄下におき続けることに成功した。

ヴィヴァレ地方の司法制度が頻繁に改編されたのは、一七世紀のこの時期であり、一八世紀には大きな制度改編は、一七六七年まで行われることはなかった。しかしこの間も、ヴィヴァレ地方によるセネシャル裁判所創設のための請願運動は止むことはなかった。またヴィヴァレ地方とニームなどの反対派との間のパンフレット合戦は、一七八〇年および八一年にセネシャル裁判所が創設されるまで続けられた。次項では、論戦が最も激しかったニームとヴィヴァレ地方の利害を、パンフレットの分析から明らかにしていこう。

(2) ニームの利害

ニームの利害を代弁し、ヴィヴァレ・セネシャル裁判所創設に反対の立場をとっていたのは、ニーム・セネシャル裁判所、ニーム・セネシャル上座裁判所つき訴追官組合、ニーム市当局であった。彼らが作成したパンフレットでは、二つの側面からヴィヴァレ・セネシャル裁判所創設への反対理由が述べられている。第一の点は、ニーム・セネシャル裁判所に対する影響であり、第二が都市ニームへの影響である。

まず、ニーム・セネシャル裁判所に与える損害としては、訴訟費用からなる収入の減少が懸念された。ニーム・セネシャル裁判所は、ヴィヴァレ・セネシャル裁判所創設の反対運動のためにすでに多額の負債を抱えていた。訴訟費用による利益の半分は、負債の利息の支払いに充当されていたのである。ヴィヴァレ地方が管区から離脱することは、さらなる打撃となりえた。[*48]

さらに、司法官の権威の損失が問題となっていた。先に述べたように、ニーム・セネシャル裁判所は、一三世紀以来の歴史を保持していたが、こうした歴史に裏づけられたニーム・セネシャル裁判所司法官の権威は、管区縮小によって傷つくことが予測された。[*49] 司法官の地位の低下は、訴追官のようなほかの司法関係者にまで広がる可能性があった。[*50]

次に、都市ニームにとってはどのような事態が想定されたのであろうか。ニームの第一の関心は、経済への影響であった。ニームは、セネシャル裁判所が設置されていることにより、多くの人々をこの都市に引きつけてきた。しかし、管区縮小によって、こうした人の流れがとぎれ、商業に悪影響が及ぶことが懸念された。[*51] 悪影響は商業にとどまらず、重要な取り引き商品であった絹織物の生産にも及ぶことが予測された。[*52] このようなニームの商業・産業の衰退は、食料消費の減少や貨幣の流通の不足をもたらし、ニーム周辺の都市や農村に損失を引き起こしかねなかった。[*53] さらに、ヴィヴァレ地方にとっても、司法の重要な拠点となるよりも、絹糸の生産と販売に特化することのほうが、この地方の発展を考えた場合、有益であると主張された。[*54] こうして、パンフレットでは、ニームにセネシャル裁判所が設置されている現状が、ニームやヴィヴァレ地方を含む地域一帯の経済発展にとっても有益であると、主張されたのである。
パンフレットではさらに、ヴィヴァレ地方がニームの管轄下におかれることの正当性が、ニームとヴィヴァレ地方の慣習に照らし合わせて述べられている。ヴィヴァレ地方の住民は、「暴力的で復讐心が強く（violents et vindicatifs）」、一方ニームの住民は、「穏やかで社交的である（doux et sociaux）」。ヴィヴァレ地方で良い慣習を育むためには外部との交流が必要であり、ヴィヴァレ地方はニームとの関係を絶ってはならないとされた。[*55]
また、ヴィヴァレ地方の司法官の資質も問題にされていた。ヴィヴァレ地方の司法官は、法を遵守する能力に欠けているが、それに対してニームの司法官は「すべての偏見にとらわれず自由であり（libres et dégagés de tout préjugé）」、そのためヴィヴァレ地方の住民がニームの司法官によって裁かれることは有益であると主張された。[*56]同様に、ヴィヴァレ地方にはこの地方とは関係をもたない公平な裁判官が必要であり、さらに秩序を維持するためには住民の裁判官への敬意が必要であるが、ヴィヴァレ地方の新しい司法官がこうした敬意を得ることができるのか、疑問が提示されていた。[*57]
以上のように、ニームは、裁判所司法官の利益と権威、そして都市ニームの富を擁護するために、ヴィヴァレ地方へのセネシャル裁判所設置に反対していた。その際、彼らは、ヴィヴァレ地方とニームの間に横たわる慣習の差異と優劣に根拠をおいて、主張の正当化を行なったのである。

(3) ヴィヴァレ地方の利害

それでは、ヴィヴァレ地方はどのような理由からセネシャル裁判所創設を望んだのだろうか。まず、ヴィヴァレ地方の案件のほとんどを扱うニーム・セネシャル裁判所が遠かった。紛争を解決するのにニームに出向くのには、時間や費用がかかってしまう。[*58] これは、ヴィヴァレ地方の住民の貧しさの原因になっているとされた。というのも、ヴィヴァレ地方の住民が、訴訟のためにニームに赴く間、農地は放置されてしまうからである。[*59]

また、刑事事件を扱うニーム・セネシャル裁判所が遠いことは、この地方の秩序維持には適していないとされた。山岳地帯であるヴィヴァレ地方は、犯罪者が逃げ込む格好の環境にあり、[*60] さらに住民は厳しい自然環境に影響を受けて、「短気で怒りっぽく復讐心が強い（emportés, colères, vindicatifs）」という。[*61] このように、住民の気質が、「暴力的である」とする見解は、ニーム・セネシャル裁判所のようなヴィヴァレ地方の外部者によってのみ表明されたものではなく、ヴィヴァレ地方三部会議員やヴィヴァレ地方の司法官にも共有されていたのである。こうしてヴィヴァレ地方三部会やヴィヴァレ地方の司法官は、秩序が安定していないこのような土地には、セネシャル裁判所の設置が必要であると主張した。[*62]

ところで、ヴィヴァレ地方三部会やヴィヴァレ・バイイ裁判所司法官による請願書においては、ヴィヴァレ地方にセネシャル裁判所が設置されることが、この地方の利益につながると主張されているが、そのヴィヴァレ地方の内部では、この問題をめぐる利害の分裂が起きていた。ヴィヴァレ地方のさまざまな請願書やパンフレット、運動には、時にヴィヴァレ地方が内部にはらんでいた利害の対立が露呈されている。

第一の対立は、どの都市に裁判所を設置するかをめぐって都市の間に生じていた。ヴィヴァレ地方三部会のトップである総代（syndic）が伝えているように、セネシャル裁判所を設置するのに適していると考えられた都市はいくつかあり、当時バイイ裁判所が設置されていたアノネーやヴィルヌーヴ＝ド＝ベルグ以外にも、プリヴァが地理的にヴィヴァレ地方の中心に位置することを理由に、有力候補都市として名が挙げられていた。[*63]

そのプリヴァは、都市独自に請願運動を行っており、一七七一年には、プリヴァこそヴィヴァレ・セネシャル裁判所を設置するのに適した都市であると、ラングドック地方長官にメモワールを送付している。[*64] メモワールはパリの大法官にも送付されており、大法官はラングドック地方長官に、このメモワールを早急に検討するように指示を出した。[*65] 大法官による問い合わせがあったことを知ったアノネーのバイイ裁判所司法官は、ラングドック地方長官の意見がこの問題の行方の鍵を握ることを察知し、ラングドック地方長官に対して、アノネーが管轄していたヴィヴァレ地方北部へのセネシャル裁判所設置を嘆願した。[*66]

そのほかに、ブール＝サン＝タンデオルも、都市独自に請願運動を行っていた。ローヌ川沿いに位置し、アクセスが容易であることが、セネシャル裁判所の設置に相応しい都市であることの理由として挙げられた。[*67] このようにヴィヴァレ地方の各都市は、それぞれが自らの利益になるよう行動していたのである。

ヴィヴァレ地方内部における第二の対立は、バイイ裁判所とマザン大修道院長の間に存在した。ヴィヴァレ地方の司法の中心都市であるヴィルヌーヴ＝ド＝ベルグでは、依然としてバイイ裁判所とヴィギエ裁判所が競合していた。バイイ裁判所の権限の拡大は、ヴィギエ裁判所とマザン大修道院長の影響力の弱体化を引き起こしかねなかった。その緊張関係が極限にいたったのは、オルレアン王令適用問題をめぐってであった。

オルレアン王令は一五六一年発布の王令であるが、王国全土で長らく有効性をもつことがなく、ヴィルヌーヴ＝ド＝ベルグでは一七〇七年に議論となった。オルレアン王令は、同一都市にプレヴォ裁判所とバイイ裁判所が並存している場合、プレヴォ裁判所を廃止することを命じていたが、ヴィルヌーヴ＝ド＝ベルグでは、バイイ裁判所司法官たちが、この都市への王令の適用を求めた。すなわち、バイイ裁判所は、自らの権限の拡大のために、オルレアン王令をもち出し、プレヴォ裁判所と同等の審級にあったヴィギエ裁判所の廃止を画策したのである。

これに対して、マザン大修道院長の権限を擁護するために、ヴィヴィエ司教はパンフレットを作成し、ヴィギエ裁判所設置を定めた共同領主契約を引用しながら、ヴィギエ裁判所とバイイ裁判所の間には審級の上下関係がないことを主張した。[*68] 結局、オルレアン王令の適用は見送られ、この時点でヴィギエ裁判所は廃止されることはなかった。しかし、ヴィギエ裁判所の権限や存続の問題は、ヴィヴァレ地方へのセネシャル裁判所の創設問題と関連して、一八世紀の二つの制度改編が実施された際に再び問題となる。

以上のように、ヴィヴァレ地方は、秩序の形成と維持を理由に、セネシャル裁判所設置を要求していた。しかし、その地方の内部には、都市の間の対立や、バイイ裁判所司法官とマザン大修道院長の間の権限争いが、存在していたのである。

第三節　司法制度改革と地域権力

ここまでみてきたとおり、ヴィヴァレ・セネシャル裁判所創設をめぐっては、さまざまな利害集団が存在し、それぞれの主張を繰り広げていた。こうしたヴィヴァレ・セネシャル裁判所創設問題は、一八世紀の二つの制度改編によって、どのような決着がつけられたのだろうか。またそこにいたる過程から、一八世紀の地域権力と王権の関係はどのようなものとしてみえてくるだろうか。

(1)　一七六六年トゥルーズ高等法院評定官の派遣

ヴィヴァレ地方三部会やヴィヴァレ・バイイ裁判所による度重なる国王への陳情活動により、一七六六年八月三一日、トゥルーズ高等法院評定官三名からなる委員会がヴィヴァレ地方に派遣されることになった。[*69] この委員会の職務は、ヴィヴァレ地方の「無秩序」の原因を探ること、そしてそれを予防し改善するための方策を報告すること、そして必要な場合には裁判を行うことであった。[*70]

委員会の活動は約三ヵ月にわたった。九月二六日に委員会はモンプリエで情報収集を行った後、翌日にはニームに向かい、そこからヴィヴァレ地方へと出立した。委員会は一〇月二日にヴィヴァレ地方付近のポン＝サン＝テスプリに到着し、そこでヴィヴァレ地方の代表者に迎えられた。ヴィヴァレ地方の各都市への移動には、都市の民兵隊による護衛がつき、到着の際には、委員会は盛大な歓迎を受け、都市行政代表や教会関係者による訪問を受けた。また委員会の滞在先には、ヴィヴァレ地方の有力貴族や司法関係者の館が利用され、司法関係者はそこに出頭し、事情聴取が行われた。[*71]

また、ヴィヴァレ地方の司法関係者の側からも、委員会に対して働きかけが行われた。例えば、委員会がプリヴァに滞在中であった一七六六年一一月一九日に、ヴィヴァレ地方の国王裁判官らはヴィヴィエで集会をもち、高等法院派遣の委員会と地方長官に請願を行なうことを決議した。[*72]

委員会は一〇月一八日および一一月一九日に、ヴィヴァレ地方の状況について報告書を作成し、宮内卿のサン＝フロランタン（Saint-Florentin）に送付した。そして一七六七年一月五日に、モンプリエで総司令官と協議を行い、ほどなく調査日程を終了した。[*73]

この委員会による調査結果をふまえて、一七六七年四月、王令が発布された。[*74] 王令では、最初に、ヴィヴァレ地方が引き続きニーム・セネシャル裁判所の管轄下におかれることが確認された。ニーム・セネシャル裁判所は、これまでどおり、司法官八名をヴィヴァレ地方に派遣し、五月一日から八月一日までプリヴァで裁判を開催して、ヴィヴァレ地方の民事・刑事事件をともに裁くこととなった。また、ヴィヴァレ・バイイ裁判所司法官も、変わらず一六五一年および一六六二年王令で定められた権限を行使することとなった。さらに、一七三一年の王令で認められたプレヴォ専決事件を扱う権限が再認され[*75]、五〇リーヴル、もしくは金利二リーヴル以下が争点となる事件では最終審として裁く権限も付与された。

また、この王令によって、ヴィギエ裁判所をとおして行使されてきたマザン大修道院長の裁判権は、国王の権限のもとに統合された。職を失ったヴィギエ裁判所司法官には、バイイ裁判所でこれまで空席であった三つの官職が与えられた。すなわち、ヴィギエ裁判所の長であるヴィギエは民事特別代官（lieutenant-civil-particulier）として、ヴィギエの代官は評定官（conseiller）として、またヴィギエ裁判所の検事（procureur）は副検事（avocat）として任命されることになったのである。さらに、これまでヴィギエ裁判所司法官の任命権をもっていたマザン大修道院長には、これにかわって、バイイ裁判所の刑事補佐代官（lieutenant-assesseur-criminel）と評定官の指名権が認められることになった。

さらに、王令では、領主裁判所の運営についても言及された。王権は、ヴィヴァレ地方の秩序を改善するために、ヴィヴァレ・バイイ裁判所をセネシャル裁判所に格上げせずに、領主裁判所に期待を寄せたのである。具体的には、法廷や牢獄などの領主裁判所付属の施設の整備が命じられた。また、領主裁判所には刑事事件を円滑に訴追するために、被疑者の移送や費用について、国王裁判所との間に協力体制を打ち立てることが命じられた。刑事訴追に関連する経費を、国王裁判所が負担することを約束することにより、領主裁判所による被疑者逮捕が確実に実行されることが目指されたのである[*76]。

また、領主裁判所には、武器携行、不法集会、居酒屋の治安に対する監視が要請された。ここにも、領主裁判所に対して地域秩序の維持の役割を期待する王権のすがたがみてとれる。

以上のような一七六七年の改革は、地域の利害集団に何をもたらし、何が不満として残されたのだろうか。まず、ニームにとっては、この改革はヴィヴァレ地方との間に繰り広げてきた論戦における勝利を意味していた。ニームの主張は認められ、ヴィヴァレ地方へのセネシャル裁判所設置は見送られたからである。

次に、ヴィヴァレ・バイイ裁判所にとっても、この改革で得た利点があった。第一に、ヴィギエ裁判所の司法官の編入によりバイイ裁判所の人員は増加された。第二に、権限が明記されることになり、五〇リーヴル以下が争点となる事件について最終審として判決を下すことができることになった。また第三に、長年にわたって権限争いをしてきたヴィギエ裁判所が廃止された。しかし、旧ヴィギエ裁判所の司法官がバイイ裁判所司法官として加わり、マザン大修道院長に司法官の指名権が認められたことにより、バイイ裁判所の権限拡大には一定の留保がついた。また何より、ヴィヴァレ地方の最大の要求であったセネシャル裁判所を誘致することに失敗している。

それでは、この改革からどのような国王権力と地域権力の関係がみえてくるだろうか。注目されるのは二点の制度改編である。一点目は、マザン大修道院長のヴィギエ裁判所における裁判権が剥奪されている点である。王権は、共同領主契約によって維持されてきたマザン大修道院長の裁判権を、国王裁判権に統合することによって、ヴィヴァレ地方において影響力が大きかった領主権の抑圧に成功したかにみえる。しかし、その統合と引き換えに、王権は、マザン大修道院長に、国王裁判所であるバイイ裁判所の人員構成への介入を認めているのである。

二点目は、領主裁判所の施設を改善させ、国王裁判所との連携体制の構築が命じられている点である。これらの施策からは、国王が領主裁判所を一方的に抑圧することができなかった地域の実態がみてとれる。また、領主裁判所の権限を抑圧するよりも、むしろ国王裁判所を頂点とする裁判所審級に取り込むことによって、地域の秩序維持を実現させようとする王権の意図も看取できる。[*77]

以上のように、一七六七年の制度改編では、ニームの主張が認められ、引き続きヴィヴァレ地方はニーム・セネシャル裁判所の管轄下におかれることになった。ヴィヴァレ・バイイ裁判所も権限の拡大が認められたが、地方内部で対立していた領主層の権限や権威はかたちを変えて残存する結果となり、また要求の第一に掲げていたセネシャル裁判所としての地位と権限は、認められなかった。王権は、ニームとヴィヴァレ地方の双方の請願を聞き、トゥルーズ高等法院という裁判秩序の権威の力を借りることによって、裁判権限をめぐる争いに決着をつけようとした。その際、王権の伸張にとって障壁となる領主権を、徹底的に抑圧することはなく、地域の秩序を形成・維持する役割を領主層に付与することで、地域の問題を解決しようとしたのである。

(2) 一七八〇・八一年ヴィヴァレ・セネシャル裁判所の創設

一七六七年の王令は、利害関係者にどのように受け止められたのであろうか。ラングドック地方三部会は、一七六八年一月の討議のなかで、この王令はヴィヴァレ地方に秩序を打ち立てたとし、さらに最も歴史のあるセネシャル裁判所に威光を取り戻すために、ラングドック地方に設置されていたそのほかのセネシャル裁判所の統合や廃止を求めることを決議した。ニームも一七六七年の王令を高く評価し、この王令がニームにさらなる繁栄をもたらすだろうとした。[*78]

対するヴィヴァレ地方は、一七七一年には請願運動やパンフレットの発行を再開していた。[*79] 一七七六年六月以降は、請願のための派遣費用は、ヴィヴァレ地方三部会が全額負担することになり、パリの国璽尚書やトゥルーズ高等法院への特使の派遣が活発に行われた。特にヴィヴァレ地方北部を管轄におくアノネー・バイイ裁判所の副検事であったルイ＝テオドール・ショメル（Louis-Théodore Chomel）は、ヴィヴァレ地方三部会特使として請願運動のために、パリとトゥルーズに長期にわたって滞在した。[*80] 一七八一年に作成されたショメルによる報告書によれば、ショメルは請願のために、一七七六年六月一日から一七七七年八月五日にはパリ、一七七七年一二月一日から一七七八年五月三日までトゥルーズ、一七七八年八月三一日から一七八〇年五月二五日までパリ、一七八〇年七月一八日から一七八一年五月九日までパリに滞在していた。[*81] すなわちショメルは、断続的ながら合計でパリでは三年九ヵ月、トゥルーズでは五ヵ月もの間、請願活動に従事していたことになる。ヴィヴァレ地方三部会のこうした請願が実を結び、一七八〇年と八一年に、ヴィヴァレ地方に二つのセネシャル裁判所が設置されることになった（地図3）。

一七八〇年五月の王令の序文では、ヴィヴァレ・セネシャル裁判所が設置されるにいたった理由が述べられている。[*82] ヴィヴァレ地方三部会による請願が実状を認識する契機となったこと、そしてニーム・セネシャル裁判所がヴィヴァレ地方からは遠く、それにより訴訟の時間と費用が膨大になっていること、そして一七六七年の王令によってニーム・セネシャル裁判所に課されたヴィヴァレ地方への司法官の派遣が、ニーム・セネシャル裁判所の通常の業務に支障を引き起こし、ヴィヴァレ地方の秩序も改善されなかったことが、王令発布の理由として挙げられた。

セネシャル裁判所の創設は、ヴィヴァレ・バイイ裁判所を廃止することによってすすめられた。新しくヴィヴァレ地方に設置されたセネシャル裁判所には、トゥルーズ高等法院への直接上訴機関としての地位が認められることになった。ただし、上座裁判所は付設されなかったため、上座裁判所案件については、引き続きニーム上座裁判所の管轄下におかれることになった。

その後、一七八一年には、ヴィヴァレ地方を管轄するセネシャル裁判所は二つに増設された。[*83] これにより、北

出典：Didier Catarina, *Les justices ordinaries, inférieures et subalterns de Languedoc (1667–1789): Essai de géographie judiciaire,* Montpellier, 2003, p. 380 の地図をもとに筆者作成.
註：1781 年にヴィルヌーヴ＝ド＝ベルグおよびアノネー・セネシャル裁判所の管区が確定され，これがラングドック地方では，最後のセネシャル裁判所の創設となった.

地図 3　ラングドック地方におけるセネシャル裁判所管区（1781 年以降）

部はアノネー・セネシャル裁判所が管轄し、南部はヴィルヌーヴ＝ド＝ベルグ・セネシャル裁判所が管轄することとなった。

　ではこの改革によってヴィヴァレ地方内部における利害の分裂は、どのような決着点をみているのだろうか。まず、セネシャル裁判所をどこに設置するのかという問題をめぐって都市の間で生じていた対立である。一七八一年にはアノネーとヴィルヌーヴ＝ド＝ベルグにセネシャル裁判所が設置されることになったが、両都市はもともと旧バイイ裁判所がおかれていた都市であった。裁判所の設置都市については、旧体制に変更は加えられなかったことになる。また、バイイ裁判所司法官とマザン大修道院長の間の対立は、新しい体制のもとでもかたちを変えて存続することとなった。一七八〇年の制度改編では、セネシャル裁判所評定官のうち一名を指名する権限が、マザン大修道院長に与えられたからである。

さらに、ヴィヴァレ地方に対するニームの影響力も完全に払拭されることはなかった。なぜなら、ヴィヴァレ地方は、上座裁判所案件という限られた領域であるものの、ニームの管轄化におかれ続ける結果となったからである。さらに、ヴィヴァレ・セネシャル裁判所創設と引き換えに、ニーム・セネシャル裁判所に対する補償問題が浮上した。管区を縮小することに対して、ニーム・セネシャル裁判所の構成員にどの程度補償する必要があるのかという点については、王権によって引き続き調査が行われることになり、その後長く決着がつかず両裁判所の争点であり続けた。このようにニームは、ヴィヴァレ地方に対する司法的影響力を一部失ったが、ヴィヴァレ地方に対して経済的圧力をかけうる存在であり続けたのである。

この改革からは、ヴィヴァレ地方における国王と地域権力の関係をどのようにとらえることができるだろうか。改革を経て、マザン大修道院長が指名できるセネシャル裁判所司法官の数は一名へと減少した。このことから、国王は、セネシャル裁判所創設問題を解決するなかで、領主権を抑圧し王権を伸張させるという自らの利益を引き出したと一方ではいえるだろう。しかし他方では、ヴィヴァレ・バイイ裁判所がセネシャル裁判所へと格上げされることにともない、一領主の権限はヴィヴァレ地方の広範囲に影響をもつものとなり、さらにラングドック地方のほかのセネシャル裁判所と同等の裁判所の人事に直接介入するものとして、重要性を増したといえるのではないだろうか。

王権は、ニームとヴィヴァレ地方の間の権限争いに対しては、ヴィヴァレ・セネシャル裁判所を創設するのと引き換えに、その補償をニームに約束しており、双方に配慮した施策をとっている。王権も、司法制度改革を実行するなかで立ちはだかる旧来の特権を無にすることは困難だったのである。

以上のように、ヴィヴァレ地方の請願運動により、一七八〇・八一年にヴィヴァレ地方に二つのセネシャル裁判所が設置されることになった。ヴィヴァレ地方はセネシャル裁判所の誘致に成功したが、新セネシャル裁判所においても、マザン大修道院長の権限は残り、また上座裁判所案件と補償の問題で引き続きニームの影響下におかれることになった。王権は今回の改革においても、一七六七年の改革と同じ方向性を示したといえるだろう。王権は、領主裁判権を完全に排除できず、地域の実状を考慮して妥協点を模索し、それによって司法制度改革を遂行した。国王は司法制度改革を断行する主体というよりも、地域権力の主張を調整する調停者として立ち現れていたのである。

おわりに

以上、第二章でみてきたように、ヴィヴァレ地方におけるセネシャル裁判所創設問題は、ヴィヴァレ地方の経済的躍進と、中世以来この地方で独自なかたちで形成された司法権力の構造を背景に、一六世紀以降、激しい論争と運動を引き起こした。この問題は、管区縮小の危機にたたされたニームとヴィヴァレ地方の間の問題におさまらず、ラングドック地方三部会やトゥルーズ高等法院などの諸権力を巻き込み、ラングドック地方の政治問題となっていた。また、論争の最も激しかったニームとヴィヴァレ地方の双方の主張には、この問題が、司法権限をめぐる争いである一方で、政治的・経済的利害に結びついた問題として理解されていた様がみてとれる。一八世紀の二つの制度改編は、こうした地域の諸利害の衝突の間で妥結点が探られ、王権は自らの利害を組み入れつつも、地域の政治にのっとって司法制度改革を遂行したのである。

このように、地域における司法制度改革は、地域の権力配置の問題として意味づけられた。そのため、司法制度改革は、王権の権限の本質にかかわる問題でありながら、地域の利害や政治のなかで模索され、妥結されているのである。裁判制度の整備が、単に王権の伸張や強化を示しているわけではないことは、地域がその行方に大きく関与していたことから読み取れるだろう[*84]。

ただし、ヴィヴァレ・セネシャル裁判所創設をめぐる地域の諸権力のせめぎあいのなかで、王権は地域利害の調停者としての役割に甘んじていながらも、他方では地域権力が利権の拡大や秩序の形成を行うときの権力の源泉となっていたことも重要な点だろう。国王裁判所であるセネシャル裁判所の設置が、これほど多くの権力・集団にとって争奪の的となっていることは、国王裁判所が多くの権力や利益をもたらすものとして重視されていたことの証でもある。地域権力は、それぞれの権力の伸長に際して王権を利用する主体として立ち現れてくるが、その実践のなかで王権をより所とする秩序が強化されていくことも、もう一つの側面として見逃せない。

こうして、地域の政治のなかで模索された裁判所の創設の結果、新裁判所はどのような人的構成をとったのか。また、諸権力が目指した利益が具体的にどのように結実したのか。次章では、この点を分析していきたい。

註

＊1　Arlette Lebigre, *La Justice du Roi: La vie judiciaire dans l'ancienne France*, Paris, 1988, pp. 24–48.

＊2　Bernard Barbiche, *Les institutions de la monarchie française à l'époque moderne*, Paris, 1999, pp. 3–4. 例えば、国王諮問会議の決定は、裁判にかかわるものだけでなく、行政にかかわる決定であっても、すべて裁定（arrêt）という。裁定は、最終審における判決を示す用語であった。

＊3　石井三記『一八世紀フランスの法と正義』名古屋大学出版会、一九九九年、一頁。

＊4　国王下級裁判所であるプレヴォ（王国南部ではヴィギエ）裁判所と、バイイおよびセネシャル裁判所が一都市で並存している場合、プレヴォ裁判所が廃止されることが、一五六一年のオルレアン王令で命じられ、一七四九年の王令によって実効性をもつことになることは、すでに第一章でも述べたとおりである。Barbiche, *Institutions*, p. 348.

＊5　Guy Cabourdin et Georges Viard, *Lexique historique de la France d'Ancien Régime*, 1978, p. 33; Barbiche, *Institutions*, pp. 348–349.

＊6　アンシアン・レジーム期の両裁判所研究の多くは、上座裁判所が設置されたバイイおよびセネシャル裁判所を取り上げている。そこでは、上座裁判所が研究の中心にすえられており、その前史や権限の核を考察する際に、バイイおよびセネシャル裁判所について言及するかたちがとられている。中世末期からアンシアン・レジーム期にかけての時期に時間枠を広げると、以下の研究が、バイイおよびセネシャル裁判所を個別に扱っている。André Boussat, *Le bailliage royal de Monferrand* (1425–1556), Paris, 1957 (réd.: 1986); Bernard Guenée, *Tribunaux et gens de justice dans le Bailliage de Senlis à la fin du moyen age* (*vers 1380–vers 1550*), Paris, 1963. 日本では中世について、以下の研究がある。高山博「フィリップ四世（一二八五―一三一四）治世下のフランスの統治構造―バイイとセネシャル―」『史学雑誌』第一〇一編第一一号、一九九二年。日本で、アンシアン・レジーム期のバイイおよびセネシャル裁判所と上座裁判所について集中的に扱った研究は、管見のかぎり発表されていない。

＊7　Ernest Laurain, *Essai sur les présidiaux*, Paris, 1896.

＊8　例えば、以下の研究が挙げられる。Jean Malmezat, *Le bailli des Montagnes d'Auvergne et le présidial d'Aurillac comme agents de l'administration royale*, Paris, 1941; Maurice Pallasse, *La Sénéchaussée et Siège Présidial de Lyon pendant les Guerres de Religion: Essai sur l'évolution de l'Administration Royale en Province au XVIe siècle*, Lyon, 1943.

＊9　Pierre Goubert, «Les officiers royaux des présidiaux, bailliages et élections dans la société française du XVIIe siècle», idem, *Le siècle de Louis XIV,* Paris, 1996, pp. 140–161（*XVIIe Siècle,* 1959, pp. 54–75 に初出）.

＊10　Jean-André Tournerie, *Le présidial de Tours de 1740 à 1790: Recherches sur la crise judiciaire en province à la fin de l'Ancien Régime,* Tours, 1975; Sylvain Soleil, *Le siège royal de la sénéchaussée et du présidial d'Angers*（*1551–1790*）, Rennes, 1997.

＊11　Christophe Blanquie, *Les présidiaux de Richelieu: Justice et vénalité*（*1630–1642*）, Paris, 2000; idem, *Justice et finance sous l'Ancien Régime: La vénalité présidiale,* Paris, 2001.

＊12　例えば、ヴィヴァレ地方の西隣に位置するヴレ地方のモノグラフィーは、ヴィヴァレ地方の状況と比較するうえで重要な事例研究である。Albert Boudon, *La sénéchaussée présidiale du Puy,* Valence, 1908.

＊13　Didier Catarina, *Les justices ordinaires, inférieures et subalternes de Languedoc*（*1667–1789*）*: Essai de géographie judiciaire,* Montpellier, 2003.

＊14　A.D.Hérault, série C.

＊15　Alain Molinier, *Paroisses et communes de France. Dictionnaire d'histoire administrative et démographique: Ardèche,* Paris, 1976, p. 10; Gérard Cholvy dir., *Histoire du Vivarais,* Toulouse, 1988, p. 138.

＊16　*Ibid.,* pp. 139, 141.

＊17　*Ibid.,* p. 148.

＊18　Guy-Roland Galy, «L'exploitation des houillères en Languedoc et le marché du charbon au XVIIIe siècle», *Annales du Midi,* t. 81, nº 92, 1969, pp. 165, 171.

＊19　Jean Charay, «La manufacture de soie d'Aubenas en Vivarais au XVIIIe siècle», *Vivarais et Languedoc,* Montpellier, 1972, pp. 207–213.

＊20　Léon Dutil, *L'état économique du Languedoc à la fin de l'Ancien Régime*（*1750–1789*）, Paris, 1911, p. 893.

＊21　この規定は、一時的に廃止されることがあっても、革命にいたるまで存続した。Léon Dutil, «L'industrie de la soie à Nîmes jusqu'en 1789», *Revue d'histoire moderne et contemporaine,* t. 10, nº 4, 1908, pp. 323–324.

＊22　ヴィヴァレ地方では、製糸業以外に毛織物生産が発展し、ラングドック地方の毛織物産業の発展を支えた。Cholvy dir., *op. cit.,* p. 150; Philippe Wolff dir., *Histoire du Languedoc,* Toulouse, 2000, pp. 402–403; 深沢克己「一八世紀のレヴァント貿易とラングドッ

ク毛織物工業—アレッポ向け毛織物輸出の変動をめぐって—」『土地制度史学』第三二巻第一号、一九八九年、一—二〇頁。そのほか、綿織物、皮なめし業や染色、製紙業のマニュファクチュアがアノネーやオブナを中心に栄えた。Cholvy dir., *op. cit.*, pp. 148–150.

＊23 ニームの人口は、一七八九年には四万二〇〇〇人を数えた。当時、ラングドック地方では、高等法院が設置されていたトゥルーズが、五万三〇〇〇人で最大の人口を有しており、ニームはそれに続いていた。Wolff dir., *op. cit.*, p. 381.

＊24 Cholvy dir., *op. cit.*, pp. 59–62.

＊25 Léon Gallet, *Les traités de pariage dans la France féodale*, Paris, 1935. 特にラングドック地方については、七〇—一一〇頁。

＊26 *Ibid.*, p. 109.

＊27 ヴィギエのほかにも、ジュッジュ（juge）やバイル（bayle）といった官吏もおかれた。A.D.Hérault, C 62, *Sommaire des titres et des raisons, employés, en diverses occasions, contre les prétentions des Juges Royaux d'Annonay & de Villeneuve-de-Berc*, Nismes, 1776（以下、*Sommaire des titres et des raisons* と略記）, pp. 1–3. 一般的なバイイとセネシャルの属官については、高山の前掲論文を参照。特にボケール・セネシャルの属官については、Robert Michel, *L'administration royale dans la sénéchaussée de Beaucaire au temps de Saint Louis*, Paris, 1910, pp. 52–102. ボケール・セネシャルの属官には、さまざまな役職名の官吏が存在したが、最も一般的で重要な役割を果たしたのが、ヴィギエであった。

＊28 *Ibid.*, p. 62; Pierre Babey, *Le pouvoir temporel de l'évêque de Viviers au Moyen Age (815–1452)*, Paris, 1956, pp. 121–129.

＊29 Catarina, *op. cit.*, p. 69. ブーシュ＝ル＝ロワに設置された法廷は、一五六五年にアノネーに移動される。一六〇六年にはヴィヴァレ地方のバイイ裁判所管区は二分され、アノネー・バイイ裁判所管区と、ヴィルヌーヴ＝ド＝ベルグ・バイイ裁判所管区となった。A.D.Hérault, C 62, *Mémoire pour la ville de Nismes contre les États particuliers du Vivarais, sur l'administration de la justice dans ce pays*,（発行年・場所記載なし。ただし、一七七八年七月二七日づけニーム・コンシュルによる書簡に添付）（以下、*Mémoire contre les États particuliers du Vivarais* と略記）, pp. 46–47. なお、ヴィヴァレ地方にバイイ裁判所がはじめて設置された年については諸説あり、一二八四年までさかのぼっている研究もある。Boudon, *op. cit.*, p. 9. また、ヴィヴァレ地方がフランス王国に併合された後の一三二〇年に行われた設置を強調する研究もある。Cholvy dir., *op. cit.*, p. 63.

＊30　審級を確定するために、一三一三年三月には、ヴィギエ裁判所判決の上訴は、ヴィヴァレ・バイイ裁判所が管轄権をもつことが一時決定された。しかし、この規定は共同領主契約およびセネシャルの権限規定に反するとして、同年九月にはヴィギエ裁判所判決の上訴を、バイイが扱うことは禁じられ、結局審級の問題は決着がつかなかった。A.D.Hérault, C 62, *Mémoire pour Messieurs les officiers de la sénéchaussée et siege présidial de Nismes*, Nismes, 1776（以下、*Mémoire pour Messieurs les officiers de la sénéchaussée et siege présidial de Nismes* と略記）, pp. 5–6.

＊31　Babey, *op. cit.*, pp. 131–146, 221–227. 一三〇八年の協約の全文は、三一八―三二三頁。

＊32　ヴィヴァレ地方のニーム・セネシャル裁判所管区への帰属は、以下で詳細を論じる一連の論争や、一五五二年のニーム上座裁判所創設による以外にも、バンおよびアリエール・バンの発令によっても確定されていく。バイイおよびセネシャルは、軍事にかかわる権限をもち、バンおよびアリエール・バンを招集する任にあったが（Jean-Marie Constant, *op. cit.*, p. 122）、一五四三年、一五五二年、一六七五年には、ヴィヴァレ地方の貴族は、ニーム・セネシャルによって招集・指揮されている。A.D.Hérault, C 62, *Mémoire contre les États particuliers du Vivarais*, pp. 51–54; A.D.Hérault, C 62, *Mémoire pour Messieurs les officiers de la sénéchaussée et siege présidial de Nismes*, p. 7.

＊33　一七八九年の全国三部会開催のための選挙の際に、バイイ裁判所管区が、第一バイイ裁判所管区（bailliages principaux）、および第二バイイ裁判所管区（bailliages secondaires）の二つに区分されていたことに示唆的である。この区分は、それ以前に最後に開催された一六一四年の全国三部会開催時にもすでに存在していた。Marcel Marion, *Dictionnaire des institutions de la France aux XVIIe et XVIIIe siècles*, Paris, 1993（1re éd.: 1923）, pp. 32–33; Barbiche, *Institutions*, p. 92.

＊34　ニーム支持のあるパンフレットでは、ヴィヴァレ地方のバイイが、下級バイイ（baillis inférieurs）とされ、上級バイイ（baillis supérieurs）と区別されていた。A.D.Hérault, C 62, *Mémoire contre les États particuliers du Vivarais*, pp. 44–47.

＊35　一六五〇年の協定は、次のような経緯で結ばれた。ヴィヴァレ地方が一時ヴァランス・セネシャル裁判所の管轄下におかれた際に、ヴィヴァレ地方の案件を扱うためにその評定官からなる法廷がプリヴァに設置されたが、一六四九年に廃止された。その後、ヴィヴァレ・バイイ裁判所の新たな権限の規定が必要になり、一六五〇年に協定が結ばれたのである。これが国王によって認可され、一六五一年三月に王令が発布された。A.D.Hérault, C 62, *Sommaire des titres et des raisons*, pp. 29–31.

＊36　一六五〇年の合意書によれば、ヴィヴァレ・バイイ裁判所は、領主裁判所判決に対する上訴審としての権限をもつことになった。しかし、実際はヴィヴァレ地方の領主裁判所は、直接ニームに案件を送致する権利をもっていた。また、ヴィヴァレ・バイイ裁判所は、国王専決事件についての管轄権も認められたが、ニーム上座裁判所が裁判先取権を行使し、案件を扱っていた。プレヴォ専決事件についても、プレヴォが管轄権を放棄したときのみヴィヴァレ・バイイ裁判所は、扱うことができた。そのほかの民事・刑事事件についても、訴訟当事者は直接ニームにもち込むことができた。Catarina, *op. cit.*, pp. 71–72.

＊37　ラングドック地方におけるセネシャル裁判所増設の経緯については、以下に概括されている。Catarina, *op. cit.*, pp. 59–68. 特にヴィヴァレ地方については、六八―七八頁。ただしこの研究書では、註が簡略化され、年月日などが実際の史料の記載と相違があることから、以下の本論においては、史料の記載にのっとり、史料の参照箇所を適宜示す。

＊38　上座裁判所が付設されたニーム・セネシャル裁判所は、正式には「ニーム・セネシャル上座裁判所」と表記されるが、本章では、バイイおよびセネシャル裁判所とその権限を問題とするため、以下では、利害を主張する一権力機構を指す用語としては、「ニーム・セネシャル裁判所」を採用し、上座裁判所としての権限が問題となる場合には、「ニーム上座裁判所」と表記する。

＊39　A.D.Hérault, C 62, *Mémoire contre les Étas particuliers du Vivarais*, p. 68. なお、ヴィヴァレ地方と並んで、ジェヴォーダン地方も、ニーム・セネシャル裁判所管区からの分離が問題となっていた。しかし、ジェヴォーダン地方には、一時的な措置を除外すると、セネシャル裁判所は設置されなかった。

＊40　A.D.Hérault, C 62, *Sommaire des tirres et des raisons*, pp. 14–15; A.D.Hérault, C 62, *Mémoire pour la ville de Nismes*, Montpellier,（発行年記載なし）（以下、*Mémoire pour la ville de Nismes*, と略記）, p. 2. 同年の九月王令では、ニーム・セネシャル裁判所が、年二回ヴィヴァレ地方に赴いて裁判を開催することが命じられていた。

＊41　A.D.Hérault, C 62, *Mémoire contre les États particuliers du Vivarais*, pp. 25–26.

＊42　*Ibid.*, pp. 26–28; A.D.Hérault, C 62, *Sommaire des tirres et des raisons*, pp. 20–21, 24; A.D.Hérault, C 62, *Mémoire pour la ville de Nismes*, p. 2. ヴァランス上座裁判所の司法官からなる法廷が、ヴィヴァレ地方のプリヴァに設置されていたが、この法廷も一六四九年に廃止された。

*43　A.D.Hérault, C 62, *Mémoire contre les États particuliers du Vivarais,* p. 29; A.D.Hérault, C 62, *Sommaire des titres et des raisons,* pp. 31–33; A.D.Hérault, C 62, *Mémoire pour la ville de Nismes,* p. 2.

*44　A.D.Hérault, C 62, *Mémoire contre les États particuliers du Vivarais,* pp. 35–38; A.D.Hérault, C 62, *Sommaire des titres et des raisons,* pp. 33, 36. 同年の一六七二年一〇月王令により、ニーム・セネシャル裁判所は五月一日から八月末までの約四ヵ月、裁判のために一〇人の司法官をヴィヴァレ地方に派遣することとなった。開廷期間は、一六八一年三月八日の開封王状によって、三ヵ月に縮小された。

*45　カタリナもこの点については指摘している。Catarina, *op. cit.*, p. 69.

*46　A.D.Hérault, C 62, *Mémoire pour Messieurs les officiers de la sénéchaussée et siege présidial de Nismes,* pp. 11, 13; A.D.Hérault, C 62, *Mémoire pour la ville de Nismes,* p. 8. また、ニーム・セネシャル裁判所つきの訴追官組合（communauté des procureurs）も管区維持のための費用を負担した。A.D.Hérault, C 62, *Réfutation du Mémoire du Vivarais concernant l'administration de la justice dans ce pays, pour la communauté des procureurs en la sénéchaussée et siege-présidial de Nismes,* Nismes, 1778（以下、*Réfutation du Mémoire du Vivarais* と略記）, pp. 4–5.

*47　William Beik, *Absolutism and Society in Seventeenth-century France: State Power and Provincial Aristocracy in Languedoc,* Cambridge, 1985, pp. 160–161.

*48　A.D.Hérault, C 62, *Mémoire pour messieurs les officiers de la sénéchaussée,* pp. 35–36.

*49　A.D.Hérault, C 62, *Mémoire pour la ville de Nismes,* p. 4.

*50　A.D.Hérault, C 62, *Mémoire contre les États particuliers,* p. 75. 特に訴追官の地位に対する懸念は、A.D.Hérault, C 62, *Réfutation du Mémoire du Vivarais,* p. 4. 優秀な司法関係者を失うことが、ニームの市行政に与える悪影響について、A.D.Hérault, C 62, *Mémoire pour la ville de Nismes,* p. 4.

*51　*Ibid.*, p. 3.

*52　A.D.Hérault, C 62, *Mémoire contre les États particuliers du Vivarais,* pp. 74, 77–78.

*53　*Ibid.*, p. 75.

*54　*Ibid.*, pp. 77–78. また、ヴィヴァレ地方の住民は、ニームで商売と訴訟をともに行うことができて都合がよいとされた。A.D.Hérault,

C 62, *Réfutation du Mémoire du Vivarais,* p. 61.

＊55　A.D.Hérault, C 62, *Mémoire contre les États particuliers du Vivarais,* p. 77; A.D.Hérault, C 62, *Mémoire pour la ville de Nismes,* pp. 5–6.

＊56　*Ibid.,* p. 6.

＊57　A.D.Hérault, C 62, *Mémoire contre les États particuliers du Vivarais,* pp. 76–77.

＊58　A.D.Hérault, C 62, *Extrait du Registre des Déliberations de MM. les commissaries du Pays de Vivarais au bureau de Viviers, du mardy 19 novembre 1766*（以下、*Extrait du Registre des Déliberations* と略記）. しかし、ニームとヴィヴァレ地方が離れているという非難に対しては、ニーム支持のパンフレットが反駁している。それによると、ニームからヴィヴァレ地方の各都市の距離は、ヴィヴィエまでが一一里、ヴィルヌーヴ＝ド＝ベルグとプリヴァまでが二日、アノネーまでは二日と半日、ヴィヴァレ地方の最も北に位置するトゥルノンはローヌ川沿いにあるため、船で二日であり、これより遠いセネシャル裁判所をもつ都市はいくらでもあるという。A.D.Hérault, C 62, *Mémoire contre les États particuliers du Vivarais,* pp. 68–69.

＊59　A.D.Hérault, C 71, *Observations sur l'administration de la justice dans le Pays du Vivarais*（発行場所・年記載なし。ただし、一七六八年一一月二四日づけ、ル＝ピュイ・セネシャル上座裁判所の第一代官 lieutenant principal の書簡に添付）（以下、*Observation* と略記）, p. 3. また、ヴィヴァレ地方三部会議員（député）は、もしヴィヴァレ地方が貧しいというならば、それはニームがヴィヴァレ地方を管区にとどめ続けることに執心してきたからだと、主張している。A.D.Hérault, C 62, *Projets pour le rétablissement de l'administration de la justice, dans le pays de Vivarais, & observations à ce sujet*（発行場所・年記載なし）（以下、*Projets* と略記）.

＊60　A.D.Hérault, C 71, *Observation,* p. 7.

＊61　A.D.Hérault, C 62, mémoire de la député des États particuliers du Vivarais au commandant en chef. 同様な見解として、住民の「粗野な慣習（rudesse des moeurs）」についての言及は、A.D.Hérault, C 62, *Extrait du Registre des Déliberations.* ヴィヴァレ地方は住民の「粗暴さと農村的残酷さ（la barbarie et la rustique cruauté）」で有名な土地という指摘は、A.D.Hérault, C 62, *Projets.*

＊62　なお、ニームもヴィヴァレ地方もともに、刑事事件を議論の中心にすえているが、民事の領域における現行制度の問題を取り上げているパンフレットとして、A.D.Hérault, C 71, *Observations.* このなかでは、ヴィヴァレ地方の遺産相続の登記、洗礼・結婚・埋葬の記録の管理が、遠くニーム・セネシャル裁判所で行われていることの問題が論じられている。

＊63　A.D.Hérault, C 61, lettre du syndic des États particuliers du Vivarais à l'intendant, 24/04/1772.

＊64　A.D.Hérault, C 61, mémoire du premier consul du Privat à l'intendant, 29/09/1771.

＊65　A.D.Hérault, C 61, lettre du chancelier à l'intendant, 25/10/1771.

＊66　A.D.Hérault, C 61, lettre des magistrates de la baillage de l'Annonay, 23/10/1772. ヴィヴァレ地方には前述のように二つのバイイ裁判所が設置されていたが、両裁判所をともにセネシャル上座裁判所として格上げするのではなく、上座裁判所としての権限を一方の裁判所にのみ与えるという計画が存在していた。A.D.Hérault, C 62, *Projets.* アノネー・バイイ裁判所はこの計画が実現し、ヴィヴァレ地方にセネシャル裁判所が設置されるにもかかわらず、自らが利益を得ない結果を危惧していたことがうかがえる。実際、一七八〇年にはヴィルヌーヴ＝ド＝ベルグにセネシャル裁判所が設置され、アノネーへの設置は一旦見送られた。

＊67　A.D.Hérault, C 62, mémoire du premier consul du Bourg St. Andéol à l'intendant, 25/01/1771.

＊68　ヴィヴィエ司教のパンフレットは、後に、ヴィヴァレ・セネシャル裁判所創設に反対する都市ニームによって、その主張の正当性を証明するものとして、一七七六年作成のパンフレットで引用されている。A.D.Hérault, C 62, *Sommaire des titres et des raisons*, pp. 1–3.

＊69　国王に委員会派遣を決定させた直接の要因は、一七六五年にヴィヴァレ地方の国王裁判官によって作成されたメモワールだという。A.D.Hérault, C 62, *Mémoire contre les États particuliers du Vivarais*, pp. 4–5.

＊70　一七六六年八月三一日の開封王状は、以下に収められている。A.D.Hérault, C 62, *Sommaire des titres et des raisons*, pp. 45–47.

＊71　Claude de Vic et Joseph Vaissète, *Histoire générale de Languedoc*, Toulouse, 1876, vol. 13, pp. 1195–1196.

＊72　A.D.Hérault, C 62, *Mémoire contre les États particuliers du Vivarais*, p. 5; A.D.Hérault, C 62, mémoire de la député des États particuliers du Vivarais à l'intendant. このメモワールには、この時の討議の抜粋が添付されている。A.D.Hérault, C 62, *Extrait du Registre des Délibérations.*

＊73　Vic et Vaissète, *op. cit.*, pp. 1195–1198.

＊74　一七六七年四月の王令は、以下に収められている。A.D.Hérault, C 62, *Sommaire des titres et des raisons*, pp. 49–56.

＊75　ただし、ニーム・セネシャル裁判所の司法官が、ヴィヴァレ地方に滞在している期間は、バイイ裁判所には、プレヴォ専決事件を扱う権限は認められていない。

*76 しかし、続く第一九条では、処刑にかかわる費用を領主負担としている。この王令が、費用の負担を理由に訴追を行わない領主裁判所に対して、有効な改善策を提示できているのかどうか疑わしい。

*77 「絶対王政」下における領主裁判所の役割を積極的に評価するものとして、志垣嘉夫『フランス絶対王政と領主裁判権』九州大学出版会、二〇〇〇年。また、領主裁判を国王の裁判体系に組み込まれているとしながらも、領主裁判所の実際の機能を問題としたものとして、浜田道夫「一八世紀ボージョレ地方における領主刑事裁判―サン゠ラジェ裁判区とその周辺―」『社会経済史学』第六四巻第四号、一九九八年、四六一―四九一頁。

*78 A.D.Héarult, C 62, *Mémoire contre les États particuliers du Vivarais*, pp. 8–9.

*79 *Ibid*., pp. 9–10.

*80 請願運動にかかわる史料には、ショメルはヴィヴァレ地方三部会特使としてのみ記載されているが、ショメルは一七八一年に創設されるアノネー・セネシャル裁判所で副検事として就任しており、その際に発行された叙任状から、当時の肩書きがわかる。ショメルの叙任状は以下に収められている。A.D.Ardèche, B 66.

*81 一七七六年六月一日のヴィヴァレ地方三部会の議決の写しおよびショメルの報告書は、以下に収められている。A.D.Ardèche, C 1084, pièce 29, 31.

*82 A.D.Hérault, C 53.

*83 一七八〇年に、ヴィヴァレ地方全域に管轄権をもつセネシャル裁判所がヴィルヌーヴ゠ド゠ベルグに設置されたが、ヴィヴァレ地方三部会による要求により、ヴィヴァレ管区は南北に分割されることになる。

*84 近年の地方レベルにおける裁判制度研究の進展によって、国王裁判制度の整備がもつ意味は見直されている。この点について指摘しているものとして、以下が挙げられる。Marie Houllemare et Diane Roussel dir., *Les justices locales et les justiciables: La proximité judiciaire en France, du Moyen Âge à l'époque modern*, Rennes, 2015, p. 14.

第三章　国王裁判所司法官と地域社会

はじめに

前章でみたように、ヴィヴァレ地方におけるセネシャル裁判所の創設は、ヴィヴァレ地方およびラングドック地方の意見が積極的にくみ上げられることによって実行されていた。セネシャル裁判所が設置されることになった地域の諸権力は、国王裁判所の拡充を地域の権力配置にかかわる問題としてとらえ、自らの利害にもとづいて中央や諸権力と交渉を行っていた。裁判制度の拡充は、こうした地域政治のなかで実現化し、裁判制度はこれを反映したかたちで設計された。王権による裁判制度の拡充や整備は、地域の権力構造と折り合いをつけるかたちで行われたのであり、王権は画一的な制度を地方に押しつけることはできなかったのである。

本章は、このような王権と地域諸権力の間で繰り広げられた交渉の結果創設された国王裁判所において、どのような人々が司法官（magistrat）として就任したのかという点に焦点をあてていく。[*1] これをとおして、国王裁判所の拡充の結果、誰が利益を得たのかという点を明らかにし、王権と地域権力の関係を考察していきたい。

本章で分析するセネシャル裁判所の司法官については、一九九〇年代より、「中級官僚（officiers moyens）」に関する研究の枠組みで取り上げられるようになった。それまでのアンシアン・レジーム期の官僚研究では、高等法院などの上級裁判所に所属した司法官については、王権との直接的な関係がもたれたということもあり、すでに長年の研究蓄積があったが、「中級官僚」と呼ばれる下級裁判所の司法官については、いくつかの先駆的な研究や断片的な言及以外には、ほとんど研究が行われてこなかった。[*2] 官僚の数からして多数を占め、さらに地域社会とより密接な関係をもった「中級官僚」の詳細が明らかになることによって、王権と地域諸権力の関係や、地方統治の実態は具体像をもって明らかになってくるだろう。[*3]

誰が司法官に就任したのかという点を分析するに際して、核となる史料は、叙任状（lettres de provision d'office）である。叙任状は、パリの法務局で発行された後に、その官僚が所属する地域に設置されていた複数の裁判所で登録された。本章で分析するヴィヴァレ地方のセネシャル裁判所の場合、まずトゥルーズ高等法院で登録され、次に同地方のヴィルヌーヴ＝ド＝ベルグとアノネーに設置されていた二つのセネシャル裁判所で登録された。本章では、このような過程を経て高等法院とセネシャル裁判所で登録された叙任状を、史料としておもに用いる。[*4] なお、ヴィヴァレ地方のセネシャル裁判所の構成員について、叙任状を用いて分析した研究は、管見のかぎり発表されていない。

以下では、実際の叙任状を分析していく前に、まず第一節でアンシアン・レジーム期のヴィヴァレ地方におけるセネシャル裁判所司法官の位置づけを概観する。第二節では、叙任状を中心に分析することによって、司法官の人物像にせまっていく。そして最終的には、国王裁判所をめぐる王権と地域諸権力の関係を考察していくこととする。

第一節　セネシャル裁判所とヴィヴァレ地方

本節ではまず、地域社会を考察するうえで、セネシャル裁判所の司法官に注目する意義を整理する。次に、国王裁判所であるセネシャル裁判所と、地域権力の代表であるヴィヴァレ地方三部会の関係を確認しておきたい。これによって、ヴィヴァレ・セネシャル裁判所の構成員について考察する前提を確認しておこう。

(1) アンシアン・レジーム期のセネシャル裁判所司法官

アンシアン・レジーム期のフランスにおいて、南部に設置されたセネシャル裁判所と北部に設置されたバイイ裁判所は、国王裁判所のなかでもっとも数が多い裁判所であり、一七八九年時点で全国に四〇〇以上が存在した。その上級審であり、なおかつ国王裁判所としては最上位に位置する高等法院が、この段階で全国に一七しか存在していなかったことと比較すると、セネシャル裁判所およびバイイ裁判所の数の多さが際立つ。すなわち、セネシャル裁判所とバイイ裁判所は、全国を代表するような大都市のみならず、多くの都市に設置されたことにより、王国の末端にいたるまで、王権の統治を支えていたのであり、全国の地方エリートを幅広く包摂する国王機関であった。「中級官僚」のなかでも、セネシャルおよびバイイ裁判所司法官に注目することの意義は、この点にも見出すことができるだろう。

また、セネシャル裁判所およびバイイ裁判所は、数においてほかの裁判所を圧倒していただけでなく、裁判制度の機軸として機能し、貴族などの特権身分にとっては初審の裁判所であった。[*5] さらに、セネシャル裁判所およよびバイイ裁判所は、裁判所としてだけでなく、高等法院と同様に王令を登録し国王命令を実行する行政機関としての役割も担っていた。セネシャルおよびバイイ裁判所は、裁判所として行政組織として重要な役割を地方で担っていたのであり、これに所属する司法官たちは、地方における国王官僚の代表格であったといえるだろう。しかし、一八世紀になるとセネシャル裁判所司法官をめぐる環境に、変化が生じたといわれている。

セネシャル裁判所司法官も含めた「中級官僚」を扱う多くの研究は、一八世紀になるとこれらの「中級官僚」が権威や影響力を低下させたとする見取り図を前提としている。[*6] その理由には、王権による官僚政策が、売官制のもとにあった官職保有官僚から、国王が直接に管轄する直轄官僚に重点を変えたことが挙げられている。[*7] また、一八世紀に「中級官僚」に就任することによる授爵の可能性がせばまったことによって、地方エリートを引きつける吸引力が衰えたからだとする見解も示されている。[*8] そして、その衰退傾向は、官職価格や給与が下落していることや、ポストの空席、[*9] さらには親族内部における官職の相続の割合の低下に表れているという。[*10] ラングドック地方の国王下級裁判所を分析したディディエ・カタリナも、地方長官のもとに寄せられた報告書や請願書をもとに、こうした傾向について指摘している。[*11]

しかし、後述するように、ヴィヴァレ地方のセネシャル裁判所に関しては、その叙任状を分析すると、地方エリートに対する吸引力は衰えていなかったようにみえる。報告書や請願書にみられる言説だけでなく、裁判所の構成員そのものに焦点をあてたケース・スタディーはいまだ不足しており、その積み重ねのなかでこれまでの見取り図は検証していく必要があるだろう。

(2) セネシャル裁判所とヴィヴァレ地方三部会

さて、ここでヴィヴァレ地方におけるセネシャル裁判所の役割について、確認しておこう。先にも述べたように、セネシャル裁判所およびバイイ裁判所は、一二世紀末より国王の権限を代行する組織として全国に設置されるようになった。すなわち、両裁判所の長であるセネシャルとバイイは、もともと裁判にその権限を特化させていたわけではなく、王権が地方に派遣する代官であったことを確認しておきたい。ヴィヴァレ地方には一三〇五年から一三〇八年にかけて同地がフランス王国に併合されたのと同じ頃に、バイイが派遣された。

ヴィヴァレ地方のバイイ裁判所が、併合当初から保持していた王権の代理人としての性格は、その後同裁判所がセネシャル裁判所として衣替えした一七八〇年および八一年以降も続き、一七八九年の革命まで維持されることになる。これが端的に表れているのが、ヴィヴァレ地方に設置されていた三部会におけるその役割である。

ヴィヴァレ地方三部会は、フランス王国に併合される以前から同地に存在していた合議体が、その起源と考えられるが[*12]、一四二二年に王権によってその開催が認可された後、早くも三年後の一四二五年には、併合の経緯が全く異なっていたにもかかわらず、ラングドック地方三部会の下部組織として位置づけられた[*13]。そのため、国王による課税は、まずラングドック地方三部会において、管区全体の課税額とヴィヴァレ地方の負担額が決定され、次にその負担額が、ヴィヴァレ地方三部会において討議されることになっていた。その際には、王権の代理人として、バイイ裁判所（後にはセネシャル裁判所）の代表者が出席し、ヴィヴァレ地方の課税額の受け入れと、三部会における審議の過程を監督した[*14]。

つまり、ヴィヴァレ地方のバイイ裁判所（後にセネシャル裁判所）と三部会の間には、制度的には、監督するものと監督されるものとして、緊張関係が内包されていたと考えることができる。

だが、果たして両者は利害を異にしていたのだろうか。第二章でみたように、ヴィヴァレ地方三部会は、ヴィヴァレ地方へのセネシャル裁判所の設置運動において、積極的な役割を果たしていた。国王裁判所と地方三部会がともに同じ目的に向かって行動していたことになる。それはどのような成果に結びついたのだろうか。以下でセネシャル裁判所の人的構成を分析していくなかで、明らかにしていこう。

第二節　ヴィヴァレ・セネシャル裁判所司法官と地域社会

地方三部会を保有することによって王権からの一定の自律性が担保されていたヴィヴァレ地方において、バイイ裁判所（後にセネシャル裁判所）は中世に付与された王権の代理人としての性格を、アンシアン・レジーム末期にいたるまで、保持し続けていた。この国王裁判所を実際に運営していた人々は、地域社会とどのような関係をもっていたのだろうか。本節では、一七八〇年と八一年に新設されたセネシャル裁判所の司法官に発行された叙任状をおもな手がかりとしながら、この点を分析していくこととする。

(1) 構成員と叙任状の概要

まずは、ヴィヴァレ地方のセネシャル裁判所の構成員を確認しておこう。ヴィヴァレ地方では、一七八〇年にヴィルヌーヴ＝ド＝ベルグに、一七八一年にアノネーに、セネシャル裁判所が設置され、同地方の南北をそれぞれが管轄することになった。その設置を命じた王令によると、二つのセネシャル裁判所の構成役職とその人数は、両裁判所でそれぞれ全く同じであり、次のとおりである[*15]（表1）。ただし、この二つのセネシャル裁判所は、

表1　ヴィヴァレ地方の各セネシャル裁判所の構成役職一覧

役職名	人数
セネシャル（Sénéchal d'épée）	1
民事総代官副奉行（Juge-Mage-Lieutenant-Général Civil）	1
刑事代官（Lieutenant Criminel）	1
民事刑事第一代官（Lieutenant Principal-Civil & Criminel）	1
評定官（Conseiller）	6
検事（Procureur pour roi）	1
副検事（Avocat pour roi）	1
民事刑事出頭証書第一書記（Greffier en Chef-Civil & Criminel des Présentations & Affirmations）	1
訴追官（Procureur）	12
第一法廷執達吏（Premier Huissier Audiencier）	1
法廷執達吏（Huissier Audiencier）	4
合計	30

出典：A.D.Hérault, C 53; A.D.Ardèche, C 1083 より筆者作成.

一人のセネシャルによって統括されることになっていた。そのため、二つのセネシャル裁判所の設置によって創設された役職は、全部で五九ポストである。

以上のような構成員のうち、ここでは、実際の法廷で裁判官などとして判決を下す業務に携わった司法官の叙任状を分析する。上記のうち、セネシャルは、実際の裁判業務を担わない名誉職であったため、分析するのは各セネシャル裁判所で一一名となり、叙任状は合計二二名分である。ただし、これらの司法官たち以外にも、セネシャル裁判所には官職を長らくつとめた人物が、名誉状（lettres d'honneur）を獲得し、名誉司法官として名を連ね、実際の裁判業務においても投票権をもっていた。[*16] ヴィヴァレ地方の二つのセネシャル裁判所には、その創設時に合計二名の名誉司法官が存在しており、本章では、叙任状とならんで彼らの名誉状も分析の対象とする。したがって、ヴィヴァレ・セネシャル裁判所の構成員として、ここで分析するのは、合計二四名である。叙任状および名誉状に記載された氏名、役職名、前職の情報は、次のとおりである（表2―1・表2―2）。

この叙任状の整理において、最初に確認するべきことは、王令に

表 2-1　1780 年ヴィルヌーヴ=ド=ベルグ・セネシャル裁判所司法官の構成

名前	役職名	前職
アントワーヌ・バルエル (Antoine Barruel)	名誉裁判官	バイイ裁判所名誉裁判官 (juge honoraire)
ルイ=アントワーヌ・バルエル (Louis-Antoine Barruel)	民事総代官副奉行	バイイ裁判所裁判官 (juge)
シモン=ピエール・タベルノル=ド=バレ (Simon-Pierre Tavernol de Barrés)	刑事代官	高等法院弁護士
ジャン=クレール・ボワシエール=ラバニオル (Jean-Clair Boissière-Rabaniol)	民事刑事第一代官	バイイ裁判所代官
ジャン=フランソワ・バスティッド (Jean-François Bastide)	評定官	高等法院弁護士
ジャン=バプティスト=ルイ・ヴァシェ (Jean-Baptiste-Louis Vacher)	評定官	高等法院弁護士
ジャック=ルイ・ルション=ド=ビリダンティ (Jacques-Louis Rouchon de Billidentis)	評定官	高等法院弁護士
ピエール・デュボワ=モラン (Pierre Dubois-Maurin)	評定官	バイイ裁判所評定官
ジャン=アントワーヌ・ガスク (Jean-Antoine Gasque)	評定官	高等法院弁護士
ミシェル=アンリ・アブリアル=ディサ (Michel-Henri Abrial d'Issas)	評定官	高等法院弁護士
ジャン=ルイ・デリエール (Jean-Louis Delière)	検事	バイイ裁判所検事および副検事 (avocat et procureur du roi)
ギヨーム=ジョセフ・ベジアン (Guillaume-Joseph Bézian)	副検事	高等法院弁護士

出典：A.D.Haute-Garonne, B 1965 より筆者作成.

よって創設された司法官のポストが、すべてうまっている点である。[*17] 先に言及したように、カタリナは、ラングドック地方長官に寄せられた報告書にもとづいて、一八世紀の同地方のセネシャル裁判所の全体の傾向として、官職の半分近くのポストが空席になるほど不人気なものとなり、裁判所としての機能不全を起こしていたと述べている。[*18] しかし、ラングドック地方の一部を構成していたヴィヴァレ地方のセネシャル裁判所については、一七八〇年および八一年に発行された叙任状をみると、こうした傾向はあてはまらないことが判明する。セネシャル裁判所による地方エリートの吸引力の大小は、地域によって、また各裁判所の事情によって異なっていたといえるだろう。また、司法官の実態調査では、各種の報告書だけでなく、叙任状そのものを確認する必要があるといえる。

次に、叙任状の内容をみると、目につく特徴

表 2-2　1781 年アノネー・セネシャル裁判所司法官の構成

名前	役職名	前職
シモン＝アルマン＝ヴァランタン・フュレル（Simon-Armand-Valentin Fourel）	名誉検事	バイイ裁判所名誉検事（procureur du roi honoraire）
ジャン＝マリー・デ＝フランソワ＝ドゥロルム（Jean-Marie des François-Delolme）	民事総代官副奉行	高等法院弁護士
ガブリエル＝ジルベール・コロンジョン＝デュソリエ（Gabriel-Gilbert Colonjon-Dussolier）	刑事代官	バイイ裁判所刑事特別補佐代官（lieutenant particulier assesseur criminel）
アンリ＝マリユス＝フェリックス・シャベール（Henri-Marius-Félix Chabert）	民事刑事第一代官	バイイ裁判所第一代官（lieutenant principal）
バルテルミ・ゲラール（Barthélemy Gaillard）	評定官	高等法院弁護士
フランソワ・ペルシエ＝デュゼール（François Percié-Dusert）	評定官	バイイ裁判所評定官
アントワーヌ・ヴェロン＝ド＝ラ＝ラマ（Antoine Véron de La Rama）	評定官	バイイ裁判所評定官
ピエール・マルトレ（Pierre Marthoret）	評定官	バイイ裁判所特別代官（lieutenant particulier）
マチウ＝ニコラ・ドミュール（Mathieu-Nicolas Demeure）	評定官	高等法院弁護士
アレクサンドル＝シャルル・モンゴルフィエ（Alexandre-Charles Montgolfier）	評定官	高等法院弁護士
ジャン・ロンバール＝ド＝カンシュ（Jean Lombard de Quincieu）	検事	バイイ裁判所検事
ルイ＝テオドール・ショメル（Louis-Théodore Chomel）	副検事	バイイ裁判所副検事

出典：A.D.Ardèche, B 66 より筆者作成.

としては、構成員の多くが、元バイイ裁判所の司法官であることである。ヴィルヌーヴ＝ド＝ベルグでは、全司法官一二人の約四二パーセント（小数点以下四捨五入）の五人が元バイイ裁判所司法官であり、アノネーでは約六七パーセント（小数点以下四捨五入）の八人がこれに該当する。すなわち、一七八〇年と八一年にバイイ裁判所から昇格して設置されたセネシャル裁判所では、その構成員の多くが、旧バイイ裁判所からそのまま採用されていたことがわかる。

また、次に多い高等法院弁護士というのは、職業というよりは肩書きに近いものであり、司法官になる前提として、高等法院に登録していることを示しているにすぎない。そのため、この肩書きだけでは、セネシャル裁判所の司法官として任用される以前に、どのような職業生活を営んでいたかを把握することはできない。彼らの社会的位置づけは、叙任状に記載されているそのほかの情報や、叙任状以外の史料から探っていくことになるだろう。

叙任状には、このような前職の情報以外には、新規で司法官に就任した人物については、その生年月日が、前職が官職であった場合には、前職の叙任の年月日が必ず記される。また場合によっては、官職を誰から譲り受けたのかという点や、親族についての情報が含まれることもある。こうした情報は、限られたものではあるが、セネシャル裁判所の構成員の社会的地位を浮かび上がらせる。以下では、叙任状に加えて、そのほかの史料や同地方の貴族に関する研究なども参照しながら、司法官がどのような人物であり、そのことがヴィヴァレ地方の権力構造におけるセネシャル裁判所の位置づけと、どのように関係してくるのかという点を分析していくこととする。

(2) 叙任状の分析から

それでは、ヴィヴァレ・セネシャル裁判所の司法官たちの叙任状と名誉状から、構成員にどのような特徴が見出されるだろうか。以下では、そのほかの史料や研究書なども補足的に用いながら、分析の結果抽出された三つの特徴について、①親族集団の形成、②領主裁判権との連続性、③地方三部会との人的つながり、の順に具体的な人物に焦点をあてながら、述べていきたい。

①親族集団の形成

司法官の間では、親子関係や親族関係を頻繁に見出すことができる。例えば、ヴィルヌーヴ＝ド＝ベルグ・セネシャル裁判所では、バルエル家の父と息子が、それぞれ名誉裁判官と民事総代官副奉行として同時に就任している。また、評定官のジャン＝フランソワ・バスティッドは、その叙任状では記載がないものの、刑事代官に新たに就任したシモン＝ピエール・タベルノル＝ド＝バレの娘と結婚し、姻戚関係にあったことが、同地域の貴族を対象とした研究から明らかである。[*19] また、同じセネシャル裁判所内ではないが、刑事民事第一代官のジャン＝クレール・ボワシエール＝ラバニオルの息子は、ヴィヴァレ地方と隣接するドーフィネ地方に設置されていたグルノーブル高等法院の副検事であったことが、叙任状に記されている。

アノネー・セネシャル裁判所では、民事総代官副奉行のジャン＝マリー・デ・フランソワ＝ドゥロルムと評定官マチウ＝ニコラ・ドミュールが、おじとおいの関係にあったことが叙任状からわかる。

こうした親族関係が叙任状から明らかになるのは、当時は近い親族が同じ組織内に任官することが禁じられており、叙任においてその有無が記載されることになっていたからである。[*20] しかし、上記で示したとおり、親族が同時にセネシャル裁判所に在任したケースは頻繁に確認することができる。これは、親族免除状（lettres de dispense de parenté）の取得によって認可されていたためであり、禁止条項が有名無実化していたことを示す。

こうした王権側の規制緩和は、名誉状の取得とあわせて、司法官たちによって家族戦略に利用されていた。名誉状は、二〇年以上つとめると取得が可能となり、これによって名誉司法官として同裁判所に所属し続けることが可能となっていたが、司法官のなかには、二〇年つとめてすぐに名誉状を獲得するのではなく、その司法官職を引き継ぐ親族が現れてはじめて名誉状を獲得する者が存在した。[*21] 長年つとめた司法官が名誉状を得て、その後継者が親族免除状を取得すれば、親族のなかで一つの官職を保有することによって、複数名の親族を官僚としての地位につけることが可能となっていたのである。

ヴィヴァレ地方では、ヴィルヌーヴ＝ド＝ベルグ・セネシャル裁判所のバルエル家がこのケースに該当する。

アントワーヌ・バルエルは、三八年間、裁判官をつとめた後に、息子のルイ＝アントワーヌ・バルエルにその官職を譲り渡し、自身は名誉状を獲得して名誉裁判官となり、後続のセネシャル裁判所に在籍し続けたのである。

このように、セネシャル裁判所内部では、親族が同時に在籍するケースが頻発していたが、これに、官職が親族間で受け継がれた事例を加えると、親族集団の存在がさらに浮き彫りになってくる。官職の引継ぎについての言及は、アノネー・セネシャル裁判所の叙任状で多く、例えば、名誉検事のシモン＝アルマン＝ヴァランタン・フュレルはその官職を父とおじから引継ぎ、刑事代官のガブリエル＝ジルベール・コロンジョン＝デュソリエは、父から官職を引き継いでいる。また、副検事のルイ＝テオドール・ショメルの叙任状には、その家系が多くの司法官を輩出したと記されており、その祖先には一七世紀半ばごろの訴願審査官やパリ高等法院評定官が含まれていた。[*22]

ここで指摘した親族集団の形成という特徴は、一七八〇年と八一年のセネシャル裁判所設置の前後で変化が生じたのだろうか。本章で分析した叙任状では、旧バイイ裁判所で司法官をつとめた者にも、親族集団形成に関与した事例が見出されるため、一七八〇年と八一年の制度改編より以前から、こうした特徴が存在したと考えることができるだろう。それでは、制度改編後はどうか。旧バイイ裁判所司法官からの継続ではなく、新たにセネシャル裁判所に迎えられた司法官は一一名（ヴィルヌーヴ＝ド＝ベルグが七名、アノネーが四名）であるが、そのうち司法関係者との親族関係が指摘できるのは、四名である。当然ながら、本章で参照した史料や研究書は限られたものであるため、ここで親族関係が指摘できる司法官以外にも、これに該当する司法官が存在していたことが考えられる。また、司法関係者と親族関係にあった司法官の割合をどう評価するかは、長期的な時間軸にそって、その割合の変化を追ったうえで行うべきだろう。ただ、ここで限定的ではあるが述べることができると思われる点は、制度改編にもかかわらず、司法官と親族関係にあった者が、新セネシャル裁判所のいくつかのポストを獲得したということである。セネシャル裁判所が、司法関係者のネットワーク内部で、その人員を確保していたという特徴は、一七八〇年と八一年の制度改編を経ても受け継がれたということであろう。

このように、ヴィヴァレ地方のセネシャル裁判所では、親族の同時在職や、親族間における官職の引継ぎが頻繁にみられた。これは、先にみた新セネシャル裁判所の司法官のポストがすべてうまっていたという点に加えて、同裁判所が、地方エリートを引きつける機関であり続けたことの証拠の一つと考えられる。

②領主裁判権との連続性

叙任状の分析から、次に指摘できる特徴は、ヴィヴァレ・セネシャル裁判所と領主裁判権との連続性である。ここであらためて確認しておきたいことは、セネシャル裁判所が国王裁判所であるという点である。しかし、その構成員の分析から明らかになるのは、ヴィヴァレ地方のセネシャル裁判所が、地元の領主の意向があからさまに反映されるなかで運営されていたという実態である。

具体的には、どのような事態が生じていたのか。ヴィルヌーヴ＝ド＝ベルグ・セネシャル裁判所が設置されていたヴィルヌーヴ＝ド＝ベルグは、四〇〇年以上にわたってマザン大修道院長とフランス国王が共同領主であった。その裁判権を行使していたのが同都市に設置されていたヴィギエ裁判所であるが、そのトップであるヴィギエの娘と、セネシャル裁判所で名誉裁判官となったアントワーヌ・バルエルは、一七三〇年に結婚していたのである。[*23] ヴィギエ裁判所は一七六七年に廃止されたが、マザン大修道院長の代理人であったヴィギエと姻戚関係にあったアントワーヌ・バルエルは、息子とともにバイイ裁判所に長期にわたって在任し、その後身であるセネシャル裁判所でも、親子で司法官の職を担っていた。ここからは、マザン大修道院長とつながりのある人物が、セネシャル裁判所において重要なポストを長期間しめていたことがわかる。また、これらの人物をとおして、マザン大修道院長がセネシャル裁判所内で、なんらかの影響力を行使していたことが推測されるだろう。

このバルエル家をとおした影響力よりも、さらに直接的にマザン大修道院長の影響が及ぶ回路がセネシャル裁判所には確保されていた。第二章でみたように、ヴィルヌーヴ＝ド＝ベルグに設置されていたヴィギエ裁判所は一七六七年に廃止されたが、マザン大修道院長にはその代わりに、当時のバイイ裁判所の構成員のうち二名の指名権が与えられていたからである。この権利は、一七八〇年にセネシャル裁判所が創設された際に一名に減員されたが、なお維持された。[*24] すなわち、国王裁判所の司法官の一部の指名権が、領主に与えられていたのである。

叙任状をみると、実際にピエール・デュボワ＝モランが、マザン大修道院長の指名を受けて、セネシャル裁判所の評定官に就任していたことがわかる。彼は、一七六七年以来、マザン大修道院長の指名を受けて、旧バイイ裁判所で裁判官をつとめ、さらには一七八〇年に行われた同裁判所のセネシャル裁判所への昇格にともなって、評定官の役職を確保していた。叙任状は、国王の名によって発行されているが、彼を選定したのは、セネシャル裁判所が設置されていた都市の領主だったのである。

他方のアノネー・セネシャル裁判所でも、同じく領主によって選定された人物が、評定官に就任していた。同裁判所の設置を命じた一七八一年の王令では、やはり評定官六名のうち一名を、アノネーの領主であったスービーズ公が指名することが規定されていた。叙任状をみると、実際にスービーズ公はその権利を行使しており、マチウ＝ニコラ・ドミュールが、スービーズ公の指名を受けて、評定官に就任していることが確認できる。先にみたヴィルヌーヴ＝ド＝ベルグ・セネシャル裁判所の事例と異なるのは、スービーズ公の指名した人物が、セネシャル裁判所の新設にともない、新たに任命されていることである。ここから、一七八一年のセネシャル裁判所創設により、アノネー領主の国王裁判所への介入が、強まったといえるだろう。[*25]

また、アノネー・セネシャル裁判所と領主裁判権との連続性の点で、さらに興味深いことは、このアノネー・セネシャル裁判所の司法官のなかで、最も地位が高いうえに重要な役職である民事総代官副奉行に就任したドゥロルムが、実は、スービーズ公が指名したドミュールの甥であることである。副奉行は、セネシャル裁判所においてセネシャルに代わる実質的なトップであるが、今回新たに就任したドゥロルムは、年齢のうえでも規定以下であるにもかかわらず、就任していた。司法官は、本来二五歳以上でなくてはならず、さらに裁判を主催する役職には二七歳にならなければ就任できなかった。しかし、彼はまだ二一歳であった。そのため、年齢免除状(lettres de dispense d'âge)を獲得したうえで、その地位についているのである。スービーズ公が指名した者と、その甥が新セネシャル裁判所内に新たにポストを占めたことは、アノネー領主のスービーズ公による国王裁判所への影響力の拡大を示しているだろう。

ただし、ここでスービーズ公がどのような人物であったのかという点を考慮する必要がある。[*26] まず、スービーズ公は、フランス元帥であった。フランス元帥は、王国全土における軍隊組織のトップであり、地方総督やマレショーセといった地方の治安行政を司った人物や組織の上官でもあった。[*27] フランス元帥は、同時期に複数人が就任していたため、スービーズ公に権限が一元化されていたわけでなく、さらに陸軍卿の実質的な権限が拡大していく時期でもあったため、軍隊組織のトップとしてのスービーズ公の権力には、いくぶんかの留保がつく。しかし、スービーズ公がフランスの軍隊組織において大きな権限を保持していたことにかわりはないだろう。スービーズ公は、さらにフランス北部のフランドル地方とエノー地方の地方総督もつとめており、王国の軍事行政と地方統治政策の中枢を担っていた人物であった。

さらに、スービーズ公は、国王諮問会議に出席する権利をもつ大臣（ministre d'État）の肩書きも保有していた。このような中央権力そのものといってもよいような人物が、セネシャル裁判所の運営に対する発言力を強めた場合、それは、王権による地方支配の強化と解釈することも可能だろう。しかし、ここで重要なのは、スービーズ公は、あくまでもアノネー領主という肩書きによって、セネシャル裁判所への介入が認められている点である。一七八一年のアノネー・セネシャル裁判所の創設を命じた王令では、「フランス元帥のスービーズ公とその後継者は、アノネーの領主の肩書きのもとで、セネシャル裁判所においてセネシャル裁判所の評定官のうち一名を指名する権利を享受する」と明記されていた。王権は、スービーズ公をとおして、ヴィヴァレ地方における裁判所の運営や地域政治に深く入り込むことが可能となったとしても、それは、直接的な方法によって行いえたのではなく、「領主」というこれまでも存続していた権力形態を利用することによって、はじめてそれは可能となっていたのである。

③地方三部会との人的つながり

最後に、ヴィヴァレ地方のセネシャル裁判所の司法官の構成員の特徴として、指摘しておきたいのは、司法官と地方三部会の人的つながりである。

ヴィヴァレ地方において、セネシャル裁判所と地方三部会が、行政のレベルにおいて、王権側と地方側を代表する機関として地方三部会で対峙していたことは、前述したとおりである。セネシャル裁判所司法官は、地方三部会の開催時には、国王側代表として、三部会の審議を監督する任にあたっていた。その制度的な枠組みでみれば、一見対立する立場にありそうな両者であるが、ヴィルヌーヴ＝ド＝ベルグ・セネシャル裁判所には、ヴィヴァレ地方三部会と関係の深い人物が新規に就任していた。副検事のギヨーム＝ジョセフ・ベジアンである。彼は、一七六六年に当時のヴィヴァレ地方三部会総代であったポール＝ジョゼフ＝サバティエ・ド・ラシャドネード（Paul-Joseph-Sabatier de Lachadenède）の娘と結婚していた。[*28]彼がセネシャル裁判所の副検事に就任した一七八〇年には、先の総代の息子が総代職を引き継いでいた。すなわち現役のヴィヴァレ地方三部会総代の義理の兄弟が、セネシャル裁判所の新設にあたって、新たに副検事に就任していたのである。

また、さらに明確にヴィヴァレ地方三部会とセネシャル裁判所の密接な関係と人的な重複を示しているのが、シモン＝ピエール・タベルノル＝ド＝バレの事例である。彼は一七八〇年にヴィルヌーヴ＝ド＝ベルグ・セネシャル裁判所の刑事代官に就任しているが、一七八一年まで、貴族代表として、ヴィヴァレ地方三部会に出席していた。[*29]すなわち、タベルノルは、セネシャル裁判所の新設にともない、ヴィヴァレ地方三部会の議員から、セネシャル裁判所の刑事代官に転身していたのである。第四章で詳しくみていくことになるが、ヴィヴァレ地方三部会は、このタベルノルをとおしてセネシャル裁判所の活動に介入していくことになる。

こうしたセネシャル裁判所とヴィヴァレ地方三部会の密接な関係は、一七八〇年と八一年のセネシャル裁判所の新設によってはじめて形成されたものではない。すでに第二章でみてきたように、ヴィヴァレ地方の二つのセネシャル裁判所の誘致にあたっては、ヴィヴァレ地方三部会による活動資金の提供や、三部会議員と総代による請願運動が、積極的に行われていた。その結果創設されたセネシャル裁判所に、三部会は、総代の義理の兄弟と現役議員という二人の関係者を送り込むことに成功したことになる。[*30]ヴィヴァレ地方三部会と国王裁判所であるセネシャル裁判所は、こうして両者をつなぐ人物の存在によって、その相互の関係を緊密にしていた。王権と地域権力は、地方行政において、両者をまたぐ人物の存在によって相互補完的に存在していたことを、ヴィヴァレ地方のセネシャル裁判所の人員構成は、示しているといえるだろう。

おわりに

以上でみてきたとおり、地方三部会を有することによって王権からの一定の自律性を保持していたヴィヴァレ地方において、セネシャル裁判所は、王権の代理人としての役割を革命まで担っていた。一八世紀のフランスにおいては、セネシャル裁判所が地方エリートを引きつける力を低下させていくことが指摘されてきたが、ヴィヴァレ地方のセネシャル裁判所に関するかぎり、そうした傾向はみられない。一七八〇年と八一年の創設時に発行された叙任状をみると、ポストはすべて獲得されており、さらに司法官職の保有をめぐっては、親族集団の形成とその維持が制度改編後にも行われていたことが確認できるからである。

地方エリートを包摂する国王機関として、活力を維持していたようにみえるヴィヴァレ地方のセネシャル裁判所であるが、その人的構成の分析から明らかになったのは、国王機関であるにもかかわらず、地域権力の介入する場となっていた点である。セネシャル裁判所の設置都市であったヴィルヌーヴ＝ド＝ベルグとアノネーの両領主は、領主という肩書きのもとで、セネシャル裁判所の構成員を指名する権限が国王によって与えられており、実際にそれを行使していた。さらに、指名者以外にも、両領主の影響が及ぶ人物が司法官には含まれていた。また、セネシャル裁判所と地方三部会にも人的つながりが指摘でき、三部会はこれをとおして、セネシャル裁判所の活動に干渉することが可能となっていたのである。

こうした司法官の構成からは、国王裁判所の拡充や整備が、単なる王権の強化を意味しているわけではないということがみてとれる。なぜなら、国王裁判所の設置によって、王権側の権力が行使される場が増えただけでなく、地方の利害がくみ上げられる仕組みが確保されていたからである。また、司法関係者たちは、国王裁判所の地位の上昇にあたって、さまざまな免除状を多用し、司法官の人的ネットワークを形成して、その利益の拡大をはかっていた。王権と地域権力は、その代表組織において、人的構成を重複させながら、双方の利害が共有されるシステムを作り出していたのである。この場合、国王権力と地域権力の実質的な区別はなくなり、利害集団としての社会的結合関係が形成されていたといえるだろう。

ここでみられる王権と地域権力の混合状態は、両者の権力バランスとその歴史的変遷の文脈のなかで、どのように解釈することができるだろうか。従来の「中級官僚」研究では、国王官職の取得を介して、地方エリートが国王の統治システムに組み込まれていく側面を重視してきた。[*31] それは、「中級官僚」研究が、一九八〇年代半ば以降にみられた「近代国家」の生成と建設への関心の高まりとともにすすめられてきたことに、起因するだろう。[*32] これに対して、最近のドボルド＝リシルールの研究では、セネシャル裁判所司法官の、王権の代理人としての立場だけでなく、地方三部会や都市行政に参画した地方役人としての立場が強調され、一八世紀においては、むしろ後者の立場が「中級官僚」の経済や社会的地位を支えていたと指摘されている。[*33] しかしながら、ドボルド＝リシルールも結局は、地方行政に影響力を拡大していったセネシャル裁判所が、「近代国家」にとって必要不可欠な組織となったと結論づけており、やはり王権が徐々に勢力を伸ばしていく過程として、王権と地域権力の重複関係を論じている。

一方、地域権力の分析に主眼をおいている研究では、地域権力と王権の重複関係は、どのように考えられているだろうか。近年、地方三部会研究を精力的にすすめているマリー＝ロール・ルゲーは、地方三部会の長である総代が、一八世紀に王権による後ろ盾を得て、時には地方三部会と対立しながら、王権の要請に応える姿を描いている。彼女は、このように活動する三部会総代を、「混合官僚（officier mixte）」という言葉で表現している。[*34] 地域権力が国王官僚としての性質もあわせもつようになったこうした状況を、彼女は、一八世紀の官僚体制の進化と成熟を示しているとし、さらにはフランス革命後の体制への連続性を示唆している。すなわち、ルゲーもまた、官僚体制における地域権力と王権の重複状態を、「近代国家」の誕生と進展の文脈に位置づけ、この状況をフランス革命以降の社会への過渡期とみなしているといえるだろう。

このような、王権が地域権力をしだいに侵食していくとする見取り図は、ヴィヴァレ地方の権力秩序を理解するうえでもあてはまるだろうか。一八世紀のヴィヴァレ地方の場合、地域秩序の形成は、セネシャル裁判所よりも地方三部会のほうが、主導的な役割を果していた。[*35] すなわち、王権を代表するセネシャル裁判所よりも、地域権力を代表する三部会のほうが、実際の権力バランスのなかでは優位性を獲得していたのである。その点からみると、先にみた研究史における見方とは異なり、王権と地域権力の混合状態とは、むしろ地域権力が自らの権力の強化のために、王権を積極的に利用していたことを示しているようにみえるのである。

しかしながら、王権と地域権力のどちらが強力であったかという点だけに、結論が集約されるのであれば、それは権力の実態を見逃すことになるだろう。本章では、王権と地域権力を代表する組織の立場の流動性や、人的な相互乗り入れを明らかにすることをとおして、王権と地域権力の二項対立の枠組みだけで権力構造を把握することが困難であることを示してきた。王権と地域権力がともに利害を共有するシステムを作り出していたことを、本章の結論として再度強調しておきたい。先にみた研究のように、分析の論理的枠組みとして「近代国家」の形成というものを想定し、国家権力が権力を独占していく過程としてのみ、一八世紀とその後の時代を考えるとき、取りこぼす社会の現実があるのではないだろうか。王権と地域権力が対立しながらも共存していた側面に目を向ければ、それがともに作り出した支配の構造を明らかにする道が開かれると考える。

註

*1　本章では、裁判官や検事など実際の裁判において判決業務にたずさわった官職保有者を「司法官」と総称する。具体的な構成役職については、後掲の表1を参照。

*2　「中級官僚」研究がはじめられる以前の研究史は、以下に詳しい整理がある。Michel Cassan, «Pour une enquête sur les officiers «Moyens» de la France moderne», *Annales du Midi*, t. 108, nº 213, 1996（以下、«Pour une enquête» と略記）, pp. 89-112.

*3　初期の「中級官僚」研究は、その存在自体を明らかにすることを目的とする場合が多かった。例えば、「中級官僚」研究に先鞭をつけたジャン・ナグルの研究が挙げられる。Jean Nagle, «L'officier «moyen» dans l'espace français de 1568 à 1665», Jean-Philippe Genêt dir., *L'État moderne, genèse: bilans et perspectives. Actes du colloque tenu au CNRS à Paris, les 19-20 septembre 1989*, Paris, 1990（以下、«L'officier «moyen»» と略記）, pp. 163-174. 近年は、地域社会との関係を詳細に論じたモノグラフィーが発表されるようになった。例えば、以下の研究がある。Séverine Debordes-Lissillou, *Les Sénéchaussées royales de Bretagne. La monarchie d'Ancien Régime et ses juridictions ordinaires (1532-1790)*, Rennes, 2006.

*4　ヴィルヌーヴ＝ド＝ベルグ・セネシャル裁判所司法官の叙任状は、トゥルーズ高等法院に登録されたものを用いた。A.D. Haute-Garonne, B 1965. もう一つのアノネー・セネシャル裁判所司法官の叙任状は、同セネシャル裁判所に登録されたものを使用した。A.D.Ardèche, B 66.

*5　石井三記『一八世紀フランスの法と正義』名古屋大学出版会、一九九九年、二—六頁。

*6　Michel Cassan, «Avan-Propos», idem éd., *Les officiers «Moyens» à l'époque moderne: pouvoir, culture, identité, Limoges*, 1998, pp. VII-X. カサンは、近年の論文でも、セネシャル裁判所のなかには一八世紀になっても活力を保っていたものも存在していたことを指摘しながら、

セネシャル裁判所は特に一八世紀後半以降は衰退したという見方を基本的には維持している。Michel Cassan, «De l'État «moderne» à ses administrateurs «moyens»», *Histoire, économie et société,* t. 23, n° 4, 2004, pp. 467-472.

＊7　Debordes-Lissillour, *op. cit.,* pp. 106-107. しかし、直轄官僚と官職保有官僚が、それほど二項対立的なものではないことは、すでに多くの研究が指摘しているところである。

＊8　Jean Nagle, «Les officiers «moyens» français dans les enquêtes sur les offices（XVIe-XVIIIe siècles）», Cassan éd., *op. cit.,* p. 40（以下、«Les officiers «moyens» français» と略記）. ナグルは、都市ブルジョワたちを新たに引きつけたのは、授爵の可能性があった都市行政官僚であったとしている。

＊9　ブルターニュ地方のセネシャル裁判所の事例は以下を参照。Debordes-Lissillour, *op. cit.,* pp. 128-131.

＊10　Nagle, «Les officiers «moyens» français», p. 40.

＊11　Didier Catarina, *Les justices ordinaires, inférieures et subalternes de Languedoc: essai de géographie judiciaire, 1667-1789,* Montpellier, 2003, p. 252.

＊12　Albert Lexpert, *Notice sur les États particuliers du Vivarais,* Tournon, 1893, p. 11.

＊13　Gérard Cholvy dir., *Histoire du Vivarais,* Toulouse, 1988, p. 89.

＊14　ヴィヴァレ地方三部会に、王権側として出席したのは、バイイ裁判所（後にセネシャル裁判所）の代表者のほかに、ラングドック地方三部会代表議員であった。

＊15　一七八〇年王令第七条（A.D.Hérault, C 53）、一七八一年王令第五条（A.D.Ardèche, C 1083）。ただし、国王諮問会議が決定した官職価格と給与額は、両セネシャル裁判所で違いがあった。

＊16　名誉状を獲得した者には、投票権のほかにも旧官職に由来する特権が認められたが、給与を受け取ることはできなかった。Debordes-Lissillour, *op. cit.,* p. 189.

＊17　ただし、ここで「司法官」の枠組みに含んでいない、名誉職のセネシャルについては、一七八八年まで空席であった。この点は、一七八八年にセネシャルに就任したフランソワ＝ルイ・モンテイユ（François Louis Vicomte de Monteil）の叙任状からわかる。A.D.Ardèche, B 66.

＊18　Catarina, *op. cit.*, p. 252.

＊19　Raymond de Gigord, *La noblesse de la sénéchaussée de Villeneuve-de-Berg en 1789*, Marseille, 1979 (Réimpression de l'édition de Lyon, 1894). この研究書は、一七八九年の全国三部会開催に向けて、ヴィルヌーヴ＝ド＝ベルグ・セネシャル裁判所管区内の貴族によって作成された陳情書に名前を連ねていた人物たちについて、その家系図を明らかにしたものである。

＊20　一五九七年の王令では、同じ裁判所内に、父と息子、兄弟、叔父と甥が在籍することを禁じていた。Roland Mousnier, *La vénalité des offices sous Henri IV et Louis XVIII*, Paris, 1971（1re éd.: 1945）, p. 189. しかし、一六三六年に国王諮問会議は、評決で同意見の場合には一票とカウントされることを条件に、親族であっても同じ裁判所に所属することが可能という裁定を下していた。Debordes-Lissillour, *op. cit.*, p. 123. 親族が同じ裁判所に所属することを禁じる条項そのものは、一八世紀後半にも生き続けており、本章で分析した叙任状では、この禁止条項が必ず言及され、親族の有無が明記されている。

＊21　Debordes-Lissillour, *op. cit.*, pp. 189-190.

＊22　ショメルは、このような中央の司法界とのコネクションを利用し、一七八〇年と八一年にヴィヴァレ地方にセネシャル裁判所が設置されるまで、パリとの交渉を一手に引き受け、地方の要望を実現させることに成功した。

＊23　Gigord, *op. cit.*, p. 503.

＊24　一七八〇年王令第一二条（A.D.Hérault, C 53）。王令では、評定官六名のうち一名をヴィルヌーヴ＝ド＝ベルグの領主であったマザン大修道院長が指名することが規定されていた。

＊25　ヴィルヌーヴ＝ド＝ベルグ・セネシャル裁判所の場合、設置を命じた一七八〇年王令において、マザン大修道院長の一七六七年以来の権利が確認されている。これに対してアノネーの場合は、一七八一年王令では先行する権利について言及がないため、この点からも、スービーズ公に与えられた評定官一名の指名権は、一七八一年にはじめて認められたものと推測される。

＊26　スービーズ公の肩書きや職務については、一七八三年のヴィヴァレ地方三部会議事録を参照した。A.D.Ardèche, C 9. この年、スービーズ公は、アノネーの領主（すなわち貴族代表）として同会議を主宰しており、肩書きや職務が以下のように詳細に記されている。Charles de Rohan, Prince de Soubise et d'Epinay, Duc de Rohan-Rohan, Pair & Maréchal de France, Ministre d'Etat, Capitaine-Lieutenant de la Compagnie des Gendarmes de la Garde ordinaire du Roi, Gouverneur, & Lieutenant-Général pour Sa Majesté des Provinces de

Flandre & d'Hainaut, Gouverneur particulier des Ville & Citadelle de Lille, Marquis & Baron d'Annonay, Baron de Tour des présents Etats, à cause de sa Baronnie de ladite Ville d'Annonay.

＊27 Bernard Barbiche, *Les institutions de la monarchie française à l'époque moderne*, Paris, 1999, pp. 146-148. マレショーセの組織改革が行われた一七二〇年以降にも、フランス元帥のマレショーセに対する指揮権が残っていたことについては、正本忍「一七二〇年のマレショーセ改革―フランス絶対王政の統治構造との関連から―」『史学雑誌』第一一〇編第二号、二〇〇一年、一四―一六頁。

＊28 Gigord, *op. cit.*, p. 73.

＊29 タベルノルは、ラルジェンティエールのバロン代理として出席していた。この点は、一七八一年開催のヴィヴァレ地方三部会議事録で確認できる。A.D.Ardèche, C 358. タベルノルがいつから三部会議員だったかという点は、筆者の調査では現在のところ確認できていないが、以下の研究書で、タベルノルが一七七八年のヴィヴァレ地方三部会の議長をつとめたことが、指摘されている。Albert Lexpert, *L'organisation judiciaire de l'Ancien Pays de Vivarais*, Aubenas, 1921, p. 10.

＊30 三部会議員から司法官に転身したタベルノルの義理の息子であるジャン＝フランソワ・バスティッドも、先にみたとおり、同時にセネシャル裁判所に新人司法官として就任している。彼もまた、上記の二人に加えて、ヴィヴァレ地方三部会関係者の一人に数えることもできるだろう。

＊31 それは、ナグルやカサンを中心とした初期の「中級官僚」研究が、一六世紀と一七世紀を重視してきたことと関係があるだろう。また、都市研究では、一六世紀以降、各地方の都市行政体が国王官僚の監督下におかれるようになっていく様が指摘されていた。Cassan, «Pour une enquête», pp. 101-102.

＊32 フランスの学界における「近代国家」の生成への関心の高まりについては、藤井美男「近代国家形成過程における都市エリートの学説史的検討―対象と方法をめぐって―」『経済学研究』（九州大学）第六六巻第五・六号、二〇〇〇年、四三―六五頁。この時期、フランスでは「近代国家」の生成をめぐる多くの学術会議が開かれ、その成果として複数の論文集が出版されており、「中級官僚」研究に先鞭をつけたナグルの論文も、こうした論文集の一つに収められたものであった（Nagle, «L'officier «moyen»», pp. 163-174）。また、その後の「中級官僚」研究を牽引してきたカサンも、「中級官僚」研究を、「近代国家」の建設を解明する研究の一環として、位置づけている（Cassan, «Pour une enquête», pp. 89-112）。

＊33　Debordes-Lissillou, *op. cit.* 特に全体の見取り図として、二三六頁を参照。

＊34　Marie-Laure Legay, «Les syndics généraux des États provinciaux, officiers mixtes de l'État moderne (France, XVIe-XVIIIe siècles)», *Hisoire, économie et société*, t. 23, nº 4, 2004, pp. 489-501. ただし、ルゲーは、「混合官僚」という用語について、明確な定義づけは行っていない。

＊35　一八世紀のフランスにおける地方三部会の影響力の拡大については、以下を参照。Marie-Laure Legay, *Les États provinciaux dans la construction de l'État moderne aux XVIIe et XVIIIe siècles*, Genève, 2001; 伊藤滋夫「一八世紀ラングドックにおける地方三部会と金利生活者」『西洋史学』第二二七号、二〇〇七年、一―二一頁。

第四章　蜂起と地域秩序

はじめに

ここまでみてきたように、王権と地域諸権力の関係は、対立だけでなく協調の側面を含んでいた。例えば、王権の組織を地方に導入するにあたっては、地域諸権力の利害とその調整をもとに制度が設計されていた。そして、実際に王権の組織を運営した人員に目を向ければ、地域諸権力がさまざまな方法でこれに介入し、地域諸権力の利害が結実していたことが見て取れるのである。王権と地域権力は二項対立の関係にあるのではなく、相互補完的に権力を行使し、支配の構造を作り出していたといえるだろう。[*1]

それでは、こうした支配秩序のなかで、蜂起という既存の秩序をおびやかす事件が起きたとき、諸権力はこれにどう対応したのだろうか。一七八〇年および八一年にヴィヴァレ地方にセネシャル裁判所が設置された三年後に、マスクの蜂起が起こった。本章では、マスクの蜂起の事後処理過程の際に生じた裁判管轄争いを分析していく。

アンシアン・レジーム期には、裁判の領域に限らずさまざまな場面で管轄争いがみられたが、これまでの多くの研究では、管轄争いは権力の多元性や諸権力間の権限の重複に原因をもち、王権の限界を示すものとして理解されてきた。[*2] しかし、王権と諸権力の相互補完的な役割を見直している近年の研究をふまえるならば、裁判管轄争いのもった意味は再検討する必要があるだろう。本章では、管轄争いが生じた際に、どのように王権と諸権力の間で解決が模索され、地域秩序の形成が目指されたのかという点を明らかにし、そこからアンシアン・レジーム期の権力秩序の特徴を考察していくこととする。[*3]

ここで、マスクの蜂起後の管轄争いに注目する意義を、まとめておく必要があるだろう。それはまず第一に、マスクの蜂起がラングドック地方の秩序に与えた影響の大きさによる。マスクの蜂起では、司法関係者が攻撃の対象となったことから、諸権力に大きな危機感をもたせ、蜂起参加者への裁判だけでなく司法制度改革も行われた。ラングドック地方の諸権力にとって、マスクの蜂起後の秩序形成は重大な問題として認識されたのである。マスクの蜂起後の管轄争いを分析する第二の意義は、この管轄争いが、最終的に王国の裁判制度の頂点に位置する国王諮問会議の裁定（arrêt）に決着がゆだねられることになった点にある。そのため、マスクの蜂起後の管轄争いには、王権と地域諸権力の裁判権をめぐる権力関係が如実に表れてくるのである。

これまでも、マスクの蜂起はいくつかの研究の対象となってきたが、その研究の目的には、蜂起の原因や蜂起参加者の意図を解明すること、また「民衆文化」の独自性を明らかにすることが掲げられ、蜂起参加者を裁いた裁判所同士の管轄争いは問題にされてこなかった。[*4] これに対して、ニコル・カスタンは、ラングドック地方の裁判制度を扱った著作のなかで、マスクの蜂起そのものだけでなく、蜂起後に生じた裁判管轄争いにも言及した。[*5] しかしそれは、当時の通常裁判所の機能の欠陥を示す事例を提示するためであった。本章では、カスタンが重視することのなかった通常裁判所の動向を含めて、管轄決定までの過程の詳細や、管轄をめぐる地域政治に焦点をあて、王権と地域諸権力の関係を考察していく。

本章でおもに用いる史料は、ヴィルヌーヴ＝ド＝ベルグ・セネシャル裁判所の史料として整理されているマスクの蜂起関係記録である。[*6] 同裁判所のもとで、管轄争いに関与したすべての裁判所の裁判記録は一括された。また、裁判記録以外にも、諸権力の間で交わされた報告書や請願書も、関係記録としてここに収められている。こうした史料群を用いて、管轄争いの背景と、決着へといたる過程の詳細を分析し、これによって、通常裁判所の欠陥を問題とするよりも、裁判管轄争いが当時の権力秩序においてもった意味を問題とすることにしたい。[*7]

以下では、まず第一節で、マスク蜂起の概要と蜂起に対する諸裁判所の反応をまとめる。また第二節で、管轄争いの背景をなしていたアンシアン・レジーム期の裁判制度の特徴と、地域政治の両面についてまとめ、諸権力の対立軸を整理する。次に第三節では、国王諮問会議の裁定以前にみられた、ラングドック地方内部における合意形成の過程を明らかにしていく。そして、最後に第四節で、管轄争いに決着をつけることとなった国王諮問会議の裁定と、これに対する諸権力の反応について分析する。最終的には、これらの分析をとおして、地域諸権力と王権の間で形成された権力秩序について考察することとする。

第一節　マスクの蜂起と裁判管轄争いの発生

(1)　蜂起の経緯

マスクの蜂起は、一七八三年一月三〇日にレ＝ヴァンスという小村で、約三〇人の武装した集団が代訴人および公証人宅を襲ったことに端を発した（表3）。「マスク」の名は、武装した集団が布や炭を用いて顔を隠したことに由来する。また、参加者のなかには、女性の服装を身に着け、身元を隠す者もいた。

レ＝ヴァンスではじまったこの蜂起は、二月二〇日までの約三週間の間に、ヴィルヌーヴ＝ド＝ベルグ・セネシャル裁判所管区一帯の約二〇の小教区に広がった（地図4）。三週間にわたった蜂起の参加者の総数は不明であるが、各小教区で決起した集団は少ないときで一〇人、最大で二〇〇人からなりたっていた。逮捕者のうち職業が判明している者はわずかに六〇名余りにすぎないが、農民が最も多く、そのほかは各種の職人が含まれていた[*8]（表4）。

農村地域に拡散していった蜂起において、蜂起参加者がとった行動は、発端となったレ＝ヴァンスでの蜂起と同様なものであった。代訴人や公証人をおもな攻撃対象とし、金銭や食料を要求し、時には司法関係者が保有していた証文を焼却した。ただし、殺傷は行われなかった[*9]。

これまでの研究では、マスクの蜂起への参加者の動機がさまざまな側面から検証されてきた。動機として挙げられているのは、食料の調達[*10]、司法関係者の職権乱用に対する反発[*11]、領主と司法関係者の間に存在した対立関係への住民の関与[*12]、個人的な債務関係の解消[*13]などである。これらの動機は複合的であったと考えられるが、これらのうちどれを重視するのか、あるいはどれを動機として適当と判断するのかは、研究者によって異なっている。また、マスクの蜂起の歴史的意義をめぐっても、これを封建制や領主制に反発する民衆運動として位置づけることができるのか否かという点については、意見が分かれている[*14]。

研究史で扱われてきたこのような問題を、本章で検証することはできない。しかし、以下でみていく裁判管轄争いにおいては、蜂起参加者のさまざまな動機のなかでも、司法関係者の職権乱用が特に問題となってくる。

表3　マスクの蜂起攻撃対象者一覧

日づけ	攻撃対象者の氏名	居住地	職業
1月30日	Jacques Monteil	Les Vans	代訴人
	Jacques Simon Roure	Les Vans	公証人
2月5日	Castagnier	Malbosquet	公証人
2月6日	Jean Baptiste Constanier	Malbosquet（p: Malbos）	代訴人
	Pierre Villard	p: Malbos	教師
	Vincent Cinhoux	Cagnière（p: Courry）	—
	Jean Louis Morier	Ponge（p: Chambonas）	公証人
2月8日	Morier	Ponge	—
	Jean André Deschanels	Chazalet（p: Payzac）	公証人
	Jean Salel	Serre（p: Lablanchère）	公証人
2月10日	Thomas Marron	Fort de Banne	Hulliereの裁判官
2月11日	Joseph François Seipion Deslèbres	Pierre Gras（p: St. André de Cruzières）	公証人
	Joseph Pagès	St. André de Cruzières	—
	Jean Antoine Graffand	Chadoulier（p: St. André）	国王公証人
2月13日	André Joseph Channac	Tournaires（p: Berrias）	—
	Jean Bérard	Chamdolas	公証人で村の書記
	Jacques Pellier	Banne	—
2月14日	Jean Bérard（13日に同じ）	Chamdolas	公証人で村の書記
	André Joseph Channac（13日に同じ）	Tournaires（p: Berrias）	—
	Brahic	Banne	村役人（consul）
	Thomas Marron（10日に同じ）	Banne	公証人
	Louis Deleuze	Bedousses（p: Aujac）	公証人
	Jean Sautel	p: Assions	日雇い農
	Chalmeton	Assions	村役人
	Jean Salel（8日に同じ）	Serre（p: Lablanchère）	公証人
2月15日	Michel Allègre	p: Bonnevaux	公証人
2月16日	Etienne Pertus	Graviers	—
	Mouletという名の者	Graviers	—
2月19日	Jean Martin	Martiner	—

註：表中の「p」は小教区（paroisse），「—」は不明の意味.
出典：A.D.Ardèche, 25B 79, 80; A.D.Hérault, C 47 より筆者作成.

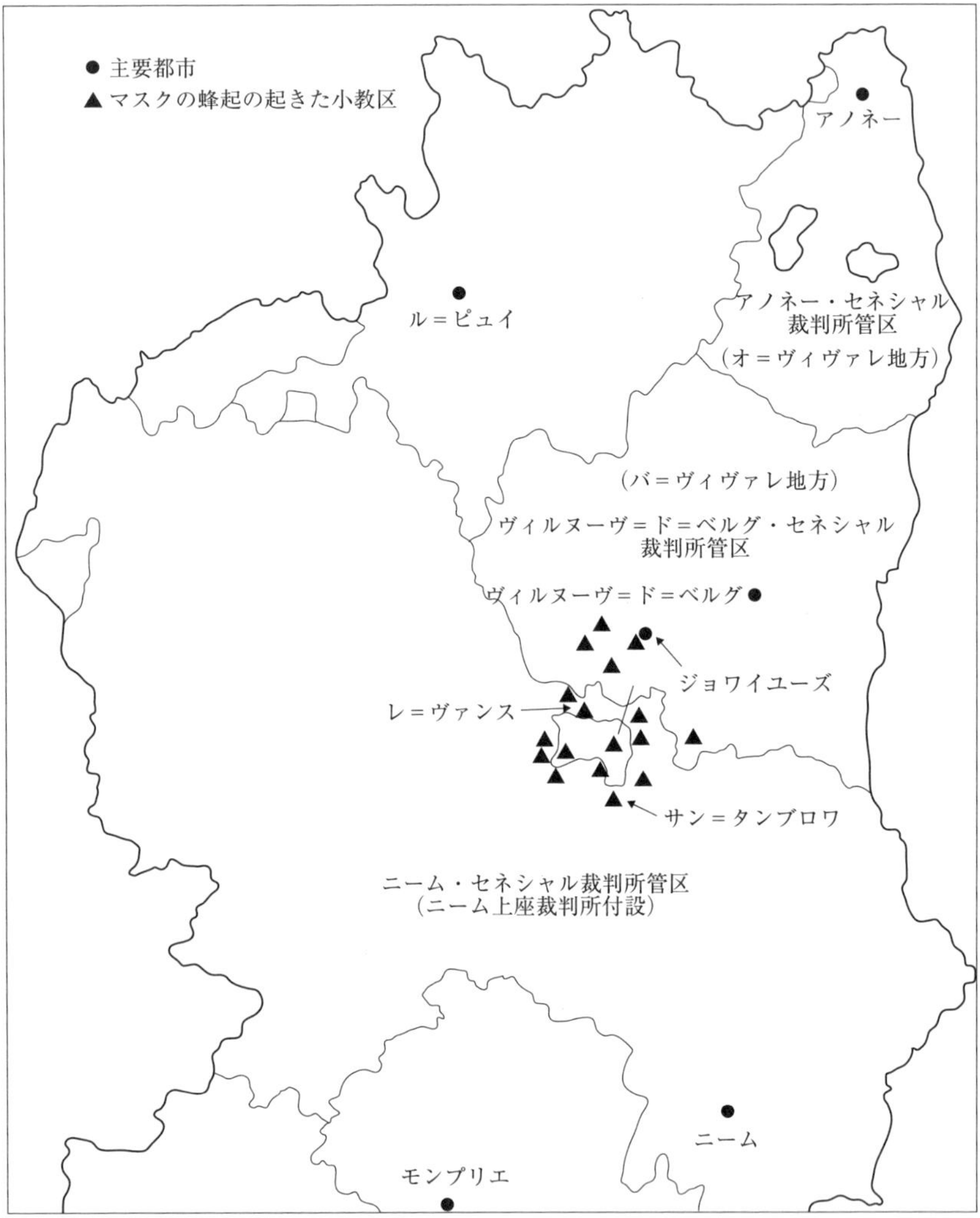

註：マスクの蜂起の起きた小教区が集中した地域と，ヴィルヌーヴ＝ド＝ベルグ・セネシャル裁判所管区を結ぶ線は，この地域が同裁判所管区の飛び地であることを示している．

出典：セネシャル裁判所管区地図は以下をもとにしている．Didier Catarina, *Les justices ordinaires, inférieures et subalterns de Languedoc*（*1667-1789*）*: Essai de géographie judiciaire,* Montpellier, 2003, p. 380. 蜂起の起きた小教区については，以下を参照．Jacques Schnetzler, «L'affaire des masques armés de 1783 en Haut-Uzège et Bas-Vivarais», *Revue du Vivarais,* t. 95, nº 4, 1991, p. 272.

地図４　マスクの蜂起の分布

(2) 複数の裁判所による裁判手続きの一斉開始

マスクの蜂起は、一七八三年二月二〇日に、騎馬警察隊であるマレショーセと国王軍のピエモン連隊（régiment de Piémont）によって鎮圧された。これらを統括・指揮していたのは、ラングドック総司令官である。当時のラングドック地方では、地方長官とならんで、この総司令官が軍隊行政上、重要な役割を担っていた。総司令官であったペリゴール伯爵（comte de Périgord）のガブリエル＝マリ・ド・タレーラン（Gabriel-Maris de Talleyrand）は、ピカルディー地方の地方総督もつとめていた人物で、一七七一年よりラングドック総司令官に着任しており、[*15] 地方における王権の代理人としての役割を果たしていた。[*16] 以下で詳細をみていく裁判管轄争いの決着の過程で、総司令官は大きな影響力を発揮することとなる。[*17]

この総司令官が統括していた軍隊による鎮圧より先に、マスクの蜂起に対しては、四つの裁判所によって、裁判手続きが開始されていた（表5）。まず諸裁判所に先駆けて、蜂起の発端となったレ＝ヴァンスを管轄下においていた

表4　マスクの蜂起参加者の職業別人数一覧

職業	人数
農地耕作人（travailleur de terre）	28
羊毛梳き工（cardeur de laine）	4
靴職人（cordonnier）	4
兵士あるいは脱走兵（soldat ou déserteur）	4
農地経営者（ménager）	3
仲買人（courtier）	2
居酒屋経営者（cabaretier domestique）	2
日雇い農（journalier）	2
石工兼行商人（tailleur de pierres et marchand colporteur）	2
大工（charpentier）	1
金物製造業（serrurier）	1
毛織物職工（tisserand de draps）	1
蹄鉄工（maréchal）	1
木材運搬人（charrier de bois）	1
絹糸梳き工（cardeur de filoselle）	1
指物師（menuisier）	1
ラバ引き（muletier）	1
石工親方（maître-maçon）	1
木靴職人（sabotier）	1
小作人（fermier）	1
領主裁判所検事（procureur fiscal）	1
合計	63

註：職業が判明した者に限る．また，すべて男性である．
出典：Michaël Sonenscher, «La révolte des Masques armés de 1783 en Vivarais», *Vivarais et Languedoc,* Montpellier, 1972, p. 254 より筆者作成.

表 5　刑事裁判手続きの流れと各裁判所による開始日（すべて 1783 年）

	ニーム上座裁判所	ヴィルヌーヴ＝ド＝ベルグ・セネシャル裁判所	ル＝ピュイ・マレショーセ	モンプリエ・マレショーセ
①裁判請求（requête en plainte）	2 月 7 日	2 月 11 日	2 月 16 日	2 月 17 日
②証人召喚（assignation à témoine）	2 月 8 日	2 月 13 日	2 月 16 日	2 月 23 日
③証人尋問（information）	2 月 8 日	2 月 13 日	2 月 17 日	2 月 23 日
④（逮捕の）決定（décret）	2 月 17 日	2 月 13 日	2 月 17 日	—
⑤被疑者尋問（interrogatoire）	—	—	2 月 18 日	—

註：「—」は，手続きを行っていないことを示す．
出典：A.D.Ardèche, 25B 79 より筆者作成．

ニーム上座裁判所の検事が、二月七日に裁判手続きの開始を裁判所に請求した。[*18]

ついで、ヴィルヌーヴ＝ド＝ベルグ・セネシャル裁判所は、自らの管轄下にあった小教区に蜂起が波及したことを、ジョワイユーズの領主裁判所によって報告を受け[*19]、二月一一日に裁判を開始した。[*20]

これに続いて国王特別裁判所の系列に属するマレショーセによっても、裁判は開始された。マレショーセは、マスクの蜂起の鎮圧にあたったことにもみてとれるように、軍隊組織であったが、それと同時に最終審として判決を下すことのできる裁判権をもっていた。マレショーセによる裁判は、マレショーセの長であるプレヴォ（prévôt général）もしくはその代官（lieutenant）に請求され、代官のもとに配置された裁判役人によって遂行された。ラングドック地方には、この地方全域を管轄におさめるプレヴォが一人おり、代官がトゥルーズ、カルカソンヌ、モンプリエ、ル＝ピュイに駐在していた。[*21]このうち、マスクの蜂起の参加者に対して裁判を行ったのは、ル＝ピュイに駐在していた代官およびその裁判役人（以下、ル＝ピュイ・マレショーセと呼ぶ）と、モンプリエに駐在していた代官およびその裁判役人（以下、モンプリエ・マレショーセと呼ぶ）の二つであった。

ル＝ピュイ・マレショーセは、二月一六日に蜂起の起きたレ＝ヴァンスで裁判手続きを開始した。[*22] またモンプリエ・マレショーセは、二月一七日にモンプリエで裁判手続きを開始した。[*23] これにともないモンプリエ・マレショーセの代官と検事は、モンプリエから蜂起の現場の一つであったサン＝タンブロワに向かい、続いてレ＝ヴァンスに赴いたが、レ＝ヴァンスではすでにル＝ピュイ・マレショーセが裁判手続きを開始していたため、サン＝タンブロワに戻り、そこで二月二三日より、証人尋問などの裁判手続きをすすめた。[*24]

こうして、マスクの蜂起に対して、ニーム上座裁判所、ヴィルヌーヴ＝ド＝ベルグ・セネシャル裁判所、ル＝ピュイ・マレショーセ、モンプリエ・マレショーセによる四つの裁判手続きが開始された。これらの裁判所がそれぞれ、蜂起に対して管轄権をもつと認識し、裁判手続きを開始した背景として、どのようなことが考えられるのか。次にこの点について整理していこう。

第二節　裁判管轄争いの背景と対立軸

(1)　アンシアン・レジーム期の裁判制度の特徴

マスクの蜂起をめぐる裁判管轄争いには、アンシアン・レジーム期にみられた裁判管轄に関する問題のうち、二つの問題が内包されていた。一つは、国王通常裁判所（セネシャル裁判所および上座裁判所）と特別裁判所であるマレショーセの間の対立である。[*25] もう一つの対立軸は、セネシャル裁判所と上座裁判所の間に存在した（第一章図1）。

①国王通常裁判所とマレショーセの対立

マスクの蜂起の裁判管轄を主張したセネシャル裁判所と上座裁判所は、国王通常裁判所の系統に属していた。王権は中世以来、王国の秩序の根幹にかかわる重要な案件に対する管轄権を、国王通常裁判所に集中化させていくことにつとめていた。[*26]

しかし、王権の政策が治安の重視へと向かうなかで、従来の国王通常裁判所とは別の系統に属していたマレショーセが王権の治安政策のなかで重要な役割を期待されるようになった。マレショーセは元来、軍人や放浪者にのみ管轄権をもっていたが、それが一六世紀以降、一般住民や定住者へと対象を広げていったのである。[*27] これにより、マレショーセと国王通常裁判所との間に管轄争いが生じることとなった。

そこで王権は、一六七〇年の刑事王令によって、セネシャル裁判所や上座裁判所が管轄権をもった国王専決事件と、マレショーセが管轄権をもっていたプレヴォ専決事件を定義することを試みた。[*28] しかし、国王専決事件とプレヴォ専決事件として列挙された事件には重複するものも存在し、またプレヴォ専決事件に対する上座裁判所の管轄権も認められており、[*29] 問題は完全に解消されることはなかった。王権はさらに、一七三一年二月五日の国王宣言により、事件の内容だけでなく、被疑者の職業や身分によって、両裁判所の管轄を規定した。すなわち、放浪者や軍人による事件のみがマレショーセに帰属するとされたのである。[*30] しかし、プレヴォ専決事件に対する上座裁判所の権限は維持された。[*31] こうしてアンシアン・レジーム期をとおして、国王通常裁判所とマレショーセの権限は重複しあったままだったのである。

②セネシャル裁判所と上座裁判所の対立

裁判管轄をめぐる対立軸は、国王通常裁判所とマレショーセの間だけでなく、国王通常裁判所同士であるセネシャル裁判所と上座裁判所の間にもみられた。上座裁判所は一五五二年にセネシャル裁判所と高等法院の中間審として創設され、全国に存在していた約四〇〇（一七八九年時点）のセネシャル裁判所のうち約一〇〇（一八世紀末時点）の裁判所にのみ付設された。しかし、すでにみたように両裁判所の刑事事件に関する権限は重なり合っていた。一六七〇年の刑事王令は、セネシャル裁判所と上座裁判所の双方に国王専決事件に対する裁判権を認め、また上座裁判所には国王専決事件との区別が困難であったプレヴォ専決事件の管轄権も与えていたからである。

そのため王権は、一七〇二年五月二九日の国王宣言のなかで、刑事事件について上座裁判所は、上座裁判所が付設されたセネシャル裁判所の管内で起きた事件のみ扱うことができるとした[*32]。すなわち、もし上座裁判所が付設されていないセネシャル裁判所の管内で、刑事事件が起きた場合は、セネシャル裁判所に管轄権があることが定められたのである[*33]。

マスクの蜂起が起きた小教区のほとんどは、ヴィルヌーヴ＝ド＝ベルグ・セネシャル裁判所管区に属していた。ヴィルヌーヴ＝ド＝ベルグ・セネシャル裁判所には上座裁判所が付設されていなかったため、同管区はニーム上座裁判所管区でもあったが、一七〇二年五月二九日の国王宣言の規定によれば、刑事事件の管轄はヴィルヌーヴ＝ド＝ベルグ・セネシャル裁判所に認められるはずであった。しかし、この規定を無視して、ニーム上座裁判所は、ヴィルヌーヴ＝ド＝ベルグ・セネシャル裁判所管内で起きた事件について管轄権があると主張したのである[*34]。一七〇二年五月二九日の国王宣言の規定が、実際の運用の場においては、いまだ争点となっていたことがここからうかがえるだろう。
以上のように、マスクの蜂起後に生じた裁判管轄争いには、国王通常裁判所とマレショーセの間の対立と、セネシャル裁判所と上座裁判所の間の対立という、アンシアン・レジーム期の裁判制度がかかえていた二つの問題が含まれていた。しかし、問題はこれにとどまらなかった。この裁判管轄争いの背景には、第二章でみてきたようなヴィヴァレ地方とニームの裁判秩序をめぐる政治が存在していたのである。

(2) ラングドック地方における裁判秩序をめぐる争い

マスクの蜂起以前から、ヴィヴァレ地方とニームの間にはセネシャル裁判所の設置をめぐって激しい論争が繰り広げられ、度重なる制度改編を経て、一七八〇年・八一年には、ヴィヴァレ地方に二つのセネシャル裁判所が設置された。

ニーム・セネシャル裁判所管区から分離して、独自のセネシャル裁判所を保有することとなったヴィヴァレ地方の諸権力は、マスクの蜂起をセネシャル裁判所設置問題と関連させて受け止めた。ヴィヴァレ地方三部会のトップである総代は、ヴィルヌーヴ＝ド＝ベルグ・セネシャル裁判所の刑事代官に宛てた書簡のなかで、マスクの蜂起は司法関係者の職権乱用に原因があると述べている。[*35] そのうえで総代は、ヴィヴァレ地方がニーム・セネシャル裁判所管区から分離する以前には、マスクの蜂起のような事態は生じなかったため、ヴィヴァレ・セネシャル裁判所の司法官は、司法関係者の職権乱用を防ぐことができなかったとして、「ニームの人々（gens de Nismes）」から非難を受けるに違いないと懸念を示した。ヴィヴァレ地方三部会総代は、マスクの蜂起が起きたことによって、創設されたばかりのヴィルヌーヴ＝ド＝ベルグ・セネシャル裁判所の秩序管理能力が、問われることになると考えたのである。

しかし、総代は、こうした批判に対処することが、ヴィルヌーヴ＝ド＝ベルグ・セネシャル裁判所にとっては、「良き秩序（bon ordre）」への熱意を示す機会となるだろうと、ヴィルヌーヴ＝ド＝ベルグ・セネシャル裁判所の刑事代官に書き送っている。こうして、マスクの蜂起参加者に対する裁判権の獲得は、ヴィルヌーヴ＝ド＝ベルグ・セネシャル裁判所の秩序維持機構としての能力を示す機会として、ヴィヴァレ地方の諸権力にとって重要な意味をもつこととなったのである。

以上のように、マスクの蜂起をめぐって生じた裁判管轄争いには、国王通常裁判所とマレショーセの対立と、セネシャル裁判所と上座裁判所の対立という二つの対立軸が含まれていた。この二つの対立軸には、アンシアン・レジーム期の裁判制度がかかえていた問題が具現化されていたが、同時に、ヴィヴァレ地方とニームの間に長年存在した裁判権をめぐる争いが影響を与えていた。そのため、マスクの蜂起の管轄争いにおいては、ニーム上座裁判所とヴィルヌーヴ＝ド＝ベルグ・セネシャル裁判所の対立がより先鋭化していくのである。

こうした対立軸を形成していた裁判管轄争いは、どのようにして決着に向かうのであろうか。結論を先取りしていえば、それは、国王諮問会議の裁定が下される前に、地域内部で解決の方向が示されていくのである。マスクの蜂起の裁判手続きがどのようにすすめられ、管轄をめぐってどのような主張がみられたのか、次にみていくこととしよう。

第三節　裁判手続きの展開と諸権力の論理

(1) 裁判手続きの迅速さをめぐって

王権は、複数の裁判所が同時に裁判手続きを開始した際に、管轄争いを解決するための指針を、一六七〇年刑事王令などをとおして示していた。この際に重視されたのは、被疑者の尋問や逮捕についての「決定（décret）」という裁判手続きをどちらが先に開始したのかという点である。[*36]マスクの蜂起をめぐる裁判管轄争いにおいても、この「決定」という裁判手続きの迅速さが、諸裁判所の間で争点となった。

諸裁判所のなかで最も早く裁判手続きを開始したのは、ニーム上座裁判所である。同裁判所は二月七日に裁判手続きを開始した。しかし蜂起の起きた現場に司法官自らが赴くことはなく、執達吏（huissier）をレ＝ヴァンスに派遣するにとどめた。[*37]ニーム上座裁判所は、証人をニームに召喚することによって裁判手続きをすすめようとしたのである。[*38]しかし、召喚されたレ＝ヴァンスの住民の多くは、ニームに向かう途上でマスクの一団に遭遇することを恐れて出頭を拒否し、またある者はすでにマレショーセに召喚されていたことを理由にニーム上座裁判所への出頭を断った。ニーム上座裁判所は、二月二四日に証人召喚を拒否されるまで、何度か証人召喚を行ったが、五人から証言を得たにすぎず、証人召喚はおおむね不調に終わったといえるだろう。[*39]しかし、ニーム上座裁判所は、二月一七日に三五人のマスクの一団に対して逮捕の「決定」を下し、これらの手続きを先んじて行ったことを根拠として、管轄権を主張したのである。[*40]

ヴィルヌーヴ＝ド＝ベルグ・セネシャル裁判所もまた裁判手続きを迅速に進めた。ニーム上座裁判所による裁判手続きの開始から四日後の二月一一日に裁判手続きを開始すると、[*41]翌二月一二日には、刑事代官と検事がジョワイユーズで現場検証を行うためにヴィルヌーヴ＝ド＝ベルグを出発した。[*42]しかし、一行は道すがら、司法関係者や旅人から、ジョワイユーズにおけるマスクの蜂起の経過を聞き、混乱した状況下で裁判を行うことは不可能であると判断し、ジョワイユーズの領主裁判所検事に証人召喚の手続きを進めさせ、裁判はヴィルヌーヴ＝ド＝ベルグで行うこととした。この二日間にわたった現地における調査と、ヴィルヌーヴ＝ド＝ベルグでの証人尋問により、ヴィルヌーヴ＝ド＝ベルグ・セネシャル裁判所は、二月一三日に被疑者の逮捕の「決定」を下したのである。[*43]この不十分な調査にもかかわらず裁判手続きを進めているところに、同裁判所もまた裁判の迅速さが重要だと認識していたことがうかがえる。

ヴィルヌーヴ＝ド＝ベルグ・セネシャル裁判所は、このように迅速な裁判手続きを行いながら、蜂起の起きた現地での裁判もあきらめていなかった。国王軍やマレショーセが現地に到着したことを伝え聞いて、自らも現地で裁判が行えると判断し、二月二三日に再び刑事代官と検事がジョワイユーズ入りを果たした。[*44]ヴィルヌーヴ＝ド＝ベルグ・セネシャル裁判所がこのように現地入りにこだわりをみせたのは、現地入りが裁判管轄争いの行方を握っていると考えたからである。二回目の現地入りをした際、ヴィルヌーヴ＝ド＝ベルグ・セネシャル裁判所の副検事は、ニーム上座裁判所がいまだ現地入りしていないことを指して、これで裁判管轄争いにおいてのライバルは、マレショーセだけになったとしている。[*45]

しかし、ヴィルヌーヴ＝ド＝ベルグ・セネシャル裁判所が単独で行うことができたのは、証人尋問と被疑者の逮捕の「決定」だけであり、被疑者の逮捕にまでいたらなかった。また、頼みの綱の証人尋問も、現地入りした際には行き詰まりをみせていた。同裁判所による証人召喚に応じた者は数名いたが、蜂起を恐れて避難していた者もおり、証人を裁判官のもとに出頭させることは難しかったのである。[*46]

このように、ニーム上座裁判所もヴィルヌーヴ゠ド゠ベルグ・セネシャル裁判所も、マレショーセに先駆けて、逮捕の「決定」を下していた。[*47] ニーム上座裁判所とヴィルヌーヴ゠ド゠ベルグ・セネシャル裁判所は、マレショーセのような強制力をもたず、蜂起後の混乱した状況下で裁判手続きを進めることが困難であったため、裁判開始の早さと迅速な手続きを理由に、管轄権を獲得しようとしたのである。

こうした主張に対して、ル゠ピュイ・マレショーセの代官は、ニーム上座裁判所の下した逮捕の「決定」では逮捕者の名前が明記されていないこと、また執達吏だけが現地に赴き、証人が出廷できていないことを問題にした。[*48] すなわち、ル゠ピュイ・マレショーセの代官は、逮捕の「決定」などの裁判手続きの形式的な迅速さを重視せず、その内実と有効性を問題にしたのである。それでは、裁判の有効性を問題としたル゠ピュイ・マレショーセは裁判手続きをどのように進めたのだろうか。次にみていきたい。

(2) ル゠ピュイ・マレショーセとヴィルヌーヴ゠ド゠ベルグ・セネシャル裁判所の連携

ル゠ピュイ・マレショーセは、裁判手続きの開始は遅れたものの、活動の有効性を発揮していた。彼らは、二月一七日に逮捕の「決定」を下して、次々に被疑者を逮捕し、レ゠ヴァンスの監獄に収監していったのである。しかし、ル゠ピュイ・マレショーセが被疑者の収監に用いていたレ゠ヴァンスの監獄は、多くの収監者を抱え手狭になった。そのため彼らは、逮捕者をヴィルヌーヴ゠ド゠ベルグ・セネシャル裁判所付属の監獄に移送することを決定した。[*49] ル゠ピュイ・マレショーセは囚人の移送そのものだけでなく、移送先のヴィルヌーヴ゠ド゠ベルグを警備するために人員を配置し、[*50] ヴィルヌーヴ゠ド゠ベルグ・セネシャル裁判所との連携を強めていった。

また、ル＝ピュイ・マレショーセは、召喚する証人が重複しないように、ヴィルヌーヴ＝ド＝ベルグ・セネシャル裁判所がすでに呼び出した証人のリストをマレショーセに送付することを求め、ヴィルヌーヴ＝ド＝ベルグ・セネシャル裁判所もすぐにこれに応じた。[*51] こうして、裁判手続きそのものについても、ル＝ピュイ・マレショーセとヴィルヌーヴ＝ド＝ベルグ・セネシャル裁判所の間では、協力関係が築かれていったのである。

ル＝ピュイ・マレショーセが行ったように、裁判管轄が決定される前に、マレショーセから最寄りの国王監獄に囚人を移送させることは、一六七〇年刑事王令でも規定されている手続きであった。[*52] また、マレショーセが最終審として判決を下すためには、七名の裁判官が必要であり、これには国王裁判所の司法官が加わることになっていた。[*53] したがって、マレショーセとセネシャル裁判所の協力体制の構築は、マスクの蜂起に対する裁判に限らず広く行われた手続きということができる。しかし、ここで重要な点は、ル＝ピュイ・マレショーセが、自らの協力者として、ほかの裁判所ではなく、ヴィルヌーヴ＝ド＝ベルグ・セネシャル裁判所を選択したことである。国王諮問会議の裁定について検討する際にみていくことになるが、ル＝ピュイ・マレショーセと協力する可能性があった裁判所はほかにも存在したからである。

ル＝ピュイ・マレショーセの代官は、ヴィルヌーヴ＝ド＝ベルグ・セネシャル裁判所刑事代官に対して、ニーム上座裁判所も裁判管轄権を主張しているが、裁判は、ヴィルヌーヴ＝ド＝ベルグにおいて、ヴィルヌーヴ＝ド＝ベルグ・セネシャル裁判所司法官の知恵をかりて行われることを希望する旨を伝えていた。[*54] さらに、ル＝ピュイ・マレショーセの代官は、ヴィルヌーヴ＝ド＝ベルグ・セネシャル裁判所の職務遂行における熱意を、総司令官に伝えておくことを約束していた。[*55] ここからも、ル＝ピュイ・マレショーセが、ヴィルヌーヴ＝ド＝ベルグ・セネシャル裁判所を裁判の協力者として選択したかったことがうかがえる。

ル＝ピュイ・マレショーセによる逮捕者が、ヴィルヌーヴ＝ド＝ベルグに移送された頃、ヴィルヌーヴ＝ド＝ベルグ・セネシャル裁判所の刑事代官一行は、現地調査のためジョワイユーズに入っていたが、二月二七日にヴィルヌーヴ＝ド＝ベルグに帰還し、ル＝ピュイ・マレショーセが移送した逮捕者の一団と対面した。[*56] ヴィルヌーヴ＝ド＝ベルグ・セネシャル裁判所は、二月二七日、三月一日にも逮捕の「決定」を行っていたが、これが最後の単独による裁判手続きだとみられる。[*57] これ以降は、マレショーセによる逮捕者が、ヴィルヌーヴ＝ド＝ベルグの国王監獄に移送されてくるだけであった。[*58]

こうして、ル＝ピュイ・マレショーセとヴィルヌーヴ＝ド＝ベルグ・セネシャル裁判所は、実務レベルでの協力関係を構築していった。ル＝ピュイ・マレショーセは、裁判の協力者としてヴィルヌーヴ＝ド＝ベルグ・セネシャル裁判所を選択し、その希望をかなえるべく、総司令官に働きかけていた。また、ヴィルヌーヴ＝ド＝ベルグ・セネシャル裁判所も、迅速な裁判手続きが行き詰まりをみせていたなかで、ル＝ピュイ・マレショーセと共同で裁判を行う道も模索していったのである。

それでは、なぜヴィルヌーヴ＝ド＝ベルグ・セネシャル裁判所は、マレショーセとの共同裁判の道を模索していったのだろうか。それを探るために、ヴィルヌーヴ＝ド＝ベルグ・セネシャル裁判所が管轄権を獲得するために行った諸権力への請願運動と、これに対する諸権力の反応をみてみよう。

(3) 請願活動と地域諸権力の反応

ヴィルヌーヴ＝ド＝ベルグ・セネシャル裁判所は、裁判管轄権を獲得するために、ヴィヴァレ地方三部会とともに請願活動を行っていた。両者は、中央の国璽尚書に向けて請願を行うのと同時に、総司令官や地方長官、さらにはラングドック地方三部会の議長であったナルボンヌ大司教といったラングドック地方の諸権力に対しても、中央に有利な意見を進言することを依頼していた。[*59]

こうした請願のなかで、ヴィルヌーヴ＝ド＝ベルグ・セネシャル裁判所は、どのような主張を行っていたのだろうか。同裁判所刑事代官は、二月二〇日に国璽尚書に送付した請願書のなかで、ヴィルヌーヴ＝ド＝ベルグ・セネシャル裁判所に管轄権が付与されることを希望しながら、マレショーセとの共同での裁判でもよいとする譲歩を示していた。[*60]しかし、すでにみたように、ヴィルヌーヴ＝ド＝ベルグ・セネシャル裁判所の副検事は、二月二六日に刑事代官に宛てた書簡のなかで、ニーム上座裁判所の評定官が蜂起の起きた現地に姿をみせない以上、権限に関して競争関係にあるのは、マレショーセだけだと伝えていた。[*61]ここから、ヴィルヌーヴ＝ド＝ベルグ・セネシャル裁判所の内部では、マレショーセと共同ではなく、ヴィルヌーヴ＝ド＝ベルグ・セネシャル裁判所の単独による裁判を希望する意見が、なお存在していたといえるだろう。

しかし、ラングドック地方の諸権力は、ヴィルヌーヴ＝ド＝ベルグ・セネシャル裁判所が単独で裁判を行うことには、否定的な意見をもっていた。同裁判所が請願を行った諸権力のうち、ラングドック地方三部会議長の動向は不明であるが、地方長官は国璽尚書から問い合わせがあれば秩序を回復するためによいと思われる方法を答えるつもりだと返答し、この問題への介入に消極的な態度をみせていた。[*62]また、総司令官は、蜂起の首謀者を逮捕するためにも管轄争いをやめるべきだと考え、[*63]マレショーセだけに管轄権を与えることを国璽尚書に求めていた。[*64]さらに、三月三日にヴィルヌーヴ＝ド＝ベルグ・セネシャル裁判所刑事代官に送付した書簡のなかで、総司令官は、これ以上の裁判手続きを進めてはならず、管轄決定を待つようにと警告を発した。[*65]というのも、総司令官は、マレショーセの方が強制力をもっているために、裁判と秩序維持に適していると考えていたからである。

先にみたように、ヴィルヌーヴ＝ド＝ベルグ・セネシャル裁判所は、すでにル＝ピュイ・マレショーセとの間で協力関係を築いていた。そして、総司令官から裁判手続きをやめるようにという警告が出て以降は、単独の裁判手続きを行っていない。最後の被疑者の逮捕の「決定」は三月一日である。ヴィルヌーヴ＝ド＝ベルグ・セネシャル裁判所も実際の裁判手続きの行き詰まりとともに、総司令官の考えを受け入れざるをえなかったのだろう。

以上のように、実際の裁判手続きの展開のなかで、ニーム上座裁判所とヴィルヌーヴ＝ド＝ベルグ・セネシャル裁判所は、王令にもとづいて裁判手続きの迅速さを根拠に管轄権を主張していたが、これに対してル＝ピュイ・マレショーセは、裁判活動の有効性が問題だと考えていた。そして、ル＝ピュイ・マレショーセは、ヴィルヌーヴ＝ド＝ベルグ・セネシャル裁判所を裁判の協力者として選択し、協力関係を構築していった。そのような状況下でも、ヴィルヌーヴ＝ド＝ベルグ・セネシャル裁判所は、単独による裁判の遂行をあきらめていなかったが、総司令官は、武力をもつマレショーセが裁判には適していると考え、ヴィルヌーヴ＝ド＝ベルグ・セネシャル裁判所に対して裁判手続きをこれ以上進めないよう警告を発し、ヴィルヌーヴ＝ド＝ベルグ・セネシャル裁判所も、これ以降は単独の裁判手続きを行っていなかった。こうした地域内部での主張の対立と調整が行われていたなかで、国王諮問会議の裁定は下されたのである。

それでは、国王諮問会議は、どのような方法と論理にもとづき、この問題を解決しようとしたのだろうか。そして、ラングドック地方の諸権力はそれにどう反応したのだろうか。次にこの点をみていこう。

第四節　国王諮問会議の裁定と地域諸権力

(1)　裁定の確定までの経緯

一七八三年三月一日、国王諮問会議は、マスクの蜂起の裁判管轄について裁定を下した。[*66] しかし実は、マスクの蜂起の裁判管轄については、この裁定を含めて複数の裁定が存在していたと考えられる。ここでは、最終的に効力をもつこととなった三月一日の国王諮問会議の裁定の内容を分析するまえに、複数の裁定が下された点を検証しながら、裁定が確定されるまでの経緯を分析していく。

すでにみたように、ラングドック総司令官は、マスクの蜂起の裁判がマレショーセによって行われる必要があると考え、当初はマレショーセのなかでもモンプリエ・マレショーセに管轄権を与えるように、国璽尚書に訴えていた。[*67]

しかし、モンプリエ・マレショーセよりもル＝ピュイ・マレショーセのほうがマスクの蜂起の被疑者の逮捕を効果的に行っているのにかんがみ、総司令官は二月二一日に国璽尚書に宛てた書簡のなかで、モンプリエ・マレショーセとル＝ピュイ・マレショーセのそれぞれに裁判権を付与した二つの裁定を発送することを要請した。届けられた裁定については、地方長官と協議して、一つに効力をもたせ、もう一つの裁定は中央に送り返すというのである。[*68]

管轄権を決定する裁定が、複数下された可能性を示すもう一つの史料として、パリの訴願審査官のダンブラン（Dambrun）がヴィルヌーヴ＝ド＝ベルグ・セネシャル裁判所に送付した書簡がある。訴願審査官は、地方からあがってきた請願やこれにかかわる調査の結果を、国王諮問会議の特に司法諮問会議で報告する任務を担っていた。[*69] ダンブランは、マスクの蜂起後の裁判管轄争いを担当していたわけではないと考えられるが、かねてよりヴィルヌーヴ＝ド＝ベルグ・セネシャル裁判所からマスクの蜂起の詳細について報告を受け取っており、ヴィルヌーヴ＝ド＝ベルグ・セネシャル裁判所がこの裁判を担当することを希望していることを知っていた。ダンブランは、三月一二日づけのヴィルヌーヴ＝ド＝ベルグ・セネシャル裁判所に宛てた書簡のなかで、「この事件を担当している者（celui qui était chargé de cette affaire）」から聞いた話として、「いくつかの命令（ordres）」が続けて出ており、マレショーセによる裁判に加わる裁判所は、モンプリエ・セネシャル裁判所か、あるいはル＝ピュイ・セネシャル裁判所だと伝えてきた。[*70] ダンブランの書簡のなかでは、直接的に「裁定」という言葉は用いられていないが、裁判を担当する裁判所を指名した何らかの決定が複数下されていたことがほのめかされている。

さらに、複数の裁定が下されたという情報は、総司令官からル＝ピュイ・マレショーセの代官を経由して、ヴィルヌーヴ＝ド＝ベルグ・セネシャル裁判所に伝えられた。総司令官と面談したル＝ピュイ・マレショーセの代官は、裁定が下された経緯を、ヴィルヌーヴ＝ド＝ベルグ・セネシャル裁判所刑事代官に以下のように伝えている。ル＝ピュイ・マレショーセに管轄権を付与した国王諮問会議の裁定は、すでに地方長官宛に送付されたが、その裁定ではル＝ピュイ・マレショーセと裁判を担当するのは、ル＝ピュイ上座裁判所とされていたという。しかし、ル＝ピュイ・マレショーセがヴィルヌーヴ＝ド＝ベルグ・セネシャル裁判所と共同で裁判を行うための「根拠のある（fondées）」主張をしたため、総司令官は地方長官と協議し、国王諮問会議の構成員である宮内卿にこの裁定を送り返し、ヴィルヌーヴ＝ド＝ベルグ・セネシャル裁判所とともに裁判を行うための「二番目のもの（un second）」（すなわち二番目の裁定）の発送を要求したという。そして総司令官は、ル＝ピュイ・マレショーセの代官に、代官の要求がまもなく実現されるであろうと伝えていた。[*71] 実際に効力をもつこととなる三月一日の裁定は、まさにこうした内容をもつことになる。

以上のように、国王諮問会議の裁定の確定までの経緯をみてみると、裁判はマレショーセによって行われることが決定されたが、①モンプリエ・マレショーセとル＝ピュイ・マレショーセのどちらのマレショーセに管轄権を付与するのか、②そしてこれと合同で裁判を行うのは、モンプリエ・セネシャル裁判所、ル＝ピュイ・セネシャル（もしくは上座）裁判所、ヴィルヌーヴ＝ド＝ベルグ・セネシャル裁判所、これらのなかでどのセネシャル（もしくは上座）裁判所にするのか、という二つの問題をめぐって複数の裁定が下されていたことがわかる。[*72] そして、どの裁定が効力をもつかを決定するに際しては、地方長官と総司令官の協議の内容や、現場で裁判を行っていたル＝ピュイ・マレショーセの要求が大きな影響力をもったことも看取できる。

このように、国王諮問会議の裁定が確定された過程では、総司令官や地方長官を媒介として、実際の裁判手続きの展開にもとづく現場の意見が、中央に積極的に示されていたのである。この事例からは、国王諮問会議は独自に問題を議論し解決したというよりも、地域で形成された合意に認可を与える役割を果たしていたことがうかがえる。[*73]

(2) 裁定の内容

それでは、実際に効力をもつこととなった国王諮問会議の裁定を確認しよう。一七八三年三月一日に下された国王諮問会議の裁定は、マスクの蜂起の裁判がル＝ピュイ・マレショーセによって行われること、そして、この裁判には、ヴィルヌーヴ＝ド＝ベルグ・セネシャル裁判所が加わることを命じていた。[*74] しかし、なぜル＝ピュイ・マレショーセに裁判権を認めるのか、また裁判に加わるのがなぜヴィルヌーヴ＝ド＝ベルグ・セネシャル裁判所なのかという点については、説明が付与されていなかった。[*75]

結局、この裁定は、ニーム上座裁判所とヴィルヌーヴ＝ド＝ベルグ・セネシャル裁判所による単独の裁判を拒絶したことになる。両裁判所は、マレショーセよりも先に逮捕の「決定」を下したにもかかわらず、裁判活動を有効に行っていたマレショーセの方に裁判権が認められたのである。

また裁定は、ル＝ピュイ・マレショーセの裁判に加わる司法官を、ヴィルヌーヴ＝ド＝ベルグ・セネシャル裁判所の司法官としていた。つまり裁定は、ル＝ピュイ・マレショーセとヴィルヌーヴ＝ド＝ベルグ・セネシャル裁判所の間ですでに形成されていた協力体制を追認した内容のものであったのである。王権は、裁判手続きの実際の展開とラングドック地方内部で形成された合意に沿ったかたちで、裁判管轄権争いに決着をつけたといえるだろう。

国王諮問会議の裁定には、その裁定理由が述べられていなかっただけでなく、マスクの蜂起の裁判にかかわった諸裁判所に対して、その後の手続きについての指示が示されていなかった。しかし、この裁定を受け取ったル＝ピュイ・マレショーセとヴィルヌーヴ＝ド＝ベルグ・セネシャル裁判所は、すぐに行動に出た。ル＝ピュイ・マレショーセは、国王諮問会議の裁定を受け取る前から、諸裁判所の記録をヴィルヌーヴ＝ド＝ベルグ・セネシャル裁判所の書記局に集めることが適当だと考えており、ヴィルヌーヴ＝ド＝ベルグ・セネシャル裁判所刑事代官に伝えていた。[*76]そのため、ヴィルヌーヴ＝ド＝ベルグ・セネシャル裁判所は、国王諮問会議の裁定を受け取ったその日に、刑事代官とル＝ピュイ・マレショーセ代官の連名によって、ニーム上座裁判所とモンプリエ・マレショーセに、裁判記録を同裁判所の書記局に送付させることを命じたのである。[*77]

ニーム上座裁判所は、裁判活動を事実上休止していたが、ラングドック地方の最高審級であったトゥルーズ高等法院に対して、自らに管轄権を認めるように訴えていた。[*78] しかし、ヴィルヌーヴ＝ド＝ベルグ・セネシャル裁判所が発布した命令を受けて、マスクの蜂起にかかわる裁判記録の一式を、ヴィルヌーヴ＝ド＝ベルグ・セネシャル裁判所に送付した。[*79] また、モンプリエ・マレショーセも同様に裁判記録を送付している。[*80] こうして諸裁判所は、国王諮問会議の裁定を媒介として、マスクの蜂起の裁判管轄問題について最終的な合意を形成していったといえるだろう。

このように国王諮問会議の裁定は、マスクの蜂起をめぐる裁判管轄争いに対して、王令の規定にのっとって管轄権を主張していたニーム上座裁判所とヴィルヌーヴ＝ド＝ベルグ・セネシャル裁判所の論理を拒絶して、有効な裁判活動を展開していたル＝ピュイ・マレショーセに裁判権を認め、さらに、すでに地域内部で形成されていたル＝ピュイ・マレショーセとヴィルヌーヴ＝ド＝ベルグ・セネシャル裁判所の協力体制を追認した。王権は、地域の現実に即した裁判活動を認め、それによって地域秩序の形成の方法を、地域にゆだねたのである。

ただし、ラングドック地方の諸権力が地域秩序を形成するにあたって、国王諮問会議の裁定を必要とした点も重要であろう。総司令官、地方長官、ル＝ピュイ・マレショーセ、ヴィルヌーヴ＝ド＝ベルグ・セネシャル裁判所の間で形成された合意は、国王諮問会議の裁定を獲得することによって、ニーム上座裁判所やモンプリエ・マレショーセから最終的な同意を取りつけることができた。こうして、ラングドック地方の諸権力は、マスクの蜂起に対する裁判を進展させることが可能となったのである。

おわりに

以上でみてきたように、マスクの蜂起をめぐって、ニーム上座裁判所、ヴィルヌーヴ＝ド＝ベルグ・セネシャル裁判所、ル＝ピュイ・マレショーセ、モンプリエ・マレショーセの四者の間で、裁判管轄争いが発生した。この管轄争いの背景には、諸裁判所の権限の重複や、マスクの蜂起以前からの裁判秩序をめぐる争いが存在していたが、実際の裁判手続きの展開のなかで、各裁判所は裁判手続きの迅速さや有効性を根拠に管轄権を主張し、総司令官や地方長官を巻き込みながら管轄権について合意を模索していった。こうした主張の対立と調整がラングドック地方内部で繰り広げられていたなか、国王諮問会議の裁定は下されたが、裁定の確定の際には、すでにラングドック地方内部で形成されていた合意が積極的に示され、実際に効力をもった裁定は、すでに進められていた裁判活動を追認する内容をもっていた。

マスクの蜂起をめぐる裁判管轄争いが決着されるまでの過程では、ラングドック地方内部における諸権力間の交渉や合意形成が重要な意味をもち、これが主導して管轄争いが解決された様がみてとれる。しかし、王権も、王令による裁判手続きの規定や、国王諮問会議の裁定というかたちで、交渉における参照軸を提供し、地方における王権の代理人としての性格をもつ総司令官や地方長官を媒介にして、地域諸権力間の利害を調整する役割を果たしていた。地域諸権力と王権が、地域秩序の形成において、相互補完的に機能し協働していた具体的な様相がここに表れているのである。

権限の重複に端を発した裁判管轄争いは、諸権力の間に交渉の場を生み出した。アンシアン・レジーム期の法や制度のあり方は、しばしばその欠陥や矛盾が指摘され、非合理的なものとしてその後の法制度と対置されるが、それは近代的な尺度による解釈だといわざるをえない。法規定が曖昧であることは、交渉の余地を担保することになるのであり、これによって諸権力は、自らの利害に即して時々の問題に対応することができたのではないか。蜂起が起きた現場では、一斉に裁判機構が動き出し、状況の変化のなかで秩序の「回復」のための最も効果的な方法が模索されることになった。また、王権はここで諸権力間の合意に最終的に認可を与える権限を自らに留保しながら、諸権力による請願と同意を引き出していた。これがむしろ王権を基軸とする権力秩序の維持に寄与したのではないだろうか。[*81]

こうした法秩序のあり方は、諸権力にとっては都合がよく、「合理的」であったといえるだろう。そしてこうした状態は、被支配者にとっては権力の恣意性として立ち現われてくることになる。何が秩序を乱すと考えられ、どう裁かれるのかという点が常に諸権力の時々の判断に委ねられているからである。裁判管轄争いには、アンシアン・レジーム期の法と社会秩序の特徴が見出されるといえるだろう。

註

*1　近年の研究では、諸権力集団が、王権による中央集権的な支配を制限していた点だけでなく、王権の支配を下支えする権力機構として機能していた側面に、注目が集まるようになった。こうした視点の転換には、第三章で取り上げた「中級官僚」研究の進展が一役買ったといえるだろう。また、二宮宏之も、最近の研究動向として、王権と社団の対立的側面だけでなく、両者の相互補完的関係が明らかにされつつあることを指摘している。二宮「アンシアン・レジームの国家と社会」二宮・阿河雄二郎編『アンシアン・レジームの国家と社会』山川出版社、二〇〇三年、二六―二七頁。

*2　例えば、Pierre-Clement Timbal, *Histoire des institutions publiques et des faits sociaux*, Paris, 1974 (5ᵉ éd.), pp. 297–298.

＊3　松本英実は、裁判制度の展開の「雑音」として捨象されてきた裁判管轄争いを分析し、そこにアンシアン・レジーム期の法構造の特徴を見出した。松本「Conflit de juridictions とアンシャン・レジーム期フランスの法構造—商事裁判所資料を素材として—」『法制史研究』第五六号、二〇〇六年、一〇九—一四〇頁。これに対して本章は、王権と地域諸権力間の権力秩序を明らかにするという視点から、管轄争いを取り上げる。

＊4　マスクの蜂起については、特に以下の研究が挙げられる。Pierre Négre, *Les troubles populaires dans les Cévennes en 1783*, Thèse Droit, Montpellier, 1950; Anatoli Ado, *Paysans en révolution: Terre, pouvoire et jacquerie, 1789–1794*, Paris, 1996 [1re éd.: Moscou, 1971], pp. 68–70; Michaël Sonenscher, «La révolte des Masques armés de 1783 en *Vivarais*», *Vivarais et Languedoc*, Montpellier, 1972, pp. 247–263; Gérard Sabatier, «De la révolte de Roure（1670）aux Masques armés（1783）: la mutation du phénomène contestataire en Vivarais», *Mouvements populaires et conscience sociale XVIe–XIXe siècles. Actes du colloque de Paris, 24–26 mai 1984*, Paris, 1985, pp. 121–147; Alain Molinier, «Économie et société des temps modernes», Gérard Cholvy dir., *Histoire du Vivarais*, Toulouse, 1988, pp. 152–154; Jacques Schnetzler, «L'affaire des masques armés de 1783 en Haut-Uzège et Bas-Vivarais», *Revue du Vivarais*, t. 95, nº 4, 1991, pp. 269–321. それぞれの研究が示した、マスクの蜂起の原因については後述する。なお近年の以下の研究が、マスクの蜂起を事例にしながら、蜂起を民衆文化の表出と安易にみなすことに対して批判している。Déborah Cohen, «Les répertoires de l'action: logiques sociales des acteurs ou contraintes de l'espace de réception? L'exemple de la révolte des «masques armés»（1783–1785）», *Annales historiques de la Révolution française*, t. 359, nº 1, 2010, pp. 9–28.

＊5　Nicole Castan, *Justice et répression en Languedoc à l'époque des Lumières*, Paris, 1980, pp. 186–189.

＊6　ヴィルヌーヴ＝ド＝ベルグ・セネシャル裁判所関係記録は、アルデーシュ県文書館のB系列に整理されている。

＊7　史料としては、上記のヴィルヌーヴ＝ド＝ベルグ・セネシャル裁判所の記録のほかに、ラングドック地方長官およびラングドック地方総司令官などの軍行政関係文書を用いる。これらはともに、ラングドック地方の行政の中心地であったモンプリエに設置されているエロー県文書館のC系列に整理されている。

＊8　逮捕者の職業の内訳については以下を参照。Sonenscher, *op. cit.*, pp. 253–254.

＊9　この地域で一六七〇年に起きたルールの蜂起と、マスクの蜂起における異議申し立ての様式を比較したものとして、以下の研究がある。Sabatier, *op. cit.* ルールの蜂起では殺害された者がいた。

＊10 Sonenscher, *op. cit.*, pp. 249–250; Ado, *op. cit.*, p. 68.

＊11 Négre, *op. cit.*, pp. 102–119; Sonenscher, *op. cit.*, p. 250; Sabatier, *op. cit.*, p. 125.

＊12 Sonenscher, *op. cit.*, pp. 250–251.

＊13 *Ibid.*, p. 253.

＊14 *Ibid.*, pp. 256–257; Sabatier, *op. cit.*, pp. 125, 145, note 34; Ado, *op. cit.*, pp. 68–70; Molinier, *op. cit.*, pp. 153–154.

＊15 Pierre Larousse, *Grand dictionnaire universel du XIX*e *siècle*, t. 14, Paris, 1875, p. 1419; Claude de Vic et Joseph Vaissète, *Histoire générale de Languedoc*, Toulouse, 1876, vol. 13, p. 1216.

＊16 例えばペリゴール伯爵は、全国で高等法院の廃止などを行ったモプーの司法制度改革の際には、地方長官とともにトゥルーズ高等法院の閉鎖命令を執行している。Vic et Vaissète, *op. cit.*, vol. 13, pp. 1216–1218.

＊17 マスクの蜂起に関して、総司令官から中央政府や地域諸権力に宛てられた書簡や命令書は、以下に収められている。A.D. Hérault, C 6564.

＊18 A.D.Ardèche, 25B 79, requête en plainte et ordonnance d'enquis pour le procureur du roi au présidial de Nîmes, 07/02/1783.

＊19 A.D.Ardèche, 25B 81, pièce 42, lettre du lieutenant criminel de la sénéchaussée de Villeneuve de Berg au maître des requêtes, 21/03/1783. ジョワイユーズ領主裁判所の裁判官は二月九日に現場に赴き、調書を作成している。

＊20 A.D.Ardèche, 25B 79, requête en plainte et ordonnance d'enquis et de descente sur les lieux pour le procureur du roi à la sénéchaussée de Villeneuve de Berg, 11/02/1783.

＊21 Castan, *op. cit.*, p. 178.

＊22 A.D.Ardèche, 25B 79, requête en plainte et ordonnance d'enquis du procureur du roi en la maréchaussée du Puy, 16/02/1783. この裁判手続きは、レ＝ヴァンスに在住していた高等法院つき弁護士が、マレショーセの検事に代わって請求したことによって開始された。

＊23 A.D.Ardèche, 25B 79, requête en plainte et ordonnance d'enquis du procureur du roi en la maréchaussée de Montpellier, 17/02/1783. 裁判手続きは、モンプリエに駐在していた総司令官の要請のもと開始された。

＊24 A.D.Ardèche, 25B 79, procès-verbal de descente et d'information de la maréchaussée de Montpellier, 20/02/1783 et jours suivants.

＊25 以下で、制度一般について述べる時に、「セネシャル裁判所」という単語を用いる際には、同等の審級にあったバイイ裁判所も意味に含んでいる。

＊26 Ernest Perrot, *Les cas royaux. Origine et développement de la théorie aux XIIIe et XIVe siècles*, Paris, 1910.

＊27 マレショーセの管轄権の発展については、以下を参照。Louis Larrieu, *Histoire de la maréchaussée et de la gendarmerie des origines à la Quatrième République*, Ivry-sur-Seine, 2002, pp. 185–214.

＊28 一六七〇年刑事王令は、アンシアン・レジーム期をとおして、刑事事件の裁判手続きを定めたものとして常に参照された王令である。この刑事王令は以下に収められている。Decrusy Isambert et Jourdan Isambert éds., *Recueil général des anciennes lois françaises depuis l'an 420 jusqu'à la Révolution de 1789*, vol. 18, Paris, 1829, pp. 371–423. 日本語訳として、以下も参照。中村義孝「資料：ルイ一四世一六七〇年刑事王令」『立命館法学』第二六三号、一九九九年、二五一—三二二頁。国王専決事件の定義は、同刑事王令、第一章第一一条。プレヴォ専決事件については、第一章第一二条。

＊29 一六七〇年刑事王令、第一章第一五条。

＊30 Larrieu, *op. cit.*, p. 211; Roland Mousnier, *Les institutions de la France sous la Monarchie absolue, 1598–1789*, Paris, 2005（1re éd.: 1974）, p. 841. および、志垣嘉夫『フランス絶対王政と領主裁判権』九州大学出版会、二〇〇〇年、五〇頁。

＊31 Larrieu, *op. cit.*, p. 212.

＊32 *Ibid.*, pp. 210–212.

＊33 Mousnier, *op. cit.*, pp. 834, 841.

＊34 これに対して、ヴィルヌーヴ＝ド＝ベルグ・セネシャル裁判所は、一七〇二年五月二九日の国王宣言に依拠して、自らに管轄権があると反論していた。A.D.Ardèche, 25B 81, pièce 14, lettre du avocat général de la sénéchaussée de Villeneuve de Berg au lieutenant criminel de la même cour, 23/02/1783.

＊35 A.D.Ardèche, 25B 81, lettre du syndic des États particuliairs du Vivarais au lieutenant criminel de la sénéchaussée de Villeneuve de Berg, 10/02/1783.

＊36 一六七〇年の刑事王令には、上座裁判所がマレショーセよりも先に「決定」を下した場合には、上座裁判所に裁判権を認める規定が盛り込まれていた（一六七〇年刑事王令、第一章第一五条）。この規定は、一七二〇年のマレショーセ改革の際に、

一日破棄された（正本忍「一七二〇年のマレショーセ改革―フランス絶対王政の統治構造との関連から―」『史学雑誌』第一一〇編第二号、二〇〇一年、二九―三〇頁）。しかし、一七三一年二月五日の国王宣言は、再び上座裁判所とセネシャル裁判所の裁判先取権を認めた（Mousnier, *op. cit.*, p. 841; 志垣、前掲書、五〇頁）。

＊37　A.D.Ardèche, 25B 79, procès-verbal dressé par l'huissier chargé de se rendre aux Vans pour assigner, 10/02/1783; A.D.Ardèche, 25B 81, pièce 14, lettre du avocat du roi de la sénéchaussée de Villeneuve de Berg au lieutenant criminel de la même cour, 23/02/1783; A.D.Ardèche, 25B 81, lettre du lieutenant de la maréchaussée au lieutenant criminel de la sénéchaussée de Villeneuve de Berg, 24/02/1783.

＊38　A.D.Ardèche, 25B 79, assignation à témoine du présidial de Nîmes, 08/02/1783; A.D.Ardèche, 25B 79, assignation à témoine du présidial de Nîmes, 13, 20, 24/02/1783.

＊39　A.D.Ardèche, 25B 79, informations, conclusions et décret du présidial de Nîmes, 08, 13, 14, 20/02/1783; A.D.Ardèche, 25B 79, inventaire des pièces de la procédure du présidial de Nîmes, 18/04/1783.

＊40　A.D.Ardèche, 25B 81, pièce 15, lettre du lieutenant de la maréchaussée au lieutenant criminel de la sénéchaussée de Villeneuve de Berg, 24/02/1783.

＊41　A.D.Ardèche, 25B 79, requête en plainte et ordonnance d'enquis et de descente sur les lieux pour le procureur du roi à la sénéchaussée de Villeneuve de Berg, 11/02/1783.

＊42　現地調査の詳細は以下に述べられている。A.D.Ardèche, 25B 79, proès-verbal de descente de la sénéchaussée de Villeneuve de Berg, 12, 13/02/1783; A.D.Ardèche, 25B 81, lettre du lieutenant criminel de la sénéchaussée de Villeneuve de Berg au maître des requêtes, 21/03/1783.

＊43　A.D.Ardèche, 25B 79, informations et décrets de la sénéchaussée de Villeneuve de Berg, 13/02/1783 et jours suivants.

＊44　A.D.Ardèche, 25B 79, procès-verbal de descente de la sénéchaussée de Villeneuve de Berg à Joyeuse, 22/02/1783 et jours suivants.

＊45　A.D.Ardèche, 25B 81, pièce 19, lettre du avocat du roi de la sénéchaussée de Villeneuve de Berg au lieutenant criminel de la même cour, 26/02/1783.

＊46　A.D.Ardèche, 25B 79, procès-verbal de descente de la sénéchaussée de Villeneuve de Berg à Joyeuse, 22/02/1783 et jours suivants.

＊47　ル＝ピュイ・マレショーセは二月一七日に逮捕の「決定」を下している。A.D.Ardèche, 25B 79, extrait du décret de prise au corps de la maréchaussée du Puy, 17/02/1783. なお、モンプリエ・マレショーセの裁判目録には、逮捕などの「決定」が含まれておらず、「決定」の手続きに進むことができなかったと考えられる。

＊48　A.D.Ardèche 25B 81, pièce 15, lettre du lieutenant de la maréchaussée du Puy au lieutenant criminel de la sénéchaussée de Villeneuve de Berg, 24/02/1783.

＊49　*Ibid.*

＊50　ル＝ピュイ・マレショーセは、マレショーセの人員だけでなく、総司令官の軍隊をヴィルヌーヴ＝ド＝ベルグに駐留させることを総司令官に求め、実現化させた。A.D.Ardèche, 25B 81, pièce 35, lettre du lieutenant de la maréchaussée du Puy au lieutenant criminel de la sénéchaussée de Villeneuve de Berg, 06/03/1783.

＊51　A.D.Ardèche, 25B 81, pièce 18, lettre du lieutenant de la maréchaussée du Puy au lieutenant criminel de la sénéchaussée de Villeneuve de Berg, 26/02/1783; A.D.Ardèche, 25B 81, pièce 35, lettre du lieutenant de la maréchaussée du Puy au lieutenant criminel de la sénéchaussée de Villeneuve de Berg, 06/03/1783.

＊52　一六七〇年刑事王令、第二章第八条。

＊53　マレショーセの裁判に七名の裁判官が必要な点は、一六七〇年刑事王令の第二章第二四条が規定している。また、マレショーセによる実際の裁判に、セネシャル裁判所と同等の審級であるバイイ裁判所や、上座裁判所の裁判官が補充されていた点について、オート・ノルマンディー地方の事例が、以下で指摘されている。正本、前掲論文、二二頁。

＊54　A.D.Ardèche, 25B 81, pièce 15, lettre du lieutenant de la maréchaussée du Puy au lieutenant criminel de la sénéchaussée de Villeneuve de Berg, 24/02/1783.

＊55　A.D.Ardèche, 25B 81, pièce 18, lettre du lieutenant de la maréchaussée du Puy au lieutenant criminel de la sénéchaussée de Villeneuve de Berg, 26/02/1783.

＊56　A.D.Ardèche, 25B 79, procès-verbal de descente de la sénéchaussée de Villeneuve de Berg à Joyeuse, 22/02/1783 et jours suivants.

＊57　この点については、以下のマレショーセによる証人召喚状の冒頭に記述がある。A.D.Ardèche, 25B 79, assignation à témoine de la maréchaussée, 31/05/1783 et 03/06/1783.

＊58　A.D.Ardèche, 25B 79, extrait d'écrou, 06/03/1783 et 14/03/1783.

＊59　A.D.Ardèche, 25B 81, pièce 10, lettre du syndic des États particuliers du Vivarais au lieutenant criminel de la sénéchausssée de Villeneuve de Berg,

15/02/1783; A.D.Ardèche, 25B 81, pièce 16, lettre de l'intendant au lieutenant criminel de la sénéchaussée de Villeneuve de Berg, 25/02/1783.

＊60 A.D.Ardèche, 25B 81, pièce 12, lettre du lieutenant criminel de Villeneuve de Berg au garde des sceaux, 20/02/1783; A.D.Ardèche, 25B 81, pièce 42, lettre du lieutenant criminel de la sénéchaussée de Villeneuve de Berg au maître des requêtes, 21/03/1783.

＊61 A.D.Ardèche, 25B 81, pièce 19, lettre du avocat du roi de la sénéchaussée de Villeneuve de Berg au lieutenant criminel de la même cour, 26/02/1783.

＊62 A.D.Ardèche, 25B 81, pièce 16, lettre de l'intendant au lieutenant criminel de la sénéchaussée de Villeneuve de Berg, 25/02/1783.

＊63 A.D.Hérault, C 6564, lettre du commandant en chef au secrétaire d'État de la maison du roi, 16/02/1783.

＊64 A.D.Ardèche, 25B 81, pièce 11, lettre du commandant en chef au lieutenant criminel de la sénéchaussée de Villeneuve de Berg, 19/02/1783.

＊65 A.D.Ardèche, 25B 81, pièce 32, lettre du commandant en chef au lieutenant criminel de la sénéchaussée de Villeneuve de Berg, 03/03/1783.

＊66 国王諮問会議は、時代が下るにつれて、いくつかの会議に専門分化していくが、国王諮問会議そのものは一体性をもつという原理が生き続けたため、議論し決定を下した会議が何であれ、発行された文書は「国王諮問会議」の結論として提示された（Barbiche, *op. cit.*, pp. 280, 306）。マスクの蜂起の管轄争いの裁定も、「国王諮問会議」によるものと史料には記載されている。そのため、ここでは、管轄争いに結論を下した会議を、「国王諮問会議」と一括して表現していく。

＊67 A.D.Hérault, C 6564, lettre du commandant en chef au garde des sceaux, 17/02/1783.

＊68 A.D.Hérault, C 6564, lettre du commandant en chef au garde des sceaux, 21/02/1783.

＊69 訴願審査官については、特に以下を参照。安成英樹「フランス絶対王政における訴願審査官のプロソポグラフィ」『お茶の水史学』第四四号、二〇〇〇年、七九―一〇五頁。訴願審査官のダンブランについては以下を参照。Sylvie Nicolas, *Les derniers maîtres des requêtes de l'ancien régime* (*1771–1789*), Paris, 1998, pp. 200–201.

＊70 A.D.Ardèche, 25B 81, pièce 36, lettre de Dambrun au lieutenant criminel de la sénéchaussée de Villeneuve de Berg, 12/03/1783. なお、ここで言及されているモンプリエ・セネシャル裁判所とル＝ピュイ・セネシャル裁判所は、これまでマスクの蜂起の裁判手続きに関与していなかったにもかかわらず、担当裁判所として指名されたことになる。

＊71 A.D.Ardèche, 25B 81, pièce 41, lettre du lieutenant criminel de la maréchaussée du Puy au lieutenant criminel de la sénéchaussée de Villeneuve de Berg, 21/03/1783.

*72 宮内卿の部局には、次項で分析する一七八三年三月一日の国王諮問会議の裁定のほかに、もう一点モンプリエ・マレショーセとモンプリエ・セネシャル裁判所に管轄権を認めた同日づけの裁定が残されている（A.N., E 2590）。複数の裁定が下されたことは、一七八三年三月二三日に宮内卿がラングドック地方長官に宛てた書簡でも述べられている。A.N., O^1 479.

*73 国王諮問会議の裁定の文面そのものが、地方長官によって作成された場合もあった。Michel Antoine, *Le Conseil du Roi sous le règne de Louis XV*, Genève, 1970, pp. 353-354.

*74 A.D.Ardèche, 25B 79, Extrait de registre du Conseil d'État du roi, 01/03/1783. なお、*Extrait de registre du Conseil d'Etat du roy*という文言は、国王諮問会議の裁定の定型句であるが、国王諮問会議の裁定が関係各所に送付される場合には、裁定の原本から写しが作成され、これが送付された（Antoine, *op. cit.*, pp. 343-344）。この三月一日の裁定はまず地方長官に届けられ、ル＝ピュイ・マレショーセの代官に転送されたが、代官に代わってヴィルヌーヴ＝ド＝ベルグ・セネシャル裁判所が四月三日に受理した。A.D.Ardèche, 25B 81, pièce 44, lettre de l'intendant au lieutenant de la maréchaussée du Puy, 31/03/1783; A.D.Ardèche, 25B 81, pièce 48, lettre du lieutenant criminel de la sénéchaussée de Villeneuve de Berg au lieutenant de la maréchaussée du Puy, 04/04/1783.

*75 当時の裁判管轄争いの決着を示す判決には、一般的に、判決理由が含まれなかった。Antoine, *op. cit.*, pp. 351-352; 松本、前掲論文、一一一頁、一二〇頁。また、国王諮問会議はマスクの蜂起の管轄についての裁定に限らず、すべての裁定に関して議事録を作成することがなかった。Antoine, *op. cit.*, p. XIII. そのため、二つの裁判所がなぜ選ばれたのかという点について、王権の意図を明らかにすることは難しい。

*76 A.D.Ardèche, 25B 81, pièce 41, lettre du lieutenant de la maréchaussée du Puy au lieutenant criminel de la sénéchaussée de Villeneuve de Berg, 21/03/1783.

*77 A.D.Ardèche, 25B 81, pièce 46, conclusions et ordre pour l'apport des procédures du présidial de Nîmes et de la maréchaussée de Montpellier, 03/04/1783.

*78 A.D.Ardèche, 25B 81, pièce 48, lettre du lieutenant criminel de la sénéchaussée de Villeneuve de Berg au lieutenant de la maréchaussée du Puy, 04/04/1783.

*79 A.D.Ardèche, 25B 79, inventaire des pièces de la procédure du présidial de Nîmes, 18/04/1783.

＊80　A.D.Ardèche, 25B 79, inventaire des pièces de la procédure de la maréchaussée de Montpellier, 28/04/1783. なお、ヴィルヌーヴ＝ド＝ベルグ・セネシャル裁判所も、四月二四日づけで裁判記録の目録を作成している。A.D.Ardèche, 25B 79, inventaire des pièces de la procédure de la sénéchaussée de Villeneuve de Berg, 24/04/1783.

＊81　諸権力間における権限の重複が、王権の支配に有利に働いていたと指摘している研究として、以下が挙げられる。Jean-Marie Carbasse, Guillame Leyte et Sylvain Soleil, *La monarchie française du milieu du XVIe siècle à 1715: L'esprit des institutions*, Paris, 2000, p. 207. これによると、アンシアン・レジーム期には、同じ権限をもつ組織が複数存在することにより、ライバル意識を生じさせ、国王に仕える熱意を引き出すことができると考えられていたという。ただし、実際のメカニズムは、具体的に検証する必要があるだろう。

第五章　秩序の再建と秩序観の相克

はじめに

ラングドック地方の諸権力は、マスクの蜂起の参加者に対する裁判を遂行しただけでなく、ラングドック地方の最高審級である高等法院の司法官を、蜂起が広がった地域に派遣することによって、さらなる秩序化に乗り出した。本章は、この高等法院委員会が派遣された経緯や、現地での委員会の活動とこれに対する地域諸権力および地域住民の反応を分析する。ここには、秩序の「再建」を目指す諸権力の協働関係がみえてくるのと同時に、諸権力が打ち立てたいと考えた秩序が、実は同じものではなかったことが明らかとなる。

高等法院は、各管区において国王裁判所としてほぼ最終審として機能していたほかに、立法や行政にかかわる権限を保有していた。そうであるにもかかわらず、一八世紀に高等法院が地方統治において果たした役割については、論じられることが少ない。それというのも、一八世紀の高等法院と王権の関係は、フランス革命へといたる政治過程を前提として描かれてきたからである。そのため、両者が国政のレベルで対立する側面が重視され[*1]、高等法院が王権とともに地方の統治を行っていたことは問題となってこなかった[*2]。

しかし、ここ数年、以上のような見方に対しては批判がなされ、高等法院が王権の行政を支える機関であることを再評価する動きがみえてきている。[*3] 本章は、こうした視点の変化に依拠しながら、ラングドック地方に設置されていたトゥルーズ高等法院が、一八世紀後半に地方統治において担った役割と、これに王権や地域諸権力がどのようにかかわっていたのかという点に焦点をあてていく。

ここで、本章が分析するマスクの蜂起後のトゥルーズ高等法院派遣に関する研究史を整理しておきたい。これまでの研究では、この任務とその後の司法制度改革は、特にマスクの蜂起そのものについての研究の文脈で扱われ、蜂起の帰結や成果として位置づけられてきた。[*4] こうした研究とは異なる視点で高等法院派遣について言及したものに、最近のスティーヴン・ミラーの研究がある。ミラーは、革命直前のラングドック地方において地域諸権力間の「階級」闘争が存在していたと指摘し、そこで決定的な役割を果たした高等法院の政治的立場を示すものとして、マスクの蜂起後の司法制度改革を取り上げている。[*5] しかし、以上の二つの方向性をもついずれの研究においても、高等法院派遣後に行われた司法制度改革を分析の中核とし、派遣任務自体を分析したものではなかった。[*6] 本章では、派遣の実施過程そのものの分析に重点をおき、地域秩序の安定化は、どのような制度的枠組みとアクターを通じて行われたのか、そして蜂起はどのように解釈され、地域政治のなかで位置づけられたのかという点を明らかにしていく。

ところで、この巡回任務については、実は高等法院側の史料は少ない。任務途中と終了後に出された高等法院の命令（ordonnance）や裁定（arrêt）は、中央に送付されたものがフランス国立文書館に所蔵されているが、トゥルーズには部分的にしか残されていない。[*7] ただし、高等法院から派遣された評定官の一人であったジャン＝フランソワ＝ドゥニ・ダルビ＝ド＝ベルベーズ（Jean-François-Denis d'Albis de Belbèze）が、任務期間中に妻に宛てた書簡が残されており、これによって一人の委員の目をとおして任務のあり様を知ることができる。[*8]

こうした史料に加えて、本章で最も核となる史料は、次の二つの史料群である。一つ目は、ラングドック地方長官およびラングドック地方総司令官の関係史料である。[*9] 一八世紀のラングドック地方では、地方総司令官が「王権の代理人」として、地方長官とならび大きな権限を保持するようになったことは、すでにみてきたとおりである。本章で分析する高等法院派遣に関しても、特にこの総司令官が積極的に介入してくることになる。

二つ目の史料は、高等法院の派遣を受けたヴィヴァレ地方の側の史料である。なかでも、ヴィヴァレ地方三部会の関係史料を本章では用いる。[*10] 派遣を受けた側の史料を分析することによって、高等法院の派遣任務の詳細が、地域諸権力の動向も含めて明らかになってくるだろう。

以下では、まず第一節で、トゥルーズ高等法院の派遣が決定される経緯と職務の内容を確認し、トゥルーズ高等法院が諸権力にどのような機能を期待されていたのかという点を明らかにする。つづく第二節では、実際の職務の遂行の過程を明らかにし、諸権力がこれにどうかかわったのかという点をみていく。そして最後に第三節では、マスクの蜂起後の高等法院派遣をきっかけに、諸権力はどのような新たな地域秩序を打ち立てようとしていたのかという点を分析し、地域政治の変化の可能性を探っていくこととする。

第一節　マスクの蜂起とトゥルーズ高等法院の派遣

本節では、トゥルーズ高等法院の派遣がどのような理由のもとに要請されることになったのかという点と、派遣されることになる委員会の職務内容を、派遣を命じた開封王状（lettre patente）によって確認する。

ここで確認しておきたいのは、トゥルーズ高等法院の派遣は、蜂起の鎮圧が終了し蜂起参加者の裁判がすでに開始された後に、検討されたことである。マスクの蜂起そのものの鎮圧と裁判においては、トゥルーズ高等法院はこの問題にほとんど関与していなかった。しかし、マスクの蜂起の処理が終わりに近づいていた段階で、新たに高等法院の力が動員されたのである。地域秩序の回復の最後の切り札として、高等法院の派遣は決定されたといえるだろう。それというのも、蜂起そのものの鎮圧と裁判によっては、この地域の秩序は安定化しなかったからである。

(1) 高等法院の派遣への動き

蜂起が鎮圧されたのは、前述のとおり二月二〇日であるが、トゥルーズ高等法院の派遣が模索されたのは、六月に入ってからのことである。ここで、派遣が実現するまでの過程をみておこう。

マスクの蜂起が鎮圧された後に、ヴィヴァレ地方では、先の蜂起ほどの規模と持続期間はなかったものの、再び四月三〇日と六月九日に騒擾が起き、銃の使用によって死傷者が出ていた。総司令官は、この件について、中央政府においてラングドック地方を管轄していた宮内卿に、逐一報告書を送っていた。六月三〇日づけの報告のなかで総司令官は、最近ヴィヴァレ地方ではこうした騒擾が頻発しているため、地域住民には「見せしめ(faire un exemple)」が必要であると主張していた。[*11]

こうした地域秩序の不安定な状態とともに、高等法院の派遣が諸権力の間で議論となったきっかけの一つは、ヴィヴァレ地方の要求にあったと考えられる。ヴィヴァレ地方三部会は、この年も通常どおり五月末から六月にかけて開催されていた。会議では、蜂起の原因の追究と裁判秩序の回復を、国璽尚書に訴えることが決定されている。[*12] つまり、ヴィヴァレ地方三部会では、マスクの蜂起が鎮圧されたことによって、この問題が解決されたのではなく、秩序の安定化に向けてより抜本的な取り組みが必要だと認識されていたのである。ただし、ヴィヴァレ地方三部会は、トゥルーズ高等法院の派遣そのものを訴えたわけではなかった。秩序の安定化のために、高等法院を派遣するという方法を中央に提案したのは、ラングドック地方総司令官であった。

総司令官は、ヴィヴァレ地方三部会が開催されたのと同じ一七八三年六月に、宮内卿と国璽尚書のそれぞれに宛てた書簡のなかで、司法関係者の問題を解決するために、トゥルーズ高等法院の派遣の必要性を訴えていた。[*13] 宮内卿は、これに賛意を示し、国璽尚書と協議することを総司令官に約束している。[*14] 実際に宮内卿は、この件で国璽尚書に書簡を送り、地域秩序の安定化のために施策が必要であると主張し、具体的な方法について意見を求めた。[*15]

こうした訴えから一ヵ月後の一七八三年七月二二日には、国王が開封王状を発行することとなり、トゥルーズ高等法院の評定官四名を蜂起の起きた地域に派遣することが命じられた。[*16] この開封王状は八月九日に高等法院で登録され、ダルビ＝ド＝ベルベーズをはじめとする四名の評定官が、高等法院によって選出された。[*17]

このように、トゥルーズ高等法院の派遣は、ヴィヴァレ地方三部会やラングドック地方総司令官が、中央に働きかけることによって、議論されることになった。この要求を中央政府が認可するかたちで、トゥルーズ高等法院派遣は実施されることになったのである。

(2) 委員会の職務内容

ここで、一七八三年七月二二日の開封王状にもとづき、トゥルーズ高等法院委員会の職務の内容を確認しておこう。彼らが派遣されることになった期間は、同年九月半ばから翌年の一七八四年二月の半ばまでの約五ヵ月間に及んだ。また、派遣されることになった場所は、マスクの蜂起が起きたヴィヴァレ地方だけでなく、隣接するジェヴォーダン地方とセヴェンヌ地方も含まれていた（地図５）。

高等法院は前述の地方を巡回し、おもに三つの任務を行うことが求められた。一つ目の任務は、マスクの蜂起が起きた原因として最も重要なものと考えられていた司法関係者の職権乱用や、裁判行政にかかわる問題を調査することであった。具体的にはどのような問題であったのだろうか。やや長くなるが、開封王状から引用する。

出典：Auguste Puis éd., *Une famille de parlementaires toulousains à la fin de l'Ancien Régime. Correspondance du Conseiller et de la Co*[tesse] *d'Albis de Belbèze*（1783–1785）, Paris, 1913, p. 43 bis に筆者加筆.

地図５　トゥルーズ高等法院委員会の巡回ルートと訪問した主要都市（1783－84 年）

「余［すなわち国王］は以下のことを知らされた。セヴェンヌ地方、ヴィヴァレ地方、ジェヴォーダン地方の一部の地域（quelques cantons）では、長年、幾人もの領主裁判所の役人（officiers）や実務家（praticiens）や司法関係者たち（gens d'affaires）が、非難されるべき汚職（malversations）に手を染めているという。また、非常に多くの者が、複数の裁判所で、裁判官、訴追官、書記、弁護士、公証人、訴訟代官（postulants）の役職を兼任しているという。彼らは訴訟を引き起こし、必要がないうえに人を苦しめる手続きによって訴訟の期間を長引かせ、それが多くの家族の破産を招いているという。また、大部分が自分の名前すら書くことができない執達吏や執行吏（sergents）に、司法関係者たちは作成した令状を託してしまう。そして、彼らは、令状の文面の最後で、法外な報酬を要求するが、そのほとんどの部分は自分たちのものにするためである。これらの令状の送達は、原本で記載されても正確に行われることはまずない。そのため、欠席裁判によって有罪の判決が下された債務者は、自分に対して行使された法手続きを知らず、また自己を弁護することもできずに、家財の差押えや財産の没収にあってしまう。そして、何らかの不動産を所有している債務者は、わずかな利益のために、対物の差押え（saisies réelles）のえじきとなり、差押えの費用がその不動産の価値を吸い取ってしまう。そして差押えの結果、その不動産は安い値で、しばしば偽名のもとに、差押え命令を遂行した者［すなわち司法関係者］に売却される。その結果、債務者はその財産の全部を没収され、債権者は彼らの債権の担保の最も多くの部分を奪われるのだ」（［　］内は筆者挿入）。

つまり、司法関係者の職権乱用とは、司法関係者が自らの経済的利害にもとづいて住民の法手続きに関与し、そこから多くの利益を得ていたことを指していた。そして、それによって住民の財産の損害や破産が引き起こされていることが問題とされたのである。こうした問題を具体的に調査することが、高等法院委員会に課された一つ目の任務であった。

任務の二つ目として規定されたのは、これら裁判行政の問題を防ぐ方策を提案することであった。これが後に司法制度改革へと結実していくこととなる。

さらに、三つ目の任務は、上記のような問題をかかえているとみなされた現地の司法関係者がこれまで扱ってきた地域住民の裁判をやり直すというものであった。マスクの蜂起の参加者に対する裁判はすでにマレショーセとセネシャル裁判所によって遂行されており、ここで高等法院が担当するとされた裁判は、マスクの蜂起とは直接的には関係がないものである。つまり、高等法院には、地域住民の日常的な問題を取り扱うことが求められたのである。

このように、委員会の職務内容を確認すると、委員会の派遣は、マスクの蜂起を直接の契機としたにもかかわらず、彼らが派遣された地理的領域はマスクの蜂起が起きた領域を大幅に超えるものであり、さらに蜂起に直接的には関係のない地域住民の紛争が、高等法院の手にゆだねられたことがわかる。つまり、委員会が期待された任務とは、マスクの蜂起の後処理といった特定の問題のみを扱うことではなく、広範囲の地域秩序を安定化させることを目的としたものだったのである。こうした王権による高等法院への期待には、一八世紀にフランス全土で巻き起こった高等法院と王権の政治的対立とは異なる関係を垣間みることができる。[*18] 王権は、高等法院と対立する案件を多くかかえながらも、蜂起後という秩序の維持にとって最も重要な局面に、高等法院の力を借りることに同意したのである。

また、諸権力が蜂起後の対応として、高等法院の派遣を選択した点には、これまで伝統的に行ってきた秩序形成の方式を採用したということができるだろう。高等法院が、ある期間に管区内（時には管区を出る場合もあったが）を巡回して、裁判や行政にかかわる問題を解決した方法として、グラン・ジュール（Grands Jours）が存在した。グラン・ジュールは中世に起源をもっているが、一五世紀末ごろから高等法院が定期的に設置都市を離れて裁判を行う活動を指し、[*19] 一六六〇年代にラングドック地方で行われたのを最後に消滅したと研究史上では説明されてきた。[*20] 本章で扱う一七八三年の高等法院派遣に関する史料でも、この派遣を「グラン・ジュール」とは呼んでいない。しかし、高等法院が設置都市を離れて、地域諸権力や住民と直接向かい合うことで秩序の安定化を図ろうとした点は、方法や目的がグラン・ジュールと共通しており、一八世紀後半においても、こうしたグラン・ジュールの方式が王権や諸権力にとって秩序安定の機能を期待されていたことがわかる。マスクの蜂起後の秩序形成は、こうして高等法院の力を借りながら、伝統的な方法を採用して、行われようとしたのである。王権はこの時期にさまざまな地方行政の改革を提案し実行しながらも、それと同時に、中世の裁判方式に起源をもつ秩序形成の方法を採用したところに、アンシアン・レジーム末期の統治技法の特徴を見出すことができるだろう。[*21]

以上のように、国王の開封王状によって命じられた高等法院派遣であるが、具体的にはどのように実施されたのだろうか。次章では、派遣を受けた地域諸権力の動向や地域住民の反応もあわせて分析していく。

第二節　トゥルーズ高等法院の巡回任務の実施と諸権力

本節では、トゥルーズ高等法院委員会の任務の実施過程を明らかにするために、まず、委員会を受け入れるために諸権力が行った準備をみていくことにする。次に、実際に高等法院が到着した際のヴィヴァレ地方の諸権力との接触のあり様をみていく。そして最後に、委員会が到着後に遂行した任務をみていくことにする。これらをとおして、高等法院の地域秩序形成者としての役割と、これに王権や地域諸権力がどのようにかかわっていたのかという点を明らかにする。

(1) 委員会の受け入れ態勢の準備

高等法院委員会の受け入れ態勢の構築は、一七八三年七月二二日に、国王が委員会の派遣を命じたというニュースが、ヴィヴァレ地方にもたらされたところからはじまった。一七八三年七月二二日に、トゥルーズ高等法院評定官の派遣を命じる王令が出されると、早くもその二日後の七月二四日には、パリに滞在中であったラングドック地方総司令官から、ヴィヴァレ地方三部会の総代に宛てて、その情報を伝える書簡が送られた。[22]総代は、ヴィヴァレ地方三部会が開催されていない期間においても、常にその代表として諸権力との間で情報の交換や折衝にあたっていた。

八月一〇日にパリからの一報を受け取ったヴィヴァレ地方三部会総代は、[23]さらに八月一五日にトゥルーズ高等法院で委員会のメンバーが決定されたことを知ると、すぐに高等法院に対して旅程やヴィヴァレ地方への到着予定日を問い合わせた。[24]この問い合わせに対しては、八月二三日に高等法院から返事があったものの、派遣の日程など詳しい情報は入手できなかった。[25]

派遣の詳細が決定したのは、委員会がトゥルーズを出発し、その直後に立ち寄ったモンプリエにおいてであったと考えられる。それというのも、委員会が最初に向かったジェヴォーダン地方にも、委員会がモンプリエを出発するまで、その行程についての情報はもたらされていなかったからである。[26]委員会は、九月二四日にモンプリエに到着し、すぐにジェヴォーダン地方へ出発した。[27]

委員会がモンプリエを出発したという情報がヴィヴァレ地方三部会総代にもたらされたのは、九月二九日のことであり、ヴィヴァレ地方三部会の議員でジョワイユーズ市長でもあったラフォレ（Laforest）をとおして伝えられた。[28]ラフォレは、地方長官補佐もつとめており、[29]こうした情報を入手しやすかったのではないかと考えられる。これを受けて九月三〇日に、ヴィヴァレ地方三部会総代は、委員会に対して、再びヴィヴァレ地方への到着予定日や現地調査のための必要な準備について問い合わせ[*30]、あわせてヴィヴァレ地方の地図を送付した[*31]。これに対して委員会は、滞在予定の都市と日程を知らせるとともに、宿泊場所の確保などの協力を求め、さらに委員会派遣を命じた開封王状の写しを二〇〇部から三〇〇部用意し、委員会の派遣の目的を周知させることを求めた[*32]。また、委員会は、滞在都市の詳細については、総代と相談する予定であることや、都市・農村共同体に配布する開封王状には、総代の説明を加えることを依頼するなど、ヴィヴァレ地方三部会総代の積極的な関与を求めた。

ところで、ヴィヴァレ地方三部会総代は、この派遣任務に関する情報を得るために、トゥルーズ高等法院だけでなく、委員会が最初に向かったジェヴォーダン地方に設置されていた三部会にも、問い合わせを行っていた。これに答えるかたちでジェヴォーダン地方三部会総代は、高等法院委員会から準備を命じられた三〇〇部の開封王状の写しに加えて、委員会の任務を周知させるために自らの管区内の都市・農村共同体に送付した書簡や、司教が司祭に宛てた書簡の写しも、ヴィヴァレ地方三部会総代に送付している[*33]。さらに、ジェヴォーダン地方の中心都市であるマンドで実際に行った委員会の入市式の方法を伝えており、高等法院委員会をこれから受け入れるヴィヴァレ地方が行うべき準備の中身が、具体的に伝授されていた。

これを受けて、ヴィヴァレ地方三部会総代は、都市・農村共同体に対して、開封王状を掲示することや、司祭や助祭にミサの際にこれを朗読させることを指示した[*34]。この書簡と開封王状の写しは、ヴィヴァレ地方三部会の自前のネットワークと配布方法により、各共同体に届けられた。その配布方法とは、まずはヴィヴァレ地方の主要都市に対して数部の書類が送付され、それがさらにその周辺共同体に転送されるというものであった[*35]。配布される順番はヴィヴァレ地方三部会総代が事前に決定して回覧状を作成しており、受け取った各主要都市の代表は、これに受け取った旨を示すサインをした。この回覧状は最終的には地方三部会のもとに届けられ、配布書類がどの都市・農村共同体で受領されたかが最終確認できるシステムであった。このネットワークと配布方法によって、高等法院委員会の派遣は、ヴィヴァレ地方の隅々にまで周知されていったのである。[*36]

ここまでの委員会の受け入れ準備過程をみてみると、受け入れ準備を主導したのは、地方三部会であることがわかる。それは、委員会が最初に到着したジェヴォーダン地方においても同様であった。それぞれの地方三部会が徴税機構として保有していた都市・農村共同体のネットワークと、さらに地方三部会同士のコミュニケーションによって、委員会の受け入れは準備されたのである。ここで機能したネットワークは、ラングドック地方三部会のネットワークともいえるだろう。というのも、ジェヴォーダン地方三部会もヴィヴァレ地方三部会も、ラングドック地方三部会の下部組織として機能していた機構だからである。

また、この高等法院派遣の準備段階で、総司令官が重要な役割を果たしていることにも気がつくだろう。委員会派遣が決定されたことをヴィヴァレ地方に真っ先に知らせたのは総司令官であった。さらに、高等法院委員会が日程や滞在都市の詳細を決定したのは、モンプリエであり、ここにはラングドック地方総司令官の司令部がおかれていた。モンプリエで具体的にどのような人物と会合が設けられ、どのように派遣の詳細が決定されたのかという点は、残念ながら史料がなく不明であるが、[*37]モンプリエに到着してはじめて高等法院の任務は具体性をおび、地域諸権力との間でコミュニケーションが結ばれている。高等法院が、設置都市を離れた場所において、実際の任務を遂行するためには、地方三部会の力と、地域諸権力と密接なコネクションを保有していた総司令官の力が必要だったのである。

(2) 入市式

こうして、ヴィヴァレ地方では委員会派遣が周到に準備されていったが、委員会がヴィヴァレ地方に到着したのは、一〇月末になってからのことであった。滞在先として、トゥルーズ高等法院から予告されていたのは、アノネー、トゥルノン、ヴィルヌーヴ＝ド＝ベルグ、オブナ、ジョワイユーズといったヴィヴァレ地方の代表的な都市であった。[*38] しかし、ここで予告された都市以外にも、蜂起の発端の村であったレ＝ヴァンスなどにも委員会は立ち寄っている。[*39] 先にもみたとおり、委員会は、滞在都市の選択については、三部会総代と協議することになっており、実際に訪問する都市の決定には、現地の要望が加味されていたと考えられる。

それでは、委員会がヴィヴァレ地方に到着した際に、ヴィヴァレ地方の各都市はどのような反応をみせたのだろうか。ヴィヴァレ地方における最初の訪問都市となったアノネーでは、委員会を受け入れるために盛大な入市式が行われていた。その様子を、委員会のメンバーの一人であったダルビ＝ド＝ベルベーズの記述にみてみよう。[*40]

「アノネーでわれわれのために挙行された歓迎会は、われわれが巡回してきたほかの場所で受けた儀式よりも、たいそう華々しいものでした。五〇人の若者からなる小隊が、アノネーから約二里のところに、われわれを迎えにやってきました。彼らはみな、赤いカフスと折り返しのついた薄紅色の軍服を着て、白い上着とズボンを着用し、完璧に装備した馬を引き連れていました。都市の城門では、都市役人とともにわれわれを出迎えようとするヴィヴァレ地方三部会の議員の方々に会いました。われわれは地面に降り立ち、赤いカフスの青い軍服を着て、擲弾兵《てきだん》（grenadier）の帽子をかぶった、非常に美しい一五〇人ほどの人々の一団のなかを、列をつくって進みました。われわれは、宿泊しているコルドリエ修道院に向かうために、この随員とともに町中を通りました」。

このように、ダルビ＝ド＝ベルベーズの記述からは、アノネーで多くの人々による華々しい入市式が催されたことがわかるが、この場面には、司法関係者の姿がみられない。アノネーは、国王裁判所であるセネシャル裁判所が設置されていた都市であり、同裁判所はトゥルーズ高等法院の直接の下級審であった。それにもかかわらず、その司法官たちはこの入市式の記述には姿を現さないのである。セネシャル裁判所司法官は、この入市式に出席そのものをしていないか、もしくはダルビ＝ド＝ベルベーズにとっては記述に値しない、もしくは印象に残らない人物たちであったと考えられる。その代わりに記述されたのは、都市役人とヴィヴァレ地方三部会議員であり、ここから、入市式は、彼らが主導的な立場で進めていたことが推測される。

ただし、このような入市式の内容や方法は、都市や地方三部会の判断に完全にゆだねられていたわけではない。アノネーの入市式の記述に垣間みられるように、この儀式は民兵隊の組織をともなうため、武器携行の問題をはらんでおり、[*41]そのため総司令官に報告がなされていたのである。例えば、サン＝シエルジュの市長から、入市式のための民兵隊の徴募について報告を受けたラングドック地方総司令官は、こうした歓迎の儀式は通例行われるものであるため、行うこと自体は適切であるが、銃を保持した部隊を結成することは見合わせるように忠告している。[*42]つまり、入市式は、ヴィヴァレ地方三部会とそのネットワークとしての都市共同体が企画し主導して行ったものであっても、その中身については、ラングドック地方総司令官が監督し認可していたのである。

(3) 任務の遂行

都市に到着した高等法院委員会の任務の遂行について、まずは、彼らが在地住民とどのように対峙したのかという点をみていこう。前述のとおり、高等法院委員会は、在地住民には、到着前から任務の趣旨説明をしておくよう、ヴィヴァレ地方三部会に依頼していた。[*43] そのなかで、高等法院は、巡回任務を命じた国王の「父のように慈悲深い意図と目的（les intentions et les vues paternelles et bienfaisantes）」を説明することを指示していた。ここから看取できるのは、高等法院がこの職務をとおして、自らの権威だけを高めようとしたのではなく、あくまでその背後には国王がいることを在地住民に知らしめようとしたことである。高等法院は、王権と一体となって、地域秩序形成における権威者としてふるまおうとしたのである。

さらに在地住民には、高等法院委員会が「すべての身分の者の」訴えを聞くという点も、ヴィヴァレ地方三部会総代をとおして伝えられていた。[*44] その宣伝活動が功を奏したのか、委員会のメンバーであったダルビ＝ド＝ベルベーズが妻に宛てた書簡には、委員会が開催した裁判に殺到する住民の姿が描かれている。

「われわれは一日に五〇〇人の告訴人に会い、朝の六時から夜の九時まで休む間もなく働いています。［中略］昨日の午前中、私は一一の訴訟を終わらせ、午後は七つか八つの訴訟を解決して判決を下し、みなを満足させました。われわれはそれぞれ別個の法廷を開催していて、各々が、群集に押しつぶされないように、訴えられた者たちを探しに行くための執達吏一名と都市の従者一名、そしてトゥルーズから連れてきた者以外に、マレショーセの騎兵一名を、部屋の入り口にひかえさせています[*45]」。

ダルビ＝ド＝ベルベーズが伝えている裁判の繁盛振りは、自らの任務の重要性を示すための誇張した表現であるかもしれない。しかし、その記述からは、ヴィヴァレ地方に派遣されたトゥルーズ高等法院評定官が、在地住民の問題に実際に取り組み、そこに期待を寄せた人々が少なからず存在していたことがうかがえるだろう。

高等法院委員会は、このように在地住民の訴えを聞いただけでなく、裁判行政の問題を把握するために在地の司法関係者からも情報を収集していた。例えば、ル＝ピュイ、アノネー、ヴィルヌーヴ＝ド＝ベルグに設置されていた国王裁判所の検事には、裁判所官吏と公証人の人数やその資質について、問い合わせを行っていた。しかし、これらの裁判所はこの問いに答えることができなかったようである。そのため、高等法院委員会は、ラングドック地方総司令官にこの件を相談し、その結果、地方三部会の方がこうした情報を入手することが容易であることを知り、地方三部会にあらためて問い合わせを行っている。[*46] これを受けてヴィヴァレ地方三部会総代は、当地の各領主裁判所に対して質問状を送り、多くの領主裁判所から回答を得ることに成功していた。[*47]

司法関係者からの情報収集の過程から看取できるのは、まず地方三部会が、各領主裁判所とのコネクションという点においても、国王裁判所よりも優越していたことである。さらに、地方三部会が領主裁判所とのコネクションを保持していたというヴィヴァレ地方に特殊な状況を、高等法院が把握していなかったという点も重要であろう。そして、総司令官の方がむしろこうした状況を熟知し、高等法院に助言をした点も見逃すことはできない。つまり総司令官は、ヴィヴァレ地方の実情を知らない高等法院と、当地の地方三部会や領主裁判所を接続する役割を果たしたのである。

こうして、ヴィヴァレ地方一帯を巡回し終えた委員会は、任務の最後に、再びモンプリエに立ち寄り、ラングドック地方総司令官と会談した。[*48] 高等法院の巡回任務において、総司令官が重要な役割を果たしたことは、ここにも端的に示されているだろう。

以上のように、高等法院委員会の実際の任務の遂行過程をみてみると、トゥルーズ高等法院委員会は、地方三部会という地域を代表する権力機構や、都市、そして地域住民から、秩序の回復者として期待されていたことがわかる。高等法院委員会の方も、自らが王権の意図のもとに派遣されたことをアピールし、王権の権威にもとづきながら効果的に任務を遂行しようとしていた。しかし、その任務を実際に遂行するにあたっては、地域の実情を把握していたとはいいがたく、地域諸権力との交渉の積み重ねと、地域諸権力が保持していた実務能力を利用することによって、任務を実効性のあるものとすることができた。これらの実務を担った地域諸権力と高等法院を連結していったのが、ラングドック地方総司令官だったのである。

第三節　新秩序の構想と諸権力

ここまでみてきたとおり、高等法院、地方三部会、総司令官は、蜂起後の地域秩序の安定化に向けて、協力関係を築いていた。ただし、そこで目指された「秩序」の中身は、諸権力ごとに異なったかたちで構想されていた。本節では、新たな地域秩序をめぐる三者のせめぎあいをみていくために、ヴィヴァレ地方三部会が高等法院委員会に提出した司法制度改革案と、委員会が実際に行った改革を比較していくこととする。蜂起後の新たな秩序の形成を両者がどのように考え、王権や諸権力がこれにどうかかわろうとしたのかという点を分析することによって、地方統治における諸権力の協調的な側面だけでなく、その間でみられた緊張関係をも明らかにしていく。これによって、地域秩序や地方統治のあり方の変化の可能性もみえてくるだろう。

(1) ヴィヴァレ地方三部会総代の改革案

すでに第一節で整理したように、トゥルーズ高等法院委員会の任務には、司法関係者が引き起こしていた問題を具体的に調査し、これらを予防する方策を提案することが含まれていた。そのため委員会は、ヴィヴァレ地方の司法関係者や有力者に事情聴取を行っており、その一環としてヴィヴァレ地方三部会総代からは、一七八四年一月二〇日に改革のための覚書が委員会に提出されていた。[*49] これは、ラングドック地方総司令官から提出を命じられたものであった。[*50]

ヴィヴァレ地方三部会総代が提出した覚書では、改革案が三点提示された。一点目の改革案では、財産の差押えやこれに関連する逮捕の手続きの適正化が求められた。[*51] また、二点目には、訴追に関する文書や証拠の偽造を取り締まる法律を整備することが盛り込まれた。[*52] これら二つの改革案は、トゥルーズ高等法院の派遣を命じた王令において、司法関係者の職権乱用として具体的に描かれていた問題に応えようとするものであった。しかし、次に詳細をみていく三点目の改革案は、マスクの蜂起を端緒として検討されることとなった司法制度改革からは、逸脱する方向性をもっていた。

第三の改革案とは、領主裁判所管区を整理し統合するという提案であった。[*53] これによると、ヴィヴァレ地方は一七の区域(arrondissements)に分割され、それぞれの区域では主都(chef-lieux)が選択され、区域内の領主裁判はすべてその主都で行われることになる。主都には裁判官やその補佐官などが配置され、判決はそれぞれの領主の名のもとに下されるが、裁判はすべて主都におかれたこの裁判官によって遂行される。ヴィヴァレ地方三部会総代は、こうした措置を取ることによって、有能な司法関係者を選択してその人員を縮小し、農村からは問題のある司法関係者を追放することができ、さらには国王裁判所による彼らの監督を容易にし、法律の発布を迅速かつ正確に行わせることができると主張した。

この領主裁判所管区の整理・統合の提案は、実はこの時期にはじめて考え出された改革案ではなく、総代が述べているとおり一七六七年の王令が下地になっていた。[*54] 一七六七年の王令とは、第二章で言及したように、ヴィヴァレ地方に国王裁判所であるセネシャル裁判所を設置するかいなかが問題となった際に、トゥルーズ高等法院委員会が現地に派遣され、その調査報告にもとづいて発布されたものであった。この王令では、ヴィヴァレ地方へのセネシャル裁判所の設置は見送られ、その代わりに秩序改善のためのいくつかの方策が命じられていた。そのなかに、領主裁判所同士の協力関係を構築するために、法廷や牢獄といった設備の共有を認める条項が盛り込まれていた。[*55] しかし、それはあくまで法廷や牢獄といった設備の相互利用に限ったものであり強制力もなかった。[*56] ヴィヴァレ地方三部会総代は、この一七六七年王令が命じた領主裁判所設備の相互利用を、領主裁判所そのものの整備・統合案に発展させ、提案したのである。

しかし、この改革案の実現には、いくつもの障害が存在していた。総代が指摘しているように、現役の司法関係者の利益が損なわれる恐れがあるだけでなく、[*57] 領主の権利が侵害される可能性があった。[*58] 例えばそれは、領主が任意の場所で裁判権を行使する権利や、領主が自身の裁判権を代行する役人を選択する権利である。さらには、領主裁判権をその領地で行使することによって生じうる権威や名誉も損なわれることが予測された。これに対して総代は、そもそも領主が保有する裁判権は、国王が王国領内でもつ裁判権と競合しない限りで領主に属しているのであり、歴代のフランス国王たちはその封土を領主たちに与えた際に、「最高の統治権（droit d'administration suprême）」までも譲り渡したわけではないと説明した。つまり、ヴィヴァレ地方三部会総代は、国王権力の至高性をもってすれば、領主裁判権を侵害する改革案であっても、実現は可能であると主張したのである。

さらにヴィヴァレ地方三部会総代は、この改革案が在地の住民にもたらすであろう変化について言及している。[*59] 改革によって、領主裁判が行われる場所が一七都市に限定されることについては、裁判所に出向くまでに時間や旅費がこれまでよりも多くかかってしまうことが懸念された。しかし、それは住民にとってそれほどの負担増にはならないはずだと、総代は主張した。また、司法関係者のなかでも公証人は、売買契約や遺産相続などの手続きについて助言を与えたり実行することを職務としていたため、農村から彼らがいなくなることによって、こうした活動に支障が出ることも予測された。しかし総代は、公証人による助言の中身を問題にし、農村の公証人からは訴訟に関する権限を剥奪したほうが、私利私欲にもとづかない助言を住民に与えることが可能になるだろうと主張した。こうして総代は、在地住民の損害と利益を総合して判断し、領主裁判所の管区の整理・統合案が住民のための改革であることをアピールしたのである。

このように、ヴィヴァレ地方三部会総代が示した改革案は、地域の権力秩序を変化させる可能性のあるものであった。ヴィヴァレ地方の領主たちの権限を制限し、選ばれた一七主都で領主裁判を開廷するということになれば、その選ばれた都市の在地の権力が強化されることは目にみえていた。総代は、その一七都市を指名して提案しており、そこにはセネシャル裁判所の設置都市であるヴィルヌーヴ＝ド＝ベルグとアノネーのほかに、ヴィヴァレ地方三部会に貴族代表や都市代表を送り込んでいた都市が名前を連ねていた。[*60] しかし、そのなかで、都市ヴィヴィエの名前が排除されていた。すなわち総代は、マスクの蜂起を契機として、地域秩序の安定化と住民の利益を理由に、長年ヴィヴァレ地方を代表してきた教会権力であるヴィヴィエ司教の力を軽減させる改革案を提示したのである。

また、総代の改革案では、国王裁判所による領主裁判所の監督の強化が、主張されていた。ここでいう国王裁判所とは、当然のことながらヴィヴァレ地方のセネシャル裁判所が念頭にあったと考えられる。そして、この主張の背景には、セネシャル裁判所が設置されてまだ日が浅く、ヴィヴァレ地方の領主に対する立場が弱かったことが背景にあったことが関係しているだろう。第二章および第三章でみたように、セネシャル裁判所の設置都市である、アノネーおよびヴィルヌーヴ＝ド＝ベルグの領主と、セネシャル裁判所は長い間権力の競合状態にあった。また、特にセネシャル裁判所設置都市であるアノネーには、強力な領主裁判所が存在し続けていた。アノネー・セネシャル裁判所の設置を命じた王令は、アノネー住民の民事および刑事事件が、セネシャル裁判所ではなく領主のスービーズ公の裁判権に属することが明記されていたのである。[*61] 領主裁判所の上位裁判所としてのセネシャル裁判所の位置づけは不安定なものであり、ヴィヴァレ地方三部会は、マスクの蜂起を契機に、裁判秩序のヒエラルヒーのなかでセネシャル裁判所の立場の強化を目指したといえるだろう。

総代の改革案の中身について、ラングドック地方総司令官が前もって知っていたかどうかは定かではない。しかし前述したように、ヴィヴァレ地方三部会総代に、改革案を提出するように命令したのは総司令官であった。総司令官は少なくとも、ヴィヴァレ地方の地域秩序の形成において、ヴィヴァレ地方三部会の意見を取り入れることに、同意していたといっていいだろう。

しかし、トゥルーズ高等法院の対応はこうした提案とは相反するものであった。一月二一日にはこの覚書を受け取っているが、[*62] 次節でみていく改革には生かされることはなく、ヴィヴァレ地方三部会総代の提出した改革案を、領主と在地住民の権利を侵害するものとして却下している。[*63]

(2) トゥルーズ高等法院による改革

それでは、トゥルーズ高等法院委員会は、五ヵ月にわたる現地調査の結果、どのような司法制度改革を行ったのだろうか。委員会は、まず任務の途中の一七八四年一月に、あいついで五つの命令を出した。そして、調査からトゥルーズに帰還した三月には、命令の適用範囲をトゥルーズ高等法院管区全域に広げた裁定を下している。まず、これらの命令と裁定をみていき、次にヴィヴァレ地方三部会総代の改革案と比較してみよう。

一七八四年一月一三日、委員会が最初に出した命令は、市の開催期間における債務者逮捕の禁止であった。[*64] 命令書によると、市で商売を行う債務者に対して、取引物を差押えすることが頻繁にみられ、それが地域住民の恐怖をあおり、市には人影がなく、この地域の商業に悪影響を与えているという。こうした商業活動への配慮から、市での債務者逮捕が禁止された。

次に出された命令は、一月一四日の執達吏の職務規定に関するものであった。[*65] 執達吏は、司法関係者のなかで最も下級の官吏で、司法手続きの際には、地域住民と密接なかかわりをもっていたが、多くの者が読み書きさえもできないと問題にされていた。そのため命令書では、執達吏への就任条件が厳密に定義され、職務内容や権限も明確に規定された。

一月二七日に出された命令では、居酒屋の取り締まりが命じられた。[*66] それによると、居酒屋は犯罪の温床となっており、ヴィヴァレ地方の住民の気質である「暴力性」とあいまって、殺人の現場となることが頻繁にみられたという。そのため、ミサの時間帯には居酒屋は閉店することとし、酒の販売も禁止された。また夜間も居酒屋の開店時間は制限された。

一月二八日には、代訴人および公証人の職務規定が行われた。[*67] 代訴人や公証人は、執達吏よりも上級の官吏であり、ここで問題となっていたのは、読み書き能力の問題ではなく、法手続きの遂行にかかわる職務規定であった。代訴人や公証人は、基本的に裁判や法手続きの書面の作成を行う官吏であるから、自ら法手続きを執行する権限はもっていない。しかし実際には、代訴人や公証人は、法手続きの執行の領域まで介入していたため、命令書はこれを権限逸脱と指摘して、権限の明確化につとめた。また、国王裁判所の管区内の代訴人および公証人を把握するために、登録簿を作成することが命じられた。

最後に一月二九日に出された命令は、裁判官およびそのほかの裁判所官吏の職務規定を行った。[*68] そのほかの裁判所官吏とは、すでに職務規定の対象となった執達吏、代訴人、公証人以外の官吏を指す。

以上の五つの命令は、巡回任務にたずさわった委員会による命令であったが、これを受けて、一七八四年三月二〇日に、トゥルーズ高等法院では裁定が下された。[*69] これは、委員会が派遣されたヴィヴァレ地方、ジェヴォーダン地方、セヴェンヌ地方に対してすでに出されていた命令の適用範囲を、トゥルーズ高等法院管区全域に拡大した裁定であった。

これらの委員会の命令とトゥルーズ高等法院の裁定からは、まず、治安への関心がみてとれる。高等法院は、地域の秩序を安定化させるにあたって、蜂起という一時的な状況だけを問題にしたのではなく、市や居酒屋という住民の日常生活に密接にかかわる場所に対して、監督を強化しようとしたのである。

また高等法院は、司法関係者の職務規定を重点的に行っていた。地域の秩序が不安定化した最大の原因は司法関係者にあるとされ、これを構成するさまざまな役職について、その就任条件や権限を厳密に規定することが目指された。

ここで重要なのは、こうした職務規定が遵守されているかどうかを監督するものとして、領主が命じられていた点である。これまでの研究でも、領主裁判所は、王権が伸張したにもかかわらず、フランス革命にいたるまで王国の司法体制の末端を実質的に担い続けていたことが明らかにされている。[*70] 一八世紀後半のラングドック地方においても、領主裁判所と領主の権限を維持ないし強化するという考え方が、高等法院によって後押しされていたことが、この司法制度改革から読み取ることができる。[*71]

こうした高等法院による司法制度改革と、先に検討したヴィヴァレ地方三部会総代による改革案を比較すると、大きな違いがあることは明らかである。三部会総代は、地域の秩序の安定化のためには、領主裁判権の侵害も辞さないかまえであり、また、問題のある司法関係者の監督者としては、領主裁判所ではなく国王裁判所を指示していた。つまり、高等法院とヴィヴァレ地方三部会総代の間では、蜂起後の秩序の形成と維持のためには、国王裁判所の権限を強化するのか、あるいは領主裁判所の権限を強化するのかという点で、意見の相違があったのである。そして、その主張の中身が捻じれていることにも気がつく。地域権力の代表とされる地方三部会は国王裁判所の権力伸長を目指し、国王裁判所である高等法院は領主裁判所の機能の強化を目指していた。王権と地域権力の二項対立の図式で諸権力の利害を理解することには無理があることも、この両者の改革案からみえてくる。

このように、高等法院と地方三部会は、マスクの蜂起後の新たな秩序の構想をめぐって対立していた。マスクの蜂起後には、秩序の安定化に向けて高等法院の力が諸権力によって求められたが、それと同時に地域秩序のヘゲモニーをめぐって諸権力の間には緊張関係も生じていたのである。

おわりに

以上のように、ラングドック地方では、その北東部においてマスクの蜂起が起きたのを契機に、トゥルーズ高等法院が派遣されることになった。ただし、ここで王権によって高等法院に託された任務の内容は、単なる蜂起の後処理という枠組みをこえ、地理的領域についても、扱った紛争や問題においても広範囲にわたるものであった。ここからは王権が、地域秩序の形成と地方統治の要として、高等法院に期待を寄せていたことがわかる。これに対して、高等法院の側も、自らを王権の意図を体現するものとして提示し、王権による地方統治を支える機関として機能することを目指していた。ここでは、一八世紀の政治史を彩るような王権と高等法院の対立の側面は影をひそめ、王権が地方統治においてなお高等法院の権力や権威に依存していたことがうかがえる。

しかし、こうした高等法院の秩序形成者としての実践的な能力には限界があった。高等法院はこの巡回任務において、自前の裁判所システムを有効に活用できておらず、結局は狭義の司法権力ではないはずの地方三部会の実務能力と、これが保有する都市・農村共同体とのネットワークを利用することによって、任務を遂行することが可能となった。近年の研究は、フランス革命まで存続した地方三部会が、この時期に中央財政に大きな貢献をし、その見返りにその権限を拡大強化していったことを指摘しており、特にラングドック地方三部会の集金能力と信用力は王権にとっても頼みの綱であったことが明らかになっている[*72]。王権にとって地方三部会は抑圧の対象ではなく、積極的にこれを温存し利用する対象としてその位置づけを変化させていた。本章で明らかになったのは、こうした地方三部会が財政の領域だけでなく、秩序維持の領域においても地方全域にもっていたネットワークを存分に活用して重要な役割を果たし、さらには未来の秩序形成に関与する機関として、総司令官に重用されていたという点である。

また、この高等法院の権威や地方三部会の実務能力を地方統治において生かすために、総司令官が大きな役割を果たしていたことも明らかである。ラングドック地方総司令官は、高等法院の任務の遂行過程において、常に介入し監督しただけでなく、高等法院と地方三部会を積極的に結びつける役割を果たした。ここから、「王権の代理人」である総司令官は、王権と地方を仲介する役割を果たしただけでなく、地方内部において諸権力を連結する機能を果たし、王権による地方統治を有効なものとしていった様を看取することができる。

このように、諸権力は地域秩序の「再建」を目指し、相互補完的に役目を果たしていたが、そこで目指された秩序には相違があった。ヴィヴァレ地方三部会の総代は、領主裁判権を制限あるいは侵害してでも国王裁判所による裁判秩序の貫徹を訴えた。その主張は、ヴィヴァレ地方内部における権力争いを背景にしたものであり、三部会とセネシャル裁判所の立場の強化を目指したものであった。これに対して高等法院は、これまでどおりの領主権の維持と強化による秩序の安定化を命じた。諸権力は秩序維持において協働したが、その協働の基底には分裂する利害があったことは、重要な点だろう。そこには、協調関係の崩壊の可能性と、権力秩序の変化の契機がうかがえるからである。

註

＊1　代表的なものとして、以下を参照。Jean Egret, *Louis XV et l'opposition parlementaire* (*1715–1774*), Paris, 1970; François Olivier-Martin, *Les parlements contre l'absolutisme traditionnel au XVIII*e *siècle*, Paris, 1988.

＊2　例えばウィリアム・ドイルは、地方に設置されていた高等法院の力を評価するのに際して、国政レベルの問題と地方の問題を対置させ、前者にどれだけ関与したかどうかを判断基準としている。こうした視点のため、高等法院が地方統治のうえで果たした役割は、研究の対象となっていない。William Doyle, «The Parlement of France and the Breakdown of the Old Regime, 1771–1788», *French Historical Studies*, vol. 6, nº 4, 1970, pp. 415–458; idem, *The Parlement of Bordeaux and the End of the Old Regime, 1771–1790*, London, 1974. このような見方とは異なるものとして、最近のクラリス・クーロンの研究が挙げられる。彼女は、王権と地方高等法院の政治意識を問題とし、両者がともに啓蒙思想の影響を受けて「近代化」の道を歩んでいたとし、政治文化のレベルにおける両者の親和性と、地方の政治文化の変容における高等法院の役割を指摘している。Clarisse Coulomb, *Les Pères de la patrie: la société parlementaire en Dauphiné au temps des Lumières*, Grenoble, 2006. しかし、実践としての政治のレベルにおいては、両者の協調関係よりも対立的側面を重視しており、両者の相互依存関係を問題にする本章とはこの点が異なる。

＊3　カロリーヌ・ル＝マオが編集した論文集では、高等法院の人員のなかでも国王が直接任命する院長や、国王が任命に介入する検事局の人員が共通のテーマとなっており、高等法院が王権に従属する側面が再考されている。Caroline Le Mao dir., *Hommes et gens du roi dans les parlements de France à l'époque moderne*, Pessac, 2011. なお、ル＝マオは、もともとルイ一四世の治世下における高等法院が専門であり、一七世紀および一八世紀をとおしてみられるとされた王権と高等法院の対立関係について、精力的に見直しを進めている。Caroline Le Mao, *Parlement et parlementaires. Bordeaux au Grand siècle*, Seyssel, 2007.

＊4　マスクの蜂起の研究全体については、前章で整理したとおりである。そのなかで、本章で分析する高等法院派遣に関しては、以下の研究が最も詳しく、蜂起参加者の意図がどのように政治に反映されたのかという観点から分析を行っている。Pierre Négre, *Les troubles populaires dans les Cévennes en 1783*, Thèse Droit, Montpellier, 1950. 蜂起参加者の声が軽視されたという主張もある。Déborah Cohen, «Les répertoires de l'action: logiques sociales des acteurs ou contraintes de l'espace de réception? L'exemple de la révolte des «masques armés» (1783–1785)», *Annales historiques de la Révolution française*, t. 359, nº 1, 2010, pp. 23–28.

＊5　Stephen Miller, *State and Society in Eigteenth-Century France: A study of political power and social revolution in Languedoc*, Washington, D.C., 2008, pp. 49–50.

＊6　註4で取り上げたコーエンは、委員会の開催時の民衆に対する言説も取り上げている。しかし、これを理解するうえで重要

だと考えられる、委員会実施の経緯については分析していない。

＊7　そのため本章では、トゥルーズ高等法院の命令や裁定は、フランス国立文書館に所蔵されているものを用いる。また、この時作成された委員会調書は、以下で指摘されているように発見されていなかった。Michaël Sonenscher, «La révolte des Masques armés de 1783 en Vivarais», *Vivarais et Languedoc,* Montpellier, 1972, pp. 247–263. しかし近年、その存在が示された。Cohen, *op. cit.,* p. 23, note 50. 筆者は現在のところこの史料を確認できていない。

＊8　Auguste Puis éd., *Une famille de parlementaires toulousains à la fin de l'Ancien Régime. Correspondance du Conseiller et de la Co^{tesse} d'Albis de Belbèze* (*1783–1785*), Paris, 1913（以下、*Une famille* と略記）. ダルビ＝ド＝ベルベーズは、一七三〇年生まれで当時トゥルーズ高等法院の大審部（grande chambre）の評定官（conseiller）であった。年齢と所属部署からいって、任務当時にはベテランの高等法院官僚であったといえる。彼の経歴については、上記の書簡集の序章に詳しい記述がある。*Une famille,* pp. 11–22. また、以下も参照。J. Balteau, M. Barroux et M. Prevost dir., *Dictionnaire de biographie française,* Paris, t. 1, 1932, pp. 1251–1252.

＊9　ラングドック地方長官および総司令官の史料は、エロー県文書館のC系列に収められている。

＊10　ヴィヴァレ地方三部会の史料は、アルデーシュ県文書館のC系列に整理されている。なお、ヴィヴァレ地方にはトゥルーズ高等法院に直属する国王下級裁判所としてヴィルヌーヴ＝ド＝ベルグ・セネシャル裁判所が設置されていたが、筆者の史料調査では、その史料群のなかに、本章で扱うトゥルーズ高等法院の巡回任務に関係する史料は発見できなかった。

＊11　A.D.Hérault, C 6886. 四月三〇日にはアノネー近郊で、小麦を積んだ荷車が三台襲撃され、運搬人が発砲したため二名が死亡し、一名が重傷を負った（pièce 73, lettre du 09/05/1783）。六月九日にはラルジャンティエール付近で、若者からなる一団が街道で通行人に発砲して多くの負傷者を出し、四人が逮捕されている（pièce 117, lettre du 30/06/1783）。総司令官によれば、この事件の背景には、数年来にわたる隣村の若者同士の反目があったという。

＊12　A.D.Ardèche, C 9, *Procès-verbal des délibérations de l'assemblée des États particuliers et assiette du pays de Vivarais,* p. 81; Claude de Vic et Joseph Vaissète, *Histoire générale de Languedoc,* Toulouse, 1876, vol. 13, p. 1313.

＊13　A.N., O^{1} 479, p. 264, dépêche du secrétaire d'État de la maison du roi au Comte de Périgord, 19/06/1783.

＊14　*Ibid.*

＊15　A.N., O[1] 479, p. 264, dépêche du secrétaire d'État de la maison du roi au garde des sceaux, 14/06/1783.

＊16　A.D.Ardèche, C 1084, pièce 7, lettres patentes du roi, 22/07/1783 avec l'arrêt de registre du parlement de Toulouse, 09/08/1783.

＊17　委員会のメンバーは、評定官としてダルビ＝ド＝ベルベーズのほかに、クレモン＝ジャン＝オギュスタン・ド＝レ＝ド＝サン＝ジェリ（Clément-Jean-Augustin de Ray de Saint-Géry）、ルイ＝エマニュエル・ド＝カセニョ＝ド＝サン＝フェリクス（Louis Emmanuel de Cassaignau de Saint-Félix）、ジャン＝ジョセフ・ダガン（Jean-Joseph Daguin）。また、四名の評定官のほかに、検事補佐（substitut du procureur général）が一名、書記官（notaire, secrétaire ou greffier）が一名、執達吏一名が同行することが、上記の一七八三年七月二二日の開封王状で命じられた。また、同年八月三一日の開封王状では、同行する官吏がそれぞれ二名に増員することが命じられている（A.D.Hérault, C53）。

＊18　同時期、トゥルーズ高等法院は、トゥルーズ市制の改革をめぐっても王権と対立していた。Germain Sicard, «L'administration municipale de Toulouse à la fin du XVIIIe siècle», *Ville de l'Europe méditerranénne et de l'Europe occidentale du moyen âge au XIXe siècle: actes du colloque de Nice, 27–28 mars 1969,* Nice, 1969, pp. 159–165.

＊19　グラン・ジュールの定義は以下による。Claude-Joseph de Ferrière, *Dictionnaire de droit et de pratique,* Paris, vol. 1, 1769, p. 656.

＊20　Yves-Marie Bercé, «La dispartion des Grands Jours», *La France d'Ancien Régime: Études réunies en l'honneur de Pierre Goubert,* Toulouse, 1984, t. 1, pp. 61–70; Bernard Barbiche, «Grands Jours», Lucien Bély dir., *Dictionnaire de l'ancien régime,* Paris, 1996, pp. 616–617; idem, *Les institutions de la monarchie française à l'époque moderne,* Paris, 1999, p. 346.

＊21　ベルセとバルビッシュは、前掲の著作のなかで、グラン・ジュールが、ルイ一四世の親政期にあたる一六六〇年代に消滅するとし、この点を地方長官制の普及と関連させ、地方統治のあり方が裁判的統治から行政的統治へ移行したと解釈している。しかし、本章で扱っている高等法院派遣のように、「グラン・ジュール」と呼称されないながらも、これと同じ方式の裁判・行政手続きが行われる事例はほかにも存在したと考えられ、ベルセやバルビッシュが行ったような図式的な把握では、統治の実態を見誤る可能性もあるだろう。

＊22　A.D.Ardèche, C 1084, pièce 38, lettre du commandant en chef au syndic des États particuliers du Vivarais, Paris, 24/07/1783.

＊23　A.D.Ardèche, C 1084, pièce 33, *Notte touchant l'arrivée en Vivarais de la commission du parlement et les suites des opérations dans le pays.*

＊24　A.D.Ardèche, C 1084, pièce 36, copie de la lettre écrite au procureur général du parlement de Toulouse, Aubenas, 16/08/1783.

＊25　A.D.Ardèche, C 1084, pièce 39, lettre du procureur général du parlement de Toulouse au syndic des États particuliers du Vivarais, 23/08/1783.

＊26　A.D.Ardèche, C 1084, pièce 44, lettre du syndic des États particuliers du Gévaudan au syndic des États particuliers du Vivarais, 03/10/1783.

＊27　A.D.Ardèche, C 1084, pièce 43, lettre de Laforest au syndic des États particuliers du Vivarais, Joyeuse, 29/09/1783.

＊28　*Ibid.* ヴィヴァレ地方三部会総代には、トゥルーズ高等法院から直接の連絡はなく、ラフォレによる報告が、総代が情報を得たきっかけだと考えられる。それというのも、委員会派遣に関する書簡については、三部会によって一覧表が作成されているが、そこにもトゥルーズ高等法院からの書簡は含まれていないからである。A.D.Ardèche, C 1084, pièce 33, *Notte touchant l'arivée en Vivarais de la commission du parlement et les suites de ses opérations dans le pays.*

＊29　A.D.Ardèche, 25B 79, procès-verbal de descente en la ville des Vans de la maréchaussée avec la sénéchaussée de Villeneuve de Berg, 23/10/1783 et jours suivants.

＊30　A.D.Ardèche, C 1084, pièce 25, *Copie de la lettre écrite a Mr de Ray de St Gery conseiller au parlement president de MM les com*[rs] *du parlement, D'Aubenas le 30*[e] *septembre 1783.*

＊31　A.D.Ardèche, C 1084, pièce 33, *Notte touchant l'arrivée en Vivarais de la commission du parlement et les suites des opérations dans le pays.*

＊32　A.D.Ardèche, C 1084, pièce 24, réponse de Ray de St. Géry, Mende, 03/10/1783. なお、宿泊場所としては、四名の評定官と二名の書記官、一名の秘書、二名の検事補佐と二名の執達吏の合計一一名が一緒に宿泊できる場所が希望されていた。

＊33　A.D.Ardèche, C 1084, pièce 44, lettre du syndic des États particuliers du Gévaudan au syndic des États particuliers du Vivarais, 03/10/1783; pièce 45, lettre du syndic du Gévaudan, 01/10/1783; pièce 40, lettre de l'évêque de Mende, 01/10/1783. ジェヴォーダン地方三部会総代が、都市・農村共同体に宛てた書簡（pièce 45）では、開封王状を教会の入り口に掲示することや、一〇月五日のミサの後に読んで貼り出すことが指示されていた。この点が守られたことを証明するために、各都市・農村共同体は、トゥルーズ高等法院検事代理に宣誓するかたちで証明書を作成することになっており、その様式も残されている（pièce 40）。

＊34　A.D.Ardèche, C 1084, pièce 5, lettre du syndic des États particuliers du Vivarais, 08/10/1783.

＊35　A.D.Ardèche, C 1515, pièce 4–5.

＊36　この回覧方式は、今回の高等法院派遣だけに採用された方式ではなく、ヴィヴァレ地方三部会が情報の周知のために通常使用していた方法のようである。例えば、高等法院派遣を周知させた回覧状が収められている史料群（A.D.Ardèche, C 1515）には、ほかにも国王諮問会議の裁定などをこの方式で配布していたことを示す史料が残されている。

＊37　高等法院委員会メンバーの一人であるダルビ＝ド＝ベルベーズの書簡でも、モンプリエ到着の詳細が記述されていない。彼の書簡で総司令官がはじめて出てくるのは、任務の終盤の一七八四年一月七日ヴィヴァレ地方周辺のシャンボナからの書簡においてである。*Une famille*, p. 154.

＊38　A.D.Ardèche, C 1084, pièce 5, lettre du syndic des États particuliers du Vivarais, 08/10/1783.

＊39　*Une famille*, pp. 120–122, 124–125, 127–128.

＊40　*Ibid.*, pp. 83–84.

＊41　委員会が最初に訪れた訪問地であるジェヴォーダン地方の中心都市マンドでも、入市式の際に、民兵隊が歓迎の意を表すためにマスケット銃を一斉射撃していた。*Une famille*, p. 50.

＊42　A.D.Hérault, C 6886, pièce 142, lettre du premier consul du St. Cierge au commandant en chef, 02/11/1783; pièce 143, réponse du commandant en chef, 10/11/1783.

＊43　A.D.Ardèche, C 1084, pièce 24, lettre de Ray de St. Géry au syndic des États particuliers du Vivarais, Mende, 03/10/1783.

＊44　A.D.Ardèche, C 1084, pièce 5, lettre du syndic des États particuliers du Vivarais, 08/10/1783.

＊45　*Une famille*, pp. 68–69. 一七八三年一〇月一八日ランゴーニュからの書簡。

＊46　A.D.Ardèche, C 1084, pièce 42, lettre du substitut du procureur général au syndic des États particuliers du Vivarais, 09/12/1783.

＊47　ヴィヴァレ地方三部会総代の問い合わせは一七八四年二月一一日に行われている。領主裁判所からの回答は、以下に収められている。A.D.Ardèche, C 1084.

＊48　*Une famille*, p. 177.

＊49　A.D.Ardèche, C 1084, pièce 10, *Mémoire du syndic du Vivarais*（以下、*Mémoire*と略記）。この改革案にはページ番号は振られていないが、本章では便宜的に、“Mémoire”というタイトルからはじまる最初のページから順にページ番号を割り当て、以下で引

用する場合には、ページ番号もあわせて示す。

＊50 *Mémoire*, p. 1.

＊51 *Ibid.*, pp. 10–11, 29–31.

＊52 *Ibid.*, pp. 11, 32–35.

＊53 *Ibid.*, pp. 10–13.

＊54 *Ibid.*, p. 13.

＊55 一七六七年王令第一五条。

＊56 総代がこの覚書で指摘しているように、一七六七年の王令のこの条項は実質的にほとんど実行されなかったという。

＊57 *Mémoire*, pp. 16–21.

＊58 *Ibid.*, pp. 13–15.

＊59 *Ibid.*, pp. 21–23.

＊60 A.D.Ardèche, C 1084, pièce 104, *Projet des arrondissements des justices seigneuriales selons le phisique des lieux, janvier 1784.*

＊61 一七八一年王令第九条。

＊62 A.D.Ardèche, C 1515, pièce 93, lettre de Ray de St. Géry, 21/01/1783.

＊63 A.D.Ardèche, C 1084, pièce 4, *Observations sur les moyens proposés a MM les comm*^{res} *du parlement au mois de janvier 1784 pour reformer divers abus dans l'ordre du la justice et sur ce qui a été fait ou proposé depuis lors.*

＊64 A.N., H 1103, pièce 148.

＊65 *Ibid.*, pièce 147.

＊66 *Ibid.*, pièce 146.

＊67 *Ibid.*, pièce 145.

＊68 *Ibid.*, pièce 144.

＊69 *Ibid.*, pièce 143.

＊70　浜田道夫「一八世紀ボージョレ地方における領主刑事裁判―サン＝ラジェ裁判区とその周辺―」『社会経済史学』第六四巻第四号、一九九八年、四六一―四九一頁；志垣嘉夫『フランス絶対王政と領主裁判権』九州大学出版会、二〇〇〇年。ブノワ・ガルノは、領主裁判所が、民事や刑事だけでなく、居酒屋の営業時間の管理など治安の領域でも、アンシアン・レジーム末期まで積極的な役割を果たしたことを指摘している。Benoît Garnot, «Une rehabilitation? Les justices seigneuriales au XVIIIe siècle», *Histoire, écoomie et société*, t. 24, n° 2, 2005, pp. 221‒232.

＊71　ミラーは、トゥルーズ高等法院が一八世紀後半になるにつれて、領主権を擁護する裁定を多く出すようになったことを指摘している。Miller, *op. cit.*, p. 52.

＊72　Marie-Laure Legay, *Les États provinciaux dans la construction de l'État moderne aux XVIIe et XVIIIe siècles*, Genève, 2001; 伊藤滋夫「一八世紀ラングドックにおける地方三部会と金利生活者」『西洋史学』第二二七号、二〇〇七年、一―二一頁。

第六章　地方統治と地域住民

はじめに

ここまで本書では、地域秩序の形成をめぐって諸権力がそれぞれの利害にもとづき対立しながらも、互いに交渉を繰り広げて協調関係を築き、支配秩序を形成していた側面をみてきた。本章は、こうした支配秩序を形成していた王権と諸権力が、蜂起を起こした地域住民とどのように対峙したのかという点を分析するために、マスクの蜂起参加者そのものへの諸権力の対応に焦点をあてていく。諸権力は、マスクの蜂起が起きたことによって、地域住民の意見を聞く機会を設けたが、それと同時に蜂起参加者へ苛烈な処刑を行い、それを公開することによって、あるべき秩序を回復しようとしたのである。ここでは、統治の基盤に存在していた物理的暴力が明らかになる。

地域住民がいかに統治権力に対応したのかという点を分析しようとする場合、民衆蜂起は恰好の事例を提供すると考えられるが、実はこうした視点から、アンシアン・レジーム期の蜂起を研究することには、近年まで多くの限界があった。先にみたように、ポルシュネフ＝ムーニエ論争以来、一九六〇年代から八〇年代にかけて多くの蜂起研究が生まれた。しかし、一七世紀末のルイ一四世の親政開始以降については、大規模な蜂起がそれ以前と比べて起こらなかったという点から、蜂起の存在が軽視されてきた。ルイ一四世による「絶対王政」は、行政組織を全国に行きわたらせ、抑圧システムを実効力のあるものにすることに成功し、経済的繁栄と人心の平穏化のなかで、蜂起はほとんど起こらなくなったとされてきたのである。[*1] その後の一八世紀に起きた蜂起はもちろん知られていたが、散発的なものと位置づけられ、さらにこれらの蜂起は、食糧蜂起が大半を占め、反税運動のような直接的に王政批判に結びつくものではなかったと考えられてきた。[*2]

しかし、二〇〇二年に発表されたジャン・ニコラを中心とした研究は、こうした理解を根本から問い直すこととなった。[*3] ニコラは、蜂起が下火になると考えられていた一六六〇年から一七八九年の間に、フランス全土で起きた八五〇〇件以上の騒擾を数え上げた。ニコラの蜂起の定義は、四人以上の参加者がいる場合としているため、これまで蜂起とみなされることがほとんどなかった集団行動をも蜂起として数え上げている点を、考慮する必要がある。しかし、こうした視点を採ることによってニコラは、ルイ一四世の親政期以降、アンシアン・レジーム末期まで、フランス全土の蜂起はやむことはなく、むしろ増加していたことを明らかにした。そして、一八世紀の蜂起は食糧蜂起に偏ることなく、依然として課税への反発を理由とするものが多く、軍隊や警察組織、領主を攻撃する蜂起も常に存在し続けたことが指摘された。[*4]

すなわち、アンシアン・レジーム期には、一八世紀末にいたるまで、地域偏差がありながらも全国で蜂起が頻発していたのであり、王権は絶え間なく起こる蜂起への対応を常に迫られていたことになる。この点からも、この時代を王権の強化のもとに国家や社会の近代化が前進すると単線的にみなす、近世フランス像は見直す必要が出てくるだろう。王権や諸権力にとって、地域住民との関係は、暴力をともなう緊張に満ちた関係であったと考えなくてはならない。そして、王権と地域権力の協働関係は、このように蜂起が常態化していたなかで形成されたものとして、とらえる必要があるだろう。

一八世紀のラングドック地方で起きたマスクの蜂起も、この文脈で理解することができる。ニコラの整理によると、ラングドック地方およびヴィヴァレ地方は、フランス全土のなかで蜂起が最も頻発していた地域であった。[*5] ラングドック地方では、一八世紀初頭にカミザール戦争と呼ばれる、プロテスタントによる大規模な蜂起が起きている。蜂起は国王軍によって鎮圧されたが、プロテスタントの地下活動は続き、また地方内部におけるカトリックとプロテスタントの暴力をともなう対立はフランス革命期までくすぶった。[*6] また、食糧蜂起および反税蜂起は、ラングドック地方でも一八世紀をとおして生じていた。[*7]

さらにニコラによると、マスクの蜂起が起きた一七八〇年代は、一七六〇年代から本格化する蜂起の増加傾向の真っただなかであるのと同時に、アンシアン・レジーム末期の蜂起の頻度が顕著な伸びを示した時代であった。[*8] 騒擾が多発するなか迫られたマスクの蜂起への対応は、諸権力にとって重大な局面と認識されていたと考えられる。

これまでのマスクの蜂起研究では、蜂起に垣間見られる民衆の行動様式や心性に焦点があてられてきた。[*9] こうした視点は、一九八〇年代までに集中的に進められた民衆蜂起研究の全般的傾向に合致する。しかし、その訴追や処刑をとおして統治権力がいかに秩序を回復しようとしたのかという点は、議論の中核にすえられることがなかった。本章では、マスクの蜂起参加者に対して、王権や地域諸権力がどのように対応し秩序が再建されようとしたのかという点と、地域住民がこうした事後処理にいかに反応したのかという点に焦点をあてていく。

おもな史料は、マスクの蜂起参加者への尋問調書、判決、処刑の実施記録、恩赦状など、裁判記録と軍隊記録である。[*10] これらを用いて、諸権力によって訴追がどのように行われ、その結論としての処刑がどのように実施されたのかという点を明らかにしていく。裁判と処刑は、諸権力が考えるあるべき秩序の姿が示される機会であった。しかし、一方でその対応は、むしろ権力側の統治の不完全さを露呈するものでもあった。これをあわせて検討していこう。これらをとおして、王権と地域諸権力による統治が、地域住民とのせめぎあいのなかで行われていた点をみていきたい。

第一節　マスクの蜂起参加者の訴追

ここではまず、マスクの蜂起参加者に対して行われた訴追が、どのように進められていったのかという点を確認していく。そして、六ヵ月の審理の結果下された判決の中身をみていきたい。これらの訴追の手続きと判決には、蜂起へ厳しい態度で対応しようとした担当裁判所の姿をみて取ることができるが、しかし裁判の限界も同時に明らかとなる。そこには、統治を行おうとする諸権力と、そこから逃れようとする人々の姿が浮かび上がる。裁判を遂行しようとした当局に、地域住民はいかに対応したのだろうか。

(1) 訴追

第四章ですでにみてきたように、一七八三年一月から二月にかけて起きたマスクの蜂起に対しては、四つの裁判機構が一斉に訴追を開始し、管轄争いが生じた。その後、訴追を一本化するために、同年三月一日には国王諮問会議によって裁定が下され、マスクの蜂起参加者の訴追を担当するのは、ル＝ピュイ・マレショーセであり、その裁判には、ヴィルヌーヴ＝ド＝ベルグ・セネシャル裁判所が加わることが命じられた。

この裁定では、マレショーセが裁判を遂行することが命じられていたが、実際の裁判は、セネシャル裁判所によって運営されていた点に注意が必要だろう。マレショーセは、一種の軍隊組織であると同時に裁判役人をかかえていたが、裁判を行う際には別の国王裁判所の裁判官と合同で行わなければならなかった。そのため、マスクの蜂起の裁判においては、ヴィヴァレ地方のセネシャル裁判所がその実施に加わった。

具体的には、複数の裁判所が別個に行った裁判記録の収集と保管を、ヴィルヌーヴ＝ド＝ベルグ・セネシャル裁判所の書記局が一本化した。また、逮捕者は同セネシャル裁判所の牢獄に収監され、裁判もヴィルヌーヴ＝ド＝ベルグで行われた。そして最終的な判決を下した裁判官団九人のうち、ル＝ピュイ・マレショーセ代官の一人以外は、ヴィルヌーヴ＝ド＝ベルグ・セネシャル裁判所の裁判官によって構成されていた。[*11] 蜂起の鎮圧を含む初期の裁判において、実効力を示したのはマレショーセであったが、その後の裁判は、実質的にはセネシャル裁判所によって運営されていたといえる。

マスクの蜂起参加者への訴追は、通常の刑事事件とほぼ同じ手続きをふんでいった。基本的な手続きの順番は、以下のように進んでいる。[*12] ①裁判請求（requête en plainte）→②証人召喚（assignation à témoine）→③証人尋問（information）→④（逮捕の）決定（décret）→⑤被疑者尋問（interrogatoire）→⑥証人の供述検真（récolement）→⑦被告と証人との対決（対質）（confrontation）→⑧裁判官合議となる。

訴追は、蜂起参加者を一斉に裁判にかけるのではなく、蜂起が最終的に鎮圧される以前から数名ずつ開始されていた。マスクの蜂起の最終的な鎮圧は、一七八三年二月二〇日であったが、それより前の二月七日にはすでに参加者に対する裁判請求がはじまっていた。すなわち、蜂起はレ＝ヴァンスではじまり、その後三週間の間にヴィヴァレ地方の各農村に拡散していったが、当局はこれに一つ一つ対応していくなかで、一名もしくは複数名ずつ、訴追を開始していったことになる。

裁判は、蜂起の起きた当初は現場で行われることもあったが、多くはセネシャル裁判所の本拠地であるヴィルヌーヴ＝ド＝ベルグで行われた。ヴィルヌーヴ＝ド＝ベルグは、蜂起が実際に起きたレ＝ヴァンスからは三〇キロメートル北に位置し、被疑者の移送には多くの手間を要した。また、マスクの蜂起の訴追には、被疑者だけでなく証人として多くの地域住民が裁判所に召喚されており、これも地域住民の負担となっていたといえるだろう。

約六ヵ月にわたった審理で、被疑者となったのは七六名であった。次に、審理の結果下された判決の中身をみていこう。

(2) 判決

一七八三年八月六日、マスクの蜂起参加者には、上告が認められない最終審判決としてプレヴォ判決が下されることになる。被疑者は七六名に及び、[*13] そのうち三三名に有罪判決が下された。訴追の過程では、当日のアリバイが認められ、釈放を勝ち取った者や、嫌疑が不十分のため判決が見送られ引き続き調査が進められるとする結論に付された者も出ている。有罪判決を受けた者のうち、一五名に死刑の判決（車刑六名、絞首刑九名）が、残りの多くの被告にはガレー船徒刑（一七名）が命じられた（表6）。

ガレー船徒刑とはどのような刑罰だろうか。ガレー船は、漕ぎ手を必要とした軍船であり、乗船員は漕ぎ手としての過酷な労働と、戦時における兵士としての仕事に従事しなければならなかった。そのため、乗務員のリクルートは難しく、一七世紀はじめ以降は、奴隷や戦争捕虜、脱走兵以外に、有罪判決者がガレー船へ移送されるシ

表6　判決一覧

氏名	判決によって申し渡された刑	裁判への出席状態，刑の執行
Antoine Favant	死刑（車刑）	処刑
François Labillerie	死刑（絞首刑）	処刑
Louis Chiristophle	ガレー船終身	(出席)
Jean-Baptiste Mathieu（d: Gigagne）	ガレー船終身	(出席)
Pierre Vedel	ガレー船 7 年	(出席)
Louis Agniel	ガレー船 7 年	(出席)
Jean Triat	ガレー船 7 年	(出席)
Jean Allegre	ガレー船 7 年	(出席)
Joseph Morier	ガレー船 7 年	(出席)
Jean-Baptiste Durand	ガレー船 7 年	(出席)
Jean Chamboredon	セネシャル裁判所管区で 3 年裁判忌避（s'abtenir）（6ヵ月の調査続行も命令）	(出席)
Jean Combe	死刑（車刑）	処刑
Augustin Jullian de la Rouveyrolle	死刑（絞首刑）	(出席)
Jacques Deffobis	ガレー船 7 年	(出席)
Pierre Poitevin	ガレー船 7 年	(出席)
Antoine Mathieu	ガレー船 7 年	(出席)
Louis Charbonnier	ガレー船 7 年	(出席)
Dégoux（d: Lachamp）	死刑（車刑）	欠席，人形による処刑
Etienne（d: le Rouge）	死刑（車刑）	欠席，人形による処刑
Pierre Rey	死刑（車刑）	欠席，人形による処刑
顔・髪が黒く，5ピエ4プスの身長，流暢なフランス語を話す者	死刑（車刑）	欠席，人形による処刑
Baptiste Souchette	死刑（絞首刑）	欠席，人形による処刑
Louis Guadilhes（d: Greffier）	死刑（絞首刑）	欠席，人形による処刑
Lionnois という名前の者	死刑（絞首刑）	欠席，人形による処刑
Brahic の長男（d: Sartre）	死刑（絞首刑）	欠席，人形による処刑
Boissin の息子	死刑（絞首刑）	欠席，人形による処刑
Mathieu Reverdin	死刑（絞首刑）	欠席，人形による処刑
François Salgon	死刑（絞首刑）	欠席，人形による処刑
Clapier du Grand-Brahic	ガレー船 9 年	欠席，判決の掲示
Jacques Laurens の息子	ガレー船 9 年	欠席，判決の掲示
Privat Bayle の息子	ガレー船 9 年	欠席，判決の掲示
Jean-Baptiste Saut	ガレー船 9 年	欠席，判決の掲示
Pierre Toulouse	ガレー船 5 年	欠席，判決の掲示

註：表中の d は通称（dit）の略.
出典：A.D.Hérault, C 47, pièce 33. マスクの蜂起裁判判決より筆者作成.

ステムが確立されていった。ルイ一四世治世期の一六八〇年から一七一五年には、三万八〇〇〇人がガレー船の基地であったマルセイユに送り込まれ、約半数が死亡している。軍船の大規模化にともない、ガレー船はしだいにその役割を低下させていき、一七四八年にはガレー船組織は海軍に統合されるが、これ以降も、「ガレー船徒刑」は、死刑に続き重い刑罰として存続した。ガレー船徒刑の判決を受けた者は、トゥーロンやブレストといった軍港に設置された徒刑場で、武器や軍船の製造や修理といった強制労働に従事することになる。[*14] こうして、マスクの蜂起に参加することにより、死刑以外の有罪判決を下された者たちの多くは、*GAL* の文字が肩に刻まれ、徒刑場に送り込まれることが命じられたのである。

このように、マスクの蜂起の参加者には、死刑とガレー船徒刑というきわめて重い処罰が命じられた。アンシアン・レジーム期には、全国統一の刑法典は存在せず、どのような犯罪にどのような刑罰が科せられるかを示す法規は存在していなかった。[*15] 裁判は、その地域の慣習法や教会法、個別の法規を参照して行われ、その判決は裁判権者の恣意性によっても左右されるものであった。つまり判決には、裁判にかかわった王権や地域権力がいかに現状を認識し、どのような秩序を形成したいと考えていたのかという点を読み取ることができるのである。マスクの蜂起に対する諸権力の厳しい対応には、諸権力の地域秩序の動揺に対する危機感と、物理的暴力をともなう統治への意欲をみて取ることができるだろう。

(3) 裁判の限界

訴追手続きは厳格に遂行され、判決も重くみえるマスクの蜂起参加者への裁判であるが、判決文では奇妙なことに気がつく。被疑者の名前である。被疑者のなかには、名前が特定できていない者が多数含まれていたのである。例えば、「〇〇の妻」、「〇〇の長男」、「〇〇の息子」、「〇〇の婿」、「〇〇の甥」といった、姓と名に関する情報が不完全である者が、訴追の対象となっているのである。例えば、「デグー、通称名ラシャン」は名と通称名のみで死刑判決を受けている。[*16] またその妻も、「ローズ、レ＝ヴァンス在住のデグー、通称名ラシャンの妻」という特定の仕方で、判決後六ヵ月間の調査の継続が命じられていた。デグーの妻という、人的ネットワークを示す指標は示されているものの、やはり彼女も姓は不明である。

こうした記載のうち、最も目を引くのは、「顔と髪が黒く、五ピエ四プス［約一七三センチメートル］[*17]の身長で、流暢なフランス語を話す者」という被疑者であろう。身体の特徴が把握され、またラングドック地方では日常言語としておもに用いられていたオック語ではなくフランス語を使用することができた点で、上流の階層に属する者であったことが予測される。しかし、どこのだれかといった情報が一切含まれていない人物も、訴追され死刑がいい渡されているのである。

こうした名前が特定されていない人物たちの多くは逮捕されておらず、裁判に欠席のまま訴追されていた。[*18] 有罪判決を下された三三名のうち、少なくとも一六名が裁判を欠席したまま判決が下されていたのである。裁判が多くの被疑者を欠いたまま遂行されたものであり、それでも多くの死刑判決を出している点は、この裁判の特徴を理解するうえで重要である。裁判は、現在のわれわれの感覚からすると、多くの逃亡者を生み出し、欠陥の多かったものであったかにみえる。しかし後に確認するように、当時の諸権力は、これで十分な成果があったと認識していた。

また、逮捕することができない者であっても、訴追を行い判決を下した理由として、判決と処刑が公開性をともなっていたことも考慮する必要があるだろう。欠席であっても氏名は公にされ、処刑は通常の有罪判決者と同じく執行されたのである。欠席のため、最初から訴追の対象としないこととは違い、有罪判決を宣告することの重みは、裁判官に認識されていたといえるだろう。

以上のように、マスクの蜂起参加者の訴追は、蜂起が起きた地域を管轄下におくヴィヴァレ地方のセネシャル裁判所によって実質的には進められた。その判決は多数の死刑とガレー船徒刑を宣告する、きわめて重いものであった。ただし、その有罪判決者のなかには姓名を特定できていない者が多数含まれており、裁判所の機能の限界も指摘することができる。多くの逃亡者がいるなかで、それでもなお身体刑を下すことにこだわる裁判所には、地域秩序の動揺に対する危機感や、蜂起への強い対応へのこだわりを看取することができる。

こうして下された判決は、どのように実施に移されたのだろうか。そしてそこでは何が目指されたのだろうか。この点を次にみていこう。

第二節　物理的暴力による統治

ここでは、死刑の執行と、欠席裁判による有罪判決を受けた者に対する処刑をみていく。物理的暴力による支配は、諸権力による地域秩序をめぐる争いの根源に存在するものとして考える必要がある。

(1)　死刑の執行

マスクの蜂起参加者への判決が下された二ヵ月後、処刑は実行に移された。死刑を宣告された者たちは、レ＝ヴァンスへ移送されることとなった。レ＝ヴァンスはマスクの蜂起が最初に起きた村であり、大規模な国王軍による鎮圧が行われた場所である。諸権力は、裁判が行われたヴィルヌーヴ゠ド゠ベルグから、わざわざ手間をかけてレ゠ヴァンスに移動し処刑を行うこととしたのである。

一五名の死刑判決を下された者のうち、実際にレ゠ヴァンスで処刑が実施されたのは、三名である。受刑者の移送と処刑の実施には、国王軍とマレショーセが動員され、十全たる準備が進められた。これは、国王による命令を受けて、司令官のカンビス（Vicomte de Cambis d'Orsan）によって進められたもので、軍隊の配置についてはセネシャル裁判所刑事代官にも事前に報告されていた。[*19]

受刑者の処刑場への移送には、アレスに駐留していたフランス陸軍ソワソネ連隊の擲弾兵部隊が出動していた。部隊は、一〇月一三日にアレスを出発し、二一日にヴィルヌーヴ゠ド゠ベルグに到着した。[*20] そこで三名の死刑囚をともない、二三日に処刑場に向けて出発し、レ゠ヴァンスに二四日に到着している。また、同じくソワソネ連隊の歩兵部隊は、二〇日にアレスを出発して、レ゠ヴァンスと近郊の村サン゠タンブロワをつなぐ街道に配置された。

軍隊の派遣と配置を命じた司令官のカンビスは、これらの部隊以外にも、必要があればヴィヴァレ地方およびセヴェンヌ地方に駐留しているすべての部隊を指揮することを司令官たちに許可していた。[*21] 処刑のために、騎馬警察隊であるマレショーセだけでなく、国王軍が動員されている点に、当局の警戒が読み取れるのと同時に、死刑囚と軍隊の移動には、各地に物々しい空気を生み出したことが推測される。

この死刑囚の処刑場への移送には、裁判にあたったル゠ピュイ・マレショーセ代官とヴィルヌーヴ゠ド゠ベルグ・セネシャル裁判所刑事代官、そして書記官が同行していた。[*22] 彼らは、死刑囚を移送するためにヴィルヌーヴ゠ド゠ベルグに到着したソワソネ連隊とともに、二三日にレ゠ヴァンスに向けて出発した。

処刑は、一〇月二五日に執行された。朝八時過ぎ、三名の死刑囚が収監されていたレ＝ヴァンスの牢獄に、ヴィルヌーヴ＝ド＝ベルグから同行してきた裁判官たちが訪れ、その立会いのもと書記官によって判決文が読み上げられた。[*23] 処刑された三名は、農地耕作人のアントワーヌ・ファヴァン、[*24] 同じく農地耕作人のジャン・コンブ、[*25] そして領主裁判所検事のフランソワ・ラビルリーであった。[*26]

三名の罪状は、判決文では以下のように示されている。アントワーヌ・ファヴァンは、数名の蜂起参加者を率いて、複数の公証人宅に侵入し、食糧や家具、金銭を強奪したとされた。銃の使用も疑われている。領主裁判所の検事であったフランソワ・ラビルリーは、ファヴァンとともに行動し、マスクの一団のリーダーの一人とみなされていた。同じく銃を所有していた。また、ジャン・コンブは、シャンドラ村の書記をつとめていた公証人宅に押し入り、農村共同体の書類を焼却し、家具や衣類、食糧などを奪った。彼は二〇〇人の蜂起参加者とともに、レ＝ヴァンスで鎮圧にあたった国王軍に銃をもって歯向かったことが指摘されている。すなわち、三名はともに蜂起の首謀者格と考えられ、武器を携行し略奪や書類の焼却を行い、国王軍に反抗したことが問題視されたのである。彼らはいずれも殺人を行っていないことを、ここで確認しておこう。

彼らに対しては、まず加辱刑（amende honorable）が実施された。判決文では細かい実施の規定が盛り込まれている。三名は、シャツのみ着用して首に縄をかけられ、レ＝ヴァンスの小教区教会の第一門の前に連れていかれ、手には二リーヴルの重さの火のついたろうそくの松明をもち、跪いて、神、王、正義に許しを請うことが求められた。村人の前に引き出され、そしてその面前で罪の許しを請わなくてはならなかったのである。

これが済むと、マレショーセと国王軍の先導によって、村の広場に設置された処刑台に連行された。領主裁判所の検事であったラビルリーには絞首刑が、ファヴァンとコンブには車刑が執行された。判決文によると、車刑を命じられた二名に対しては、まず死刑執行人によって、腕、腿、脚、腰が砕かれ、その後、車輪の上に顔を天に向けて横たわらせ、息が絶えるまで放置されることになっていた。[*27] こうして、農地耕作人の二名には、領主裁判所検事のラビルリーと異なり、死刑のなかでも残虐な車刑が執行されたのである。

さらに三名の遺体は、それぞれ別の場所で遺棄されることとなる。ラビルリーの遺体はレ＝ヴァンスからマルボスクまでの王道に、ファヴァンの遺体はレ＝ヴァンスからバンヌにいたる街道に、そしてコンブの遺体はレ＝ヴァンスからジョワイユーズまでの街道にさらされた。いずれの村も、レ＝ヴァンスとともに蜂起の舞台となった村であった。レ＝ヴァンスと近隣の村々を行き来する地域住民たちは、蜂起に参加したがゆえに処刑された人々の遺体を目にすることになるのである。

(2) 人形《ひとがた》による処刑

こうして処刑は実行されたが、実は処刑は以上の三名にのみ実施されたのではなかった。欠席裁判によって有罪判決を下された者にも刑が執行されていたことが、処刑執行調書からわかる。[*28] 判決どおり、四名の車刑と七名の絞首刑が、それぞれ人形によって執行されていた。また、欠席裁判のうえガレー船徒刑を命じられた者については、処刑が行われた広場に設置された柱に判決文が掲示されることにより、罰せられた。[*29]

人形による処刑は、裁判機構の不完全さを示すものであるが、死刑の執行をみるために集まった地域住民に対しては、蜂起参加者への処罰の重さを印象づける機能も果たしたことが考えられる。そして、人形として処刑された被疑者は、この処刑以降、地域での生活を続けることには困難がつきまとったことだろう。人形による処刑は、生身の人間の処刑と同様に当局によって重視され、先にみた処刑とともに執行調書に記載されて関係者に報告が行われていたからである。

以上のように、ヴィルヌーヴ＝ド＝ベルグからレ＝ヴァンスへ受刑者が移送され、レ＝ヴァンスでは生身の人間に身体刑が加えられたのと同時に人形によって処刑が実施された。そして遺体が人々の日常生活に密接な場所に放置されていた。こうしたさまざまな機会をとおして、地域住民には蜂起が罰せられる様子が示されたのである。ここで確認できる処刑の公開性には、処刑が単純に犯罪者の行為を罰することにあるのではなく、地域住民に対して恐怖を与え、あるべき秩序が示される機会として位置づけられていたことがみて取れる。処刑に際して軍隊に指示を与えていた司令官の報告書には、六〇〇〇人あまりの人々が公開処刑に立ち会ったことが記されている。[*30]

このようなマスクの蜂起参加者に対する処刑にみられる暴力性や公開性は、同時期の犯罪への抑圧と刑罰の傾向において、どのように位置づけることができるだろうか。一八世紀のフランスでは、モンテスキュー（Charles Louis de Secondat, baron de Montesquieu）の『法の精神』（一七四八年）が出版され、ヴォルテールは司法制度批判の運動を展開していた。またミラノで活躍していたベッカリーア（Cesar Bonesana Beccaria）による『犯罪と刑罰』（一七六四年）は、フランスでも刑法に関する激しい議論を引き起こした。[*31] こうして一八世紀後半には、いわゆる啓蒙思想家たちの活動によって、刑罰の緩和化を求める声が強まっていた。これを受け、王権も刑事訴訟や刑罰緩和に関するさまざまな改革を行っている。また、一七七〇年代以降は、高等法院の判決においても死刑判決が減少していたことが、研究によって指摘されている。[*32] しかし、刑事王令の全般的な改正を宣告した一七八八年の王令は、身体刑の見せしめによって犯罪を予防することを、変わらぬ目標として掲げていた。[*33] すなわち、マスクの蜂起が起きた一七八〇年代は、処刑の残虐さや公開性は、批判の対象となり抑制の方向も示されていたが、依然としてその効力への信奉も存続しており、マスクの蜂起の参加者への死刑の判決とその実施に、それはみて取ることができる。

こうして、蜂起後の処刑をとおして、地域住民による暴力をともなう意義申し立ては許されざるものであることが示された。そしてそれと同時に、処刑の公開をとおして、秩序を作り出す者とそれに従う者という対立の図式は、より鮮明なかたちで確認されたといえるだろう。一方にあるべき秩序を作り出す、セネシャル裁判所の司法関係者とこれを維持する軍隊とマレショーセが存在した。他方にはマスクの蜂起に参加した人々とこれに同情する多数の地域住民が対峙していた。処刑の警備にあたった司令官によれば、処刑をみに集まった人々は、処刑を目の当たりにして、悲しみの表情を浮かべ呆然とし、そしてこれとは対照的に、蜂起の攻撃対象となった司法関係者たちは近隣の村からも多数駆けつけ、処刑に満足気な様子であったという。[*34]

処刑が実施されていた頃、トゥルーズ高等法院の委員会が、この地域の巡回任務にあたっていた。この地方の裁判を司る最高責任者の一団が、処刑で動揺する地方に派遣されていたのである。委員会は、処刑の行われた一〇月二五日には、隣接地方の主要都市であるル＝ピュイに滞在していた。ル＝ピュイは、マスクの蜂起の裁判を担当していたマレショーセの駐屯地でもある。そして処刑が行われた数日後には、ヴィヴァレ地方に入り、三〇日にはアノネーで盛大な入市式が挙行され、ヴィヴァレ地方三部会の代表の出迎えを受けていた。[*35] 委員会の構成メンバーであったトゥルーズ高等法院の評定官は、この儀式の華々しさを書き残しているが、その様子は、蜂起の参加者に加えられた処刑の残虐さや陰鬱さとは対照的である。

このような物理的暴力をともなう権力と、権威によって支えられる権力は、権力の二つの側面としてあわせて考える必要がある。フランスのアンシアン・レジーム期を対象とした権力秩序研究は、一九八〇年代より人類学の成果を吸収しながら、儀礼研究のように権威の形成過程に光をあてるものに転換してきた。[*36] しかし、権力の問題を考える場合、権威による支配と同時に、物理的暴力による支配も問題にし続ける必要があるだろう。マスクの蜂起にみる地方統治のあり方には、こうして権力のよって立つ二つの基盤が表出しているのである。

第三節　秩序をめぐる諸権力と地域住民

マスクの蜂起参加者に対する諸権力の対応は、以上のように厳しい判決と処刑の実行であった。これは、裁判を担当することになったル＝ピュイ・マレショーセとヴィルヌーヴ＝ド＝ベルグ・セネシャル裁判所の裁判官たちが、蜂起への対応として必要だと考えた刑罰であった。しかしそれは同時に、さまざまな権力の反応を考慮しながら、事前の確認のもとに下した判断だった。一連の裁判と処刑に、王権や地域諸権力はどのように反応したのだろうか。そして、その後どのように行動したのだろうか。ここから浮かび上がってくるのは、地域秩序をめぐる諸権力の政治と、そしてそれに対する地域住民の介入である。

(1)　裁判への諸権力の反応

マスクの蜂起参加者への八月六日の判決が下る直前、ヴィヴァレ地方のセネシャル裁判所は、訴追の状況について諸権力に伝えていた。ラングドック地方長官には、七月二〇日づけの書簡で、刑事代官をとおして訴追の状況を報告し、これに対して地方長官は、七月二五日に訴追の状況に満足の意を示す書簡を返送した。[*37]
また、同じく七月二五日には、国璽尚書より、マスクの蜂起の訴追の状況について報告を受けたことと、担当裁判所の尽力を称賛する内容の書簡が送付されていた[*38]。すなわち、マスクの蜂起の判決が下される前に、セネシャル裁判所は地方長官や国璽尚書に事前に報告をしており、判決への同意を取りつけようとしていたのである。

こうした諸権力からの判決への同意の調達は、判決後にも行われた。マスクの蜂起に対する一七八三年八月六日判決は、すぐにヴィヴァレ地方三部会の議員たちに伝えられていた。ヴィヴァレ・セネシャル裁判所刑事代官から判決を知らされた三部会総代は、判決から三日後には、刑事代官に返事を送っていた。ヴィヴァレ・セネシャル裁判所の司法官たちは、この事件に熱心に取り組み、この事件を可能な限り円滑に裁いたと、高く評価する内容であった[*39]。そして、総代はすぐに三部会の議員たちと司令官たちに、その詳細を報告することを約束していた。それは、彼らをとおして、国璽尚書にもこれが報告されることを見越してのことだった。

また、八月六日の判決は、再び地方長官にも報告が行われていた。セネシャル裁判所刑事代官から報告を受け取った地方長官も、注意深く判決を下したと評価した[*40]。

八月六日の判決は、判決が下される前にも、そしてその後にも諸権力に報告がなされており、裁判にあたったセネシャル裁判所は、このように判決への同意を調達しようとした。マスクの蜂起の裁判は、すでにみたように、多くの逃亡者を生み出しながら遂行されたが、諸権力はこれを問題にすることはせず、むしろ裁判の結果に満足していることを互いに表明し合っていた。これにより、蜂起後の秩序形成のあり方に諸権力は同意していたといえるだろう。

しかし一方で、マスクの蜂起の裁判と、これが引き起こした秩序の不安定化の問題は、いまだ解決してはいなかった。八月六日の判決は、多数の被疑者について、取り調べを継続することを命じていた。そして、判決後に新たに逮捕した者も含めて、実は多くの被疑者や受刑者がセネシャル裁判所の牢獄に収監されたままだったのである。[*41] そしてその後、マスクの蜂起裁判は、恩赦によって終結することになる。

(2) 恩赦

王権は、特に一五世紀頃から恩赦権を主権の一部として考え、さまざまな権力が行使していた恩赦権を独占しようとつとめた。[*42] 処罰する権利とならび、それを赦す権力もまた、「絶対王政」を目指す王権の基盤を構成していた。しかし、実際には、恩赦が出るまでには恩赦を希望する者による申し出や、それが妥当かを調査する諸機関による手続きが存在した。また、国王が恩赦を命じればこれで済むのではなく、管轄裁判所によって認可されてはじめて恩赦は効力が発した。この点は、一般の王令と扱われ方は同じである。

したがって恩赦をめぐっては、王権と裁判所の間で時に対立が起き、交渉が生じることになる。恩赦は、すでに行われていた裁判手続きに介入するものであり、それを反故にすることにもなりえた。高等法院をはじめとする現場の裁判所には、こうした王権の介入を批判する傾向もあり、実際王権が発布した恩赦状は、裁判所によって却下されることもありえたのである。[*43]

マスクの蜂起の参加者には、恩赦が認められることになるが、これが発行されるまでにはどのような手続きがふまれたのだろうか。そこには、王権以外のさまざまなアクターの恩赦へのかかわりが浮かび上がってくる。

マスクの蜂起に対する恩赦は、二段階で行われた。最初は、数名の嘆願が認められるかたちで発行されている。判決から四ヵ月後の一七八三年一二月、ガレー船徒刑七年を命じられていたジャン＝バプティスト・デュランは、減刑のための嘆願を行い、国王により刑の免除が認められた。[*44] さらに、絞首刑を宣告されていたオギュスタン・ジュリアンにも、デュランと同じく一七八三年一二月、ガレー船終身刑に減刑する恩赦状が出た。

デュランは、羊毛梳《す》き工で農地耕作人（peignures de laine et travailleur de terre）であった。[*45] またジュリアンは、農地耕作人であった。[*46] 二名ともに、ヴィヴァレ地方の住民を構成する一般的な職業に従事しており、こうした人々が嘆願を行っていることや、嘆願が認められていることは注目に値するだろう。

国王からの恩赦状の発行を受け、ヴィルヌーヴ＝ド＝ベルグ・セネシャル裁判所では、二人に交付された恩赦状が妥当かということについて、審査が一二月二二日に開始された。[*47] デュランのみが再びセネシャル裁判所刑事代官の尋問を受け、恩赦状の獲得のための税の支払いなどが確認された。[*48] そして、二名の刑の免除と減刑は、翌年一七八四年一月三日の裁判所の判決により、認められることになったのである。[*49]

手続きは順調に進められたようにみえるが、実は、この恩赦状の発行の背後では、担当裁判官とラングドック地方総司令官の間で、恩赦の妥当性について意見が交わされていた。一一月二四日、総司令官は、ヴィルヌーヴ＝ド＝ベルグ・セネシャル裁判所の刑事代官に対して、八月六日の判決で被疑者となった全員を対象に、恩赦を認めるべきか否かについての意見を求めていた。これを受けて刑事代官は、すべての被疑者の現状と恩赦の可能性について自身の意見をまとめた資料を作成し、一二月五日に総司令官および、合同で裁判にあたっていたル＝ピュイ・マレショーセの代官に送付していた。[*50] すなわち、国王による恩赦状が出る前に、地域諸権力によって意見の集約が行われていたことになる。

またここで重要なのは、その意見の調整に先んじて、蜂起参加者からの嘆願があったことである。刑事代官が作成した資料では、嘆願を行っていたデュランとジュリアンについては、すでに恩赦が宣言されていると記されており、この段階では二名の恩赦状の発行の手続きが進行中であったことがわかる。ここから、総司令官による恩赦状の問い合わせと裁判官たちとの意見調整は、デュランとジュリアンの二名の嘆願の後に行われものであり、二名の嘆願が先行して、諸権力の意見の交換という状況を生み出したといえるだろう。

嘆願による二名の恩赦の認可から六ヵ月後の一七八四年七月、ついにマスクの蜂起に対して、最終的な恩赦状が発布される。[*51] 判決から約一年が経過していた。恩赦状で国王は、恩赦という結論にいたった経緯や理由について、すでに三名の公開処刑を実施できたことに満足していること、そして国王への請願があったことが記されている。この恩赦によって、マスクの蜂起の参加者は、すでに訴追され判決を下された者や、収監されていた者も含めて、釈免されることになった。ただし、三名の処刑者と人形で処刑されたデグーとエチエンヌの二名は、マスクの蜂起の首謀者として考えられ、この恩赦からは除かれた。人形で処刑となった二名にとっては、引き続き逮捕や処刑の可能性がつきまとうこととなった。

この最終的な赦免を命じた恩赦状は、マスクの蜂起の訴追にあたっていたマレショーセとセネシャル裁判所の裁判官たちにより議論され、一七八四年八月一四日に登録された。裁判官団はこれを受けて、収監されていた者たちの釈放を命じた。[*52]

この時、釈放の命令が出ているのは、いずれもガレー船徒刑の判決を受けた者一〇名であった。すなわち、ガレー船徒刑の判決を受けた者は、セネシャル裁判所の牢獄に一年もの長きにわたって収監されていたことになる。ガレー船徒刑を命じられた者は、徒刑場に送り込まれることになっていたが、マスクの蜂起参加者にはこれが実行されていなかったのである。その理由は定かではないが、ここにもまた裁判機構の機能不全をみることができるだろう。

一連の恩赦により、マスクの蜂起参加者への裁判は、ほぼ終結することになった。しかし、地域秩序の問題はこれによって解決されたとは考えられていなかった。それというのも、最終的な恩赦が国王より発布されるのとほぼ同時に、マスクの蜂起が起きた地域には、再び高等法院が派遣されることが、国王によって命じられたからである。

(3) 第二回高等法院派遣

一七八四年六月二四日、王権は再び高等法院の派遣を命じる開封王状を発行した。[*53] 恩赦はその後、七月に出ており、恩赦と高等法院派遣は、ラングドック地方の秩序の問題への対応策としてセットで考えられていたといえるだろう。

第五章で論じたように、高等法院派遣は、マスクの蜂起が起きた後の一七八三年九月から一七八四年二月にかけて、この地域の秩序の安定化を目指して一度実施されていた。国王は、それから四ヵ月後に再びこの地域への高等法院の派遣を命じたのである。

王令では、第一回の任務が大変満足がいくものであったことが述べられた後、委員会によって打ち立てられた秩序をさらに強固なものにするために、そして地域住民がこの委員会派遣を望んでいるために、再び委員会派遣を行うことが説明された。[*54] 王令では、今回も第一回派遣と同じ四人の評定官を派遣することを命じており、前回とほぼ同じ規模の委員会が想定されていたといえるだろう。[*55] 職務は、裁判行政の悪弊の調査と、派遣先でのすべての訴訟を必要な場合には実施しやり直すことであった。これもまた、第一回任務とほとんど同じ職務内容である。

しかし、トゥルーズ高等法院は、この王令をすぐに登録することはなかった。国王は、第二回高等法院派遣を命じる王令から九ヵ月後の一七八五年三月一五日に、再び派遣を命じる開封王状を発行する。[*56] この開封王状では、高等法院の派遣がロデーヴの住民（habitants）の安寧にとっても有益であるという報告を受け、ロデーヴとそれを含むディオセーズ区に高等法院評定官が出向くことを命じていた。

ここにいたってこの開封王状は、先の開封王状とともに、一七八五年四月三〇日にトゥルーズ高等法院で登録されることになる。[*57] 高等法院は先の開封王状が出されてすぐにはそれを認めることはなかったが、ロデーヴへの派遣が職務内容に含まれた開封王状には、発布後すぐに認可を与えたのである。この移動任務をめぐる登録の是非をめぐって、王権と高等法院の間では地域秩序形成のイニシアティヴをどちらが握るかという争いが生じていたといえるだろう。そして、一通目の開封王状が登録を阻まれていた間に、ロデーヴを派遣地域に含むことを求める意見や請願が、地域からあったことが推測される。第二回高等法院派遣が実施されるまでの過程には、地域権力や地域住民による要請があったことが、再び見出されるのである。

こうして王令は高等法院で登録され、四名の評定官の任命が行われた。[*58] 高等法院評定官による委員会は、一七八五年六月、まずロデーヴに出発し、そこから三ヵ月にわたる移動任務を再び行うことになった。[*59] 委員会はその任務を開始するにあたって、都市役人をとおして地域住民に呼びかけていた。[*60] 司法関係者に対する訴えや、終結させたい訴訟をかかえている者に対して、委員会はそれを聞く用意があることを公示するよう、都市役人に命じていたのである。そして実際に委員会が作成した任務調書には、たくさんの人々が自らの訴訟をもち込み、また司法関係者への苦情が報告されたことが記されている。

しかし、こうした高等法院の派遣でも、「マスクの蜂起」は終わらなかった。一七八七年四月には、再びマスクの一団がベランジェ（Beranger）という人物の家に押しかけ、その妻と使用人に暴力を振るって金銭を奪い、ヴィルヌーヴ゠ド゠ベルグ・セネシャル裁判所で訴追の対象となった。[*61] この際には、七人が訴追され、二人にガレー船徒刑三年の刑が命じられたが、残りの人々については欠席裁判の上でガレー船徒刑が命じられていた。諸権力による秩序化の試みは失敗し、蜂起は繰り返されたのである。

このように、マスクの蜂起の裁判と恩赦には、王権だけでなく地域諸権力による意見の表明や調整、そして対応への同意が常に介在していたことがわかる。しかし一方で、地域住民は諸権力の政治から逃れ、時には嘆願といった直接国王へ繋がるルートを利用し、その政治に影響を及ぼしていた。また、諸権力による地域住民の秩序化の動きに対して、人々は時にこれを利用し、そして逃れたのである。

おわりに

以上のように、マスクの蜂起が起きた後の地域秩序の形成のために、王権と地域諸権力が採用した方法は、公開処刑と恩赦、高等法院派遣と、多様な方法の組み合わせであった。公開処刑の残虐さによって地域住民に恐怖を与え、それと同時に蜂起の起きた過去を水に流す恩赦を組み合わせ、さらに高等法院という裁判秩序を象徴する権威を派遣し、地域住民と直接対面させることによって、秩序の回復とその維持を模索したのである。

近年の一八世紀の蜂起研究が明らかにしたように、マスクの蜂起が起きた時代は、蜂起が常態化した緊張に満ちた時代であった。そのなかで、蜂起の後処理を行わなければならなかった諸権力にとって、どのように裁くのか、そしてどのように幕引きを行うかという問題は、深刻な問題であったはずである。そうしたなかで、王権と諸権力は、秩序の形成のために、情報の共有や意見の調整や交渉をすすめていった。裁判の判決は、担当裁判所だけでなく王権も含めた諸権力との間で事前に確認がなされていた。そして処刑の実施においても多くの権力が動いていた。さらに恩赦でも、王権の主権を構成する権限であるにもかかわらず、王権が独自に決定を行ったのではなく、地域諸権力の意見の調整や裁判所の認可がその背後で行われていた。諸権力は協調してさまざまな方法を駆使しながら、幾重にも秩序の網を張り巡らさせようとしていたのである。

しかし、その諸権力の協働による一連の対応をとおしても、その秩序化からはみ出していく人々の姿が垣間みられる。蜂起という暴力を行使した人々、そして訴追から逃亡した多くの蜂起参加者の姿である。さらには、自らの立場を有利なものとするべく、地域権力ではなく王権に恩赦嘆願を行った人々や、高等法院の派遣を求めた人々、そして自らと直接的に接していた司法関係者の問題を上位権力である高等法院に訴え出た人々も存在した。こうした人々は、諸権力による秩序化に組み込まれているようにもみえるが、権力のヒエラルヒーを巧みに利用し、自らの利益を引き出そうとした。そして、権力側もこうした「地域住民」の動向に対応しなければならなかった。それはもちろん、地域秩序の形成のイニシアティヴをめぐる争いのなかで、諸権力が自らの優位性を獲得するために、「地域住民」を利用した側面もあるだろう。それでもなおその限界のなかに、地域住民の地域秩序のアクターとしての痕跡を垣間みることができるだろう。

ただし、諸権力と地域住民は、不均等な権力関係のもとにおかれていた。処刑にみられるような物理的暴力は、最大限に発揮されることがあるからである。そして、諸権力がマスクの蜂起の原因を、司法関係者の問題として処理したことは、はたして蜂起参加者の異議申し立てに応えるものであったのだろうか。[*62]

こうした問題をふまえつつも、地域秩序をめぐる政治を考える場合、王権と地域諸権力、そして地域住民の絶えざる対立や交渉をみていくことが、必要であることは間違いない。ここまで本書で明らかにしてきた、王権と地域権力の協働関係は、地域住民による蜂起とその常態化が生み出したものと考えることもできるのではないだろうか。

註

＊1 以下に指摘がある。Gauthier Aubert, *Révoltes et répression dans la France moderne*, Paris, 2015, pp. 5-7.

＊2 *Ibid.*, p. 57.

＊3 Jean Nicolas, *La rébellion française. Mouvements populaires et conscience sociale (1661-1789)*, Paris, 2002. この研究書の発端は、一九八四年に開催された学術会議であった。この会議では、一九六〇年代から本格的に開始された蜂起研究の蓄積をふまえながらも、一六世紀から一九世紀にかけてフランス各地で起きた蜂起を総合して把握し、全体の傾向を明らかにすることが提言された。これに応えて六〇人の研究者が協力し、それぞれの研究成果を発表し、これらにもとづきニコラが二〇〇二年に著作を出版した。なお、一九八四年の学術会議については、以下に詳細がまとめられている。Jean Nicolas dir., *Mouvements populaires et conscience sociale, XVIe-XIXe siècles. Actes du colloque de Paris, 24-26 mai 1984*, Paris, 1985.

＊4 ニコラの研究の意義について、以下を参照。Guy Lemarchand, «Troubles populaires et société. Vues nouvelles sur l'Ancien Régime: À propos d'un livre récent», *Annales historiques de la Révolution française*, nº 328, 2002; Joël Cornette, *La monarchie absolue. De la Renaissance aux Lumières*, Paris, 2007, pp. 62-63. ニコラの研究の意義を大筋では認めつつも、問題点を指摘しているものとして以下の研究がある。Aubert, *op. cit.*, pp. 5-7. ここで議論されているのは、ニコラが蜂起の定義を四人以上の参加者としている点で、そうなるとたくさんの「蜂起」が起きていたことになるというものである。ニコラの研究成果はこの点を考慮しなくてはならない。しかし、この定義によってこれまで見逃していた蜂起を拾い上げることに成功し、その把握をとおして王政や権力・社会秩序への不満や意義申し立てが存在していたことを指摘することができたといえる。アンシアン・レジーム期や一八世紀の社会を考えるうえで、重要な研究成果であることは間違いないだろう。

＊5 Nicolas, *op. cit.*, pp. 29-30, 31-32. ただし人口比でいえば、パリおよびその周辺地域が最も蜂起が頻発しており、ラングドック地方は次に多かった地域の一つである。

＊6　一八世紀のラングドック地方の蜂起の全体の概観については、以下にまとめられている。Nicole Castan, *Justice et répression en Languedoc à l'époque des Lumières*, Paris, 1980, pp. 61-82. カミザール戦争については、特に以下を参照。Emmanuel Le Roy Ladurie, *Les Paysans de Languedoc*, Paris, 1966, pp. 611-629; Henri Bosc, *La guerre des Cévenne*, Curandera, 1985-1993, 6 vol.; 大原詠美子「カミザール戦争―ルイ14世治下の南部プロテスタントの反乱―」『寧楽史苑』（奈良女子大学）第四九号、二〇〇四年、一七―三七頁; カヴァリエ（二宮フサ訳）『フランス・プロテスタントの反乱―カミザール戦争の記録―』岩波書店、二〇一二年。

＊7　一八世紀後半のラングドック地方における食糧蜂起については、以下の研究が先駆的である。Henri Bourderon, «La lutte contre la vie chère dans la généralité de Languedoc au XVIIIe siècle», *Annales du Midi*, t. 66, n° 26, 1954, pp. 155-170; idem, «Recherches sur les mouvements populaires dans la généralité de Languedoc au XVIIIe siècle», *Actes du 78e congrès national des sociétés savantes*（*Toulouse, 1953*）, Paris, 1954, pp. 103-118. 反乱者のイメージについて以下の研究がある。Jean-Claude Nicod, «Les «séditieux» en Languedoc à la fin du XVIIIe siècle», *Recueil de mémoire et travaux publiés par la Société d'histoire du droit et des institutions des anciens pays de droit écrit*, Montpellier, t. 8, 1971, pp. 145-165. 反税運動については、前述のニコラによる共同研究の呼びかけに応えて行われた、以下のような研究成果がある。Élie Pélaquier, «Les mouvements anti-fiscaux en Languedoc d'après les archives de la Cour des comptes, aides et finances de Montpellier（1660-1789）», *Annales du Midi*, t. 111, n° 225, 1999, pp. 5-29.

＊8　Nicolas, *op. cit.*, pp. 31, 33-34.

＊9　マスクの蜂起の詳細な研究史整理は、第四章および第五章で行っている。

＊10　裁判記録は、アルデーシュ県文書館のB系列に収められている。軍隊記録は、エロー県文書館のC系列に整理されている。

＊11　一七八三年八月六日判決(A.D.Hérault, C 47, pièce 33)には、裁判にあたった九名の裁判官の名前が記載されている。ル＝ピュイ・マレショーセ代官のサラリエ（Saralier）以外の八名、タヴェルノル（刑事代官）、バルエル（民事総代官副奉行）、ラバニオル（民事刑事第一代官）、モラン（評定官）、ヴァシェ（評定官）、バスティッド（評定官）、アブリアル＝ディサ（評定官）、ヴァンサン（Antoine-André Vincent. 評定官）は、ヴィルヌーヴ＝ド＝ベルグ・セネシャル裁判所の裁判官である。ヴァンサンは、セネシャル裁判所創設時の評定官であったジャン＝アントワーヌ・ガスクに代わって、評定官に就任していた（A.D.Haute-Garonne, B 1966, f. 82 r°-83 r°）。

＊12　マスクの蜂起の裁判手続きの順序は、判決文の冒頭で整理されている。また、通常の刑事裁判の手続きの流れについては、以下が参考になる。石井三記『一八世紀フランスの法と正義』名古屋大学出版会、一九九九年、八―九頁。

＊13　A.D.Ardèche, 25B 80, *Précis d'Etat des prévenus et accusés d'attroupements dénommés au jugement prévotal du 6 aout 1783.*

＊14　André Zysberg, «Galères de France, Galériens», Lucien Bély dir., *Dictionnaire de l'ancien régime*, Paris, 1996, pp. 585-588. なお、ガレー船徒刑囚の経験をつづったものとして、ジャン・マルテーユ（木﨑喜代治訳）『ガレー船徒刑囚の回想』岩波書店、一九九六年。

＊15　アンシアン・レジーム末期まで有効であった一六七〇年刑事王令は、刑事訴訟の手続きを示したものにすぎなかった。一六七〇年刑事王令については、以下を参照。中村義孝「資料：ルイ一四世一六七〇年刑事王令」『立命館法学』第二六三号、一九九九年、二五一―三二二頁。

＊16　ただし、一六七〇年刑事王令で規定されているとおり、通称名は裁判記録に記載されることになっており、通称名が姓名と並んで、人物を特定するものとして重視されていたことがうかがえる。

＊17　一ピエは、約三二・五センチメートルで、プスはピエの一二分の一であるため、一プスは約二・七センチメートル。ピエール・デイヨン（福井憲彦訳）『監獄の時代―近代フランスにおける犯罪の歴史と懲治監獄体制の起源に関する試論―』新評論、一九八二年、二〇五頁。

＊18　一六七〇年刑事王令でも、第一七章において、欠席裁判の手続きが全三二条をもって詳細に規定されている。

＊19　A.D.Ardèche, 25B 81, pièce 72, lettre de Cambis au lieutenant criminel de la sénéchaussée de Villeneuve de Berg, 16/10/1783; A.D.Ardèche, 25B 79, *Procès verbal de descente en la ville des Vans pour l'exécution du jegement prevotal du 6e aout précédent.*

＊20　A.D.Hérault, C 47, pièce 99, *Journal de ce qui s'est passé en Cevennes et en Vivarais, lors des attroupemens masqué & armés dissipés par M. de Dampmartin commandant de la ville & Département d'Uzès & de St Ambroix.*

＊21　A.D.Ardèche, 25B 81, pièce 72, lettre de Cambis au lieutenant criminel de la sénéchaussée de Villeneuve de Berg, 16/10/1783.

＊22　A.D.Ardèche, 25B 79, *Procès verbal de descente en la ville des Vans pour l'exécution du jegement prevotal du 6e aout précédent.*

＊23　*Ibid.*

＊24　尋問記録によって、職業と年齢がわかる。A.D.Ardèche, 25B 79, interrogatoire d'Antoine Favant, 30/04/1783. 尋問において、ファ

ヴァン自ら、年齢は三五歳と述べている。

＊25　A.D.Ardèche, 25B 79, interrogatoire de Jean Combe, 28/08/1783. 尋問において、コンブ自身は、およそ二四歳と回答している。

＊26　ラビルリーの場合は、以下の尋問記録によっては、職業と年齢はわからなかった。A.D.Ardèche, 25B 79, interrogatoire de Francois Labillerie, 28/04/1783. ラビルリーの職業は、判決文による。

＊27　ただし司令官の日誌には、その後に銃で撃たれたと記されている。

＊28　A.D.Hérault, C 47, pièce 33, *Procès-verbal d'exécution.* なお、この処刑執行調査は、八月六日判決とともに印刷されている。

＊29　*Ibid.*

＊30　A.D.Hérault, C 47, pièce 99, *Journal de ce qui s'est passé en Cevennes et en Vivarais, lors des attroupemens masqué & armés dissipés par M. de Dampmartin commandant de la ville & Département d'Uzès & de St Ambroix.*

＊31　一八世紀フランスの刑法改革思想については、石井、前掲書。

＊32　デイヨン、前掲書、一二〇—一二一頁。

＊33　同上、一一九—一二〇、一二三頁。

＊34　A.D.Hérault, C 47, pièce 99, *Journal de ce qui s'est passé en Cevennes et en Vivarais, lors des attroupemens masqué & armés dissipés par M. de Dampmartin commandant de la ville & Département d'Uzès & de St Ambroix.*

＊35　Auguste Puis éd., *Une famille de parlementaires toulousains à la fin de l'Ancien Régime. Correspondance du Conseiller et la Co*^{tesse} *d'Albis de Belbèze (1783-1785)*, Paris, 1913, pp. 81-85. 書簡番号一六および一七。

＊36　例えば、以下の研究がまさにこの時代の関心を示している。二宮宏之「王の儀礼—フランス絶対王政—」柴田三千雄ほか編『シリーズ世界史への問い七　権威と権力』岩波書店、一九九〇年、一二九—一五八頁。

＊37　A.D.Ardèche, 25B 81, pièce 65, lettre de l'intendant au lieutenant criminel de la sénéchaussée de Villeneuve de Berg, 25/07/1783.

＊38　A.D.Ardèche, 25B 81, pièce 62, lettre du garde des sceaux, 25/07/1783.

＊39　A.D.Ardèche, 25B 81, pièce 67, lettre du syndic des États particulairs du Vivarais au lieutenant criminel de la sénéchaussée de Villeneuve de Berg, 09/08/1783.

＊40　A.D.Ardèche, 25B 81, pièce 68, lettre de l'intendant au lieutenant criminel de la sénéchaussée de Villeneuve de Berg, 20/08/1783.

＊41　八月六日の判決以降に出た新たな逮捕者の事例としては、以下が挙げられる。A.D.Ardèche, 25B 80, *Procés verbal de la brigade de Villeneuve de Berg de la capteur du nommé Vincent Malignon, du 7e aout 1783.*

＊42　福田真希『赦すことと罰すること―恩赦のフランス法制史―』名古屋大学出版会、二〇一四年、三三―三四頁。

＊43　恩赦状発行の手続きは、福田、前掲書、七八―八六頁。これによると、恩赦状に対する裁判所の介入の権限は、しだいに骨抜きにされていったという。しかし、裁判所による認可という手続きは存続しており、そのため王権と裁判所の間で恩赦をめぐる政治が展開する可能性は常に存在し続けていたことになる。一八世紀には、恩赦状の発行に対して、高等法院から批判が出ていたことも、恩赦をめぐる政治を考察する必要を示しているといえるだろう。

＊44　A.D.Ardèhe, 25B 80, commutation de peine pour Augustin Jullian et décharge de peine pour Jean Baptiste Durand, décembre 1783. なお、恩赦状に日づけの記載はない。

＊45　A.D.Ardèche, 25B 79, interrogatoire de Jean Baptiste Durand, 30/04/1783. 尋問調書によると、およそ三六歳であることをデュランが回答している。

＊46　A.D.Ardèche, 25B 79, interrogatoire d'Augustin Julian de la Rouvayrolle, 29/04/1783. 尋問調書によると、およそ二八歳であることをジュリアン本人が述べている。

＊47　A.D.Ardèche, 25B 80, pièce 4, *Requette en enterinement de lettres de rehabitation et commutation de peine pour les nommés Durand et Jullian impetrans, 22 xbre 1783.*

＊48　A.D.Ardèche, 25B 80, pièce 3, interrogatoire de Jean Baptiste Durand, 29/12/1783. 一七八四年一月三日に両者に対して下された判決でも、デュランの尋問のみが言及され、ジュリアンについては記載がない。したがって、ジュリアンには恩赦状発行後の尋問は行われていないとみられる。

＊49　A.D.Ardèche, 25B 80, pièce 5, *sentence d'entrainement de lettres de grand sceau, en rèhanitation et decharge de peine, pour Jean Baptiste Durand. Et de commutation des peines aux galeres perpetuelles, pour Augustin Jullian de la Rouverolle.*

＊50　A.D.Ardèche, 25B 80, *Précis d'Etat des prévenus et accusés d'attroupements dénommés au jugement prévotal du 6 aout 1783.*

*51 A.D.Ardèche, 25B 80, lettre de l'amnistie, juillet 1784. なお、いずれの恩赦も通常の恩赦状の形式どおり、発布の年月の記載のみで日づけが確定されていないため、裁判所の認可までに何日要したのかは、正確にはわからない。

*52 A.D.Ardèche, 25B 80, *Jugt prevotal qui ordonne l'enregistrement les lettres d'amnistie.*

*53 A.D.Haute-Garonne, B 1969, f. 26 r°.

*54 ここで、高等法院による委員会派遣を望んでいるとされているのは、史料の原文でいうと、「諸地域の臣民（nos dits sujets des pais）」や、「さまざまな地方の住民（les habitans de plusieurs contrées）」である。

*55 同行者として、検事補佐一名、書記官二名、執達吏一名を命じている。同行者の数は、第一回任務よりも若干少ないが（検事補佐一名と執達吏一名の減）、評定官の人数は同じである。

*56 A.D.Haute-Garonne, B 1969, f. 28 v°.

*57 一七八四年六月二四日の開封王状が登録されたことについては、以下で確認できる。A.D.Haute-Garonne, B 1836, f. 459 r°.

*58 A.D.Haute-Garonne, B 1836, f. 459 r°.

*59 第二回高等法院派遣の委員会調書は、以下に収められている。A.N., E 3707.

*60 *Ibid.*, p. 1.

*61 この事件に関する書類は、以下にまとめられている。A.D.Ardèche, 25B 56.

*62 デボラ・コーエンは、蜂起参加者の声が高等法院委員会に軽視されたことを指摘している。Déborah Cohen, «Les répertoires de l'action: logiques sociales des acteurs ou contraintes de l'espace de réception? L'exemple de la révolte des «masques armés» (1783-1785)», *Annales historiques de la Révolution française*, t. 359, n° 1, 2010, pp. 9-28. これは重要な指摘であるが、そもそも蜂起のさまざまな原因が司法関係者の悪弊に限定されていき、蜂起が地域政治のなかで利用されていくことを問題にするべきだろう。

終章　アンシアン・レジームの持続性と変容

本書では、アンシアン・レジーム期のラングドック地方において、王権と地域諸権力が地域秩序の形成をめぐって交渉を繰り広げながら、支配秩序を作り出していた様を具体的に明らかにしてきた。そこには、アンシアン・レジームが持続する仕組みと同時に、変容の契機が含まれていた。

本章では、まずここまで明らかにした点からアンシアン・レジーム期フランスの権力秩序のあり方を考察する。そして次に、本書がおもに分析した時代の後に、どのようにしてフランス革命が生じたのかという点を検討し、アンシアン・レジームの交渉を基盤とする政治とのかかわりのなかから、この大きな変容の時期を考えていく。

第一節　地域社会からみるアンシアン・レジームの権力秩序

本書の課題は、アンシアン・レジーム期の権力秩序を、ラングドック地域社会の秩序や蜂起をめぐる政治を分析することによって検討することであった。日本のアンシアン・レジーム研究で理論的枠組みを提供してきたのは社団的編成論であるが、それは王権が諸権力や諸集団をいかに支配していたのかを示す統治論であった。本書はこれに対して、近年の特に英語圏の研究にみられるような地域諸権力や諸集団の利害や政治実践に注目する方法によって立つ。ただしこれらの研究でも、地域住民が支配秩序のなかでどのような役割を果たしたのかという点を組み込みながら、議論が展開されることはほとんどない。したがって本書では、一八世紀のラングドック地方の地域秩序の形成を、地域諸権力ならびに地域住民といったさまざまなアクターの視点から読み直し、アンシアン・レジーム期の権力秩序を動態的にとらえることを試みてきた。

本節では、これまで明らかにしてきた点を三点にわたって再度整理し、ここからアンシアン・レジーム期フランスの権力秩序について考察していきたい。

(1) 地域秩序形成における地域諸権力のイニシアティヴ

まず、秩序形成の問題が、王権の主権を構成するきわめて重要な意味をもっていたにもかかわらず、ラングドック地方の地域秩序の形成においてイニシアティヴを発揮したのは、地域のさまざまな権力であったことを明らかにしてきた。

一八世紀のラングドック地方北部のヴィヴァレ地方において、セネシャル裁判所を設置することをめぐっては、地域の諸権力がそれぞれの利害にもとづき、王権や上位権力に対する請願活動を展開した。設置を要求するヴィヴァレ・バイイ裁判所および地方三部会と、これに反対するニーム上座裁判所の間の対立が最も大きな対立軸を形成していたが、ヴィヴァレ地方の利害も一枚岩ではなく、教会権力や複数の都市が異なる立場を表明していた。セネシャル裁判所は、国王裁判所であるにもかかわらず、こうした地域諸権力の側からの利害の主張にもとづき、制度が設計されたのである。王権は地域社会の権力構造と折り合いをつけるなかで、裁判制度を形成していくことになった（第二章）。

一七八〇年と八一年に新設されたこのセネシャル裁判所には、人的構成において地域諸権力の利害が組み上げられる仕組みが備わっていた点にも、王権が地域権力と妥協しながら王国の制度を整備していたことが示されている。新設のセネシャル裁判所の内部では、王権が発行する各種の免状を利用して、親族集団が形成されていた。また、セネシャル裁判所司法官の任命権の一部が、裁判所設置都市の領主に認められていた。そして、セネシャル裁判所司法官のなかには、地方三部会と人的ネットワークをもつ人物が含まれていた。地域権力は、セネシャル裁判所の設置によって、ポストを得るという明確な利益を実現させており、国王裁判所への直接的な影響力を確保していたのである（第三章）。

こうして設置されたセネシャル裁判所の管轄地域において、裁判所の設置から三年後の一七八三年にマスクの蜂起が起きた。新設のセネシャル裁判所をはじめ複数の裁判所は、この時一斉に裁判手続きを開始した。ここから生じた裁判管轄争いにおいては、先のセネシャル裁判所の設置によっては解決されなかった裁判権限の問題が影響を与えており、諸裁判所は地域秩序のヘゲモニーをめぐって対立した。最終的にマスクの蜂起参加者に対する裁判を担当する裁判所の決定をしたのは、国王諮問会議であった。しかし、管轄争いの決着において重要な意味をもったのは、裁定以前に行われたラングドック地方内部における諸権力の交渉や合意形成であり、国王諮問会議の裁定は地域の決定を追認したにすぎなかった（第四章）。

このように地域権力間の利害の調整と、その主張の追認によって、王権は地域秩序の形成において、地域諸権力と協調関係を築いていた。その傾向は、従来の研究で王権と対立する側面が強調されてきた高等法院についても、同様であった。蜂起が起きた半年後の一七八三年七月には、蜂起後の秩序の立て直しのために、王権はこの地方にトゥルーズ高等法院を派遣することを命じたのである。この任務は、派遣を受けた現地の諸権力によって支援されるなかで実施され、なかでもヴィヴァレ地方三部会は、地域の領主裁判所や近隣の三部会など諸権力とのネットワークを駆使し、高等法院の任務を支えた。ただし、そこで目指された地域秩序の中身は、高等法院とヴィヴァレ地方三部会では異なり、両者が蜂起を契機に、自らの理想とする秩序を形成し、権力を伸長させようとしていたことがうかがえる。マスクの蜂起は、地域社会の支配構造を変更しうる契機だったのであり、諸権力の交渉はこれをめぐって行われたのである（第五章）。

(2) 諸権力の交渉における王権の役割

以上のように、地域秩序の形成をめぐる政治においては、地域諸権力のさまざまな利害とこれにもとづく交渉や合意形成が大きな意味をもっていたことを明らかにしてきたが、ここで王権はどのような役割を果たしたのだろうか。

まず、王権の「代理人」として地方に派遣されていた地方長官や総司令官の働きを確認しよう。地方長官と総司令官は、地域諸権力の利害を調整するにあたり積極的な役割を果たしていた。地域諸権力が利害を主張する際には、地方長官と総司令官への請願が行われており、また地方長官および総司令官と、地域諸権力の間では、頻繁に情報の交換や交渉が行われていた。これを受けて地方長官や総司令官は、中央の国璽尚書や宮内卿に報告や提案を行うことにより、王権と地方を仲介する役割を果たしていた。そしてそれだけでなく、第五章の高等法院の派遣任務でみたように、地域の諸権力を連結する機能も果たしていたのである。

ただし地域諸権力は、時には地方長官や総司令官を介さずに、大法官や国璽尚書に直接書簡を送付し（第二章）、さらにはパリの訴願審査官などとのネットワークを駆使して請願活動を展開することもあった（第二章、第四章）。したがって、地方の請願や交渉のルートが、すべて地方長官と総司令官のもとに集約されていたわけではないことも、権力秩序が一貫性を欠いていたことを示すものとして重要だろう。

王権はこうした地域秩序の形成にあたり、一方的な命令を下すことはほとんどなく、地方長官や総司令官を媒介として、地域利害の調停者としての役割に甘んじていたといえる。アンシアン・レジーム研究において、国王諮問会議の裁定は、「正義の源泉」である国王が最終的な決定権者であることを示す証として位置づけられている。また恩赦権は、裁く権限と同様に国王の主権を構成する権限として解釈されることが多い。しかし、国王諮問会議の裁定にしても恩赦権にしても、地域の側からの要請があってはじめてその実施が検討されたのであり、そしてその決定においても現場の意見が集約されてはじめて実行されたに過ぎなかった（第四章、第六章）。

しかし一方で、一連の諸権力の交渉過程には、王権の秩序が維持されるシステムが組み込まれていたことも看取することができる。例えば、地域諸権力が地域における優位性を獲得し、秩序を形成する際に、王権を権力の源泉とみなしていたことは明らかである。諸権力が、国王裁判所の創設をめぐって激しく対立したのは、これが地域秩序の変更の契機になると考えたからである（第二章）。また裁判管轄争いは、王権が規定した法手続き上のルールにのっとって繰り広げられたのであり、さらに手続き上の問題であるにせよ、最終的な決着には国王諮問会議の裁定が必要とされた（第四章）。すなわち、諸権力が繰り広げていた交渉や合意形成において、王権はさまざまな参照軸を提供していたのである。

このように、地域秩序の形成をめぐって、地域権力がイニシアチィヴを発揮した点には、地域政治の自律性をみることができるが、しかしその自律的な政治空間で、王権は参照される権力の基盤としての地位を占めていた。政治実践としての交渉には、国王を統治者とすることへの同意の回路も埋め込まれていたといえるだろう。ただし、その交渉をどのように行うかは、あくまで諸権力の時々の判断と決定にゆだねられていたのであり、その利害と合致するかたちで実践されたのである。

(3) 王権と地域諸権力の協働と地域住民

こうして王権と地域諸権力の間には、利害の対立を含みつつ、地域を統治するうえでの協働関係が築かれていた。ウィリアム・ベイクによると、近年のアンシアン・レジーム研究では、二つの側面から王権と諸権力の協働が明らかにされてきた。一点目は、王権と諸権力が利益を共有するシステムを構築していたことであり、二点目は、政治実践において両者が相互補完的な役割を果たしたことである。[*1]

本書でも、この二つの側面から王権と地域諸権力の協働が明らかとなった。王権と地域諸権力の利益が共有されるシステムとしては、ヴィヴァレ・セネシャル裁判所の人的構成が、これを端的に表している。新設された裁判所で地域権力はポストの獲得という点で直接的に利益を得たのと同時に、領主や地方三部会が国王裁判所に影響を及ぼすことのできる仕組みが組み込まれていた（第三章）。また、政治実践における王権と地域権力の協働は、蜂起後の地域秩序の安定化に向けての動きに端的にみて取ることができた（第四章、第五章、第六章）。王権と地域諸権力は、地域秩序のへゲモニーをめぐって対立しながらも、さまざまな方法を駆使して蜂起後の地域の安定化に乗り出していた。これらの点には、王権と地域権力が二項対立の枠組みではとらえることができない側面が浮き彫りになる。

こうした王権と地域諸権力の協働において、地域住民はいかなる役割を果たしたのか。まず指摘しておかなくてはならないことは、こうした諸権力の協働による支配秩序の形成においても、その秩序からはみ出していく地域住民の姿が垣間見られたことである。蜂起という暴力を繰り返した人々、裁判から逃れていく人々、そして自らの利害にもとづき、地域権力のヒエラルヒーを飛び越えて、国王に恩赦を嘆願し、あるいは身近な司法関係者を訴えるために高等法院を利用する人々がいた。そして、諸権力は秩序を乱す地域住民を一方的に抑圧することはできず、その要望にも応えなければならなかった。ここには、限界がありながらも地域住民の地域秩序の担い手としての痕跡をみることができる（特に第六章）。

そして、王権と地域諸権力の間で行われた協働を考える場合、念頭におかなくてはならないことは、アンシアン・レジーム期においては、革命にいたるまで、常に多くの蜂起が起きていたことである。王権と地域諸権力が、秩序の担い手として、蜂起参加者と地域住民に対峙するとき、その協働関係の意味は如実に表出してくる。多発する蜂起や騒擾を封じ込め、地域社会における支配秩序を維持していく必要が、王権と地域権力に協働を促していたといえるのではないだろうか。

(4) アンシアン・レジーム期フランスの権力秩序

ここまでラングドック地方を舞台に、地域諸権力がその利害にもとづきながら王権を含めた諸権力と交渉し地域秩序を形成しようとしたことを明らかにしてきた。ここにみられるように、地域諸権力の利害が組み込まれるかたちで実践された王権と諸権力の協働は、アンシアン・レジーム期フランスの権力秩序の特徴として一般化して考えることができるだろうか。

まず、時代性の問題である。本書では、アンシアン・レジーム期のなかでも、特に一八世紀の王権と地域権力の関係を重点的に分析してきた。そのため、こうした関係は、アンシアン・レジーム期のなかでも王権が弱体化する時代に特有なものなのかという問いを立てることが可能だろう。しかし近年の研究は、王権と諸権力の協働関係を、「絶対王政」の最盛期とみなされるルイ一四世の治世にも指摘しており、アンシアン・レジーム期の権力秩序は、こうした視点から全体的に読み直しがなされている。[*2] そのため、本書で明らかにした王権と諸権力の協働関係を、フランス革命直前の一八世紀後半のみにみられる現象と位置づけたり、あるいは協働関係の存在を指摘するだけで、王権の弱体化を説明することはできないと考える。

また、アンシアン・レジーム期の協働関係について、もう一つ議論となる問題としては、地域性の問題があるだろう。ラングドック地方のような地方三部会保有地域に指摘することができる現象を、フランス全土の権力秩序の特徴として一般化することは適切かどうかという問題である。[*3] 一八世紀後半の段階で、地方三部会を保有していた地域は、フランス王国全体でいえば三分の一から四分の一程度の領域に限られていた。そのため本書の結論を直ちに王国全体に一般化することはできないだろう。しかし、ラングドック地方の独自の権力構造を背景に、すべての地方に設置されていないアクターが、地方統治において重要な役割を果たしたことが明らかになった点は、アンシアン・レジーム末期のフランスにおける地方統治の技法が多様であったことの一つの証となるだろう。

以上のように、ラングドック地方における地域秩序をめぐる政治を分析してきたことにより、アンシアン・レジーム期フランスの権力秩序は、どのように論じることができるだろうか。これまでにすでに述べたことと重複する点も多いが、最後に確認しておきたい。

アンシアン・レジーム期の権力秩序論について、絶対王政論が見直された後に、日本で議論の基盤となったのは社団的編成論であった。しかし、社団的編成論は王権による統治論であるため、ほかの諸権力の統治における関与のあり方がみえにくいという問題をかかえていた。これに対して本書では、地域諸権力の利害や政治実践を分析することによって、アンシアン・レジーム期の権力秩序を再考することを試みた。地域権力の視点から、地域秩序をめぐる政治をみてみると、その方向性を決定づけたのは王権というよりも、諸権力の利害やこれにもとづく交渉や調整といったものであることが明らかとなった。

しかし、その諸権力の利益をめぐる争いのなかで、王権は何の利益も得ていなかったわけではなかった。諸権力が王権や上位権力に対して請願や交渉を行うという常なる政治実践には、諸権力が王権の統治に対して同意する契機が組み込まれていたことを確認できる。王権による統治がなぜ持続するのかという点は、王権による統治の理念や実践からだけでなく、王権以外の諸権力や諸集団を行為主体にすえて、そこからアプローチする時に、はじめてみえてくるものだといえるだろう。

ただし、諸権利の利害とこれにもとづく行為には、王権による統治に対する同意のみが存在していたわけではない。ヴィヴァレ地方の諸権力は、地域内部におけるヘゲモニー争いのなかで、自らの優位性を獲得するために、王権を利用していたからである。また、高等法院は地域秩序の要として領主権の強化を図っていた。王権は、権力の源泉ではあったが、唯一の原理ではなかったことは、これらの点に示されているといえるだろう。

そして、王権を頂点とする支配秩序とは異なる秩序の存在は、アンシアン・レジーム期をとおして頻発していた蜂起にそれを端的にみることができる。権力秩序は、常にこうした異なる秩序観とその実践に対して向き合わなければならなかった。王権と諸権力の交渉と協働は、こうした支配秩序以外の秩序に圧力を受けるなかで、必要にせまられて実行されたものであったのである。

アンシアン・レジーム期の権力秩序は、王権が志向する統治秩序や、諸権力とともに作り出す支配秩序だけでなく、さまざまな秩序の競合とその相互作用のなかで、形成されていた。ここにこそ、アンシアン・レジームの秩序の変化を生み出す原動力をみて取ることができる。王権が頂点に位置する権力秩序は、物理的暴力に支えられた大きな影響力をもつ権力秩序であった。しかし、社団的編成とは、王権が志向する一つの秩序にすぎないといえるだろう。

第二節　ラングドック地方とフランス革命への道

本書がここまで分析してきた時代は、一七八五年頃までである。本節では最後に、その後にフランス革命が勃発する経緯をみていき、アンシアン・レジーム期の権力秩序の変容の問題を考えてみよう。本書で明らかにしてきた王権と地域諸権力の関係は、これ以降、どのように変化するのだろうか。

フランス革命の勃発を政治的な側面から説明する場合、それはしばしば一七八六年に起点をおいて説明される。一七八六年、財務総監カロンヌは財政改革案を提出した。度重なる戦争の遂行による財政赤字は頂点に達し、政府は、これにより全身分を対象とする課税を試みることになる。[*4] しかしこの税制改革は、免税特権を保持していた聖職者や貴族の特権を侵犯することを意味していた。そしてこの改革を実行するためには、高等法院で王令を登録させ、地方三部会からは課税の同意を取りつける必要があった。カロンヌは、高等法院ではこの王令が登録されないだろうと判断し、国王が指名する人物から構成される名士会議を一六〇年ぶりに招集し、ここで改革案を了承させようとした。[*5] しかし、翌年の一七八七年に開催された名士会議では改革案は否決され、カロンヌは失脚した。代わってブリエンヌが改革案を修正し、二〇分の一税の課税を求めていくことになる。

ラングドック地方では、ブリエンヌの財政改革をめぐって、地域政治が大きく動いていった。実はブリエンヌは、トゥルーズ大司教であり、ラングドック地方三部会において副議長の立場にあり[*6]、この度の財政改革で抜擢されたのである。ラングドック地方三部会は、議長であったナルボンヌ大司教の主導のもとブリエンヌの改革案を了承し、これに反対するトゥルーズ高等法院との間で亀裂が生じた。そして王権を含めた諸権力は、そのほかの地域権力を自らの陣営に引き入れるためにせめぎ合っていくことになる。

ブリエンヌの改革案に反対したトゥルーズ高等法院は、ブリエンヌの改革案に含まれていた二〇分の一税の課税を命じた王令の登録を拒否した[*7]。そのため、ラングドック総司令官は、一七八八年三月にトゥルーズ高等法院に出向き、評定官による討議を禁じ強制的に王令を登録させた。これに対しトゥルーズ高等法院は、抗議文を作成し、管区のセネシャル裁判所にこれを送付したが、抗議文に署名したトゥルーズ高等法院の副院長が逮捕され収監される事態となった。マスクの蜂起後の地域秩序の形成において、協調関係を築いていた王権と高等法院は、この時その利害の違いを表面化させたのである。

これとは対照的に、ラングドック地方三部会は王権と同調していく動きをみせた。一七八八年一月から二月にかけて開催されたラングドック地方三部会において、王権は二〇分の一税の課税を要求したが、三部会はこれを了承し、課税のための準備を進めていったのである。これに高等法院は対抗し、三部会の決定を阻止するために、三部会の下部組織である各ディオセーズ区会議や市長などの行政官に対して、ラングドック地方三部会の決定に従わないように命令を出し、三部会との対立を深めていった。しかし、ここにも王権は介入することになる。国王諮問会議は四月、トゥルーズ高等法院によって出されたこの裁決を破棄することを命じたのである。地方の自律的な交渉の空間は、こうして侵害されるにいたった。

このような王権の強権的な政策の実行は、同じく王令の強制登録を命じられたパリ高等法院をはじめ、各地方の高等法院に、大きな反発を生み出していくことになった。トゥルーズ高等法院も、王権側にこうした改革の進め方を批判する建言書を送付し、対抗姿勢を強めていった。

事態を受けてついに王権は、一七八八年五月に全国の高等法院の権限を縮小するラモワニョンの改革を実施した。改革では、高等法院から登録権を剥奪し、代わりに王令を登録させる機関として、中世の組織である大諸侯会議を復活させることを命じた。しかしこの改革も、高等法院をはじめ各層からの反発を受け、数ヵ月で頓挫することとなった。

カロンヌの財政改革案の提出から、ラモワニョンの改革にいたるまでのこの期間には、地方議会の設置が試みられたことも重なり、既存の組織と政治システムに対する議論が、パリだけでなく地方で巻き起こった。ラングドック地方では、王権側に加担する地方三部会が批判の的となり、地方の利害を代表する組織の改革が議論されていくことになる。[*8] そしてこうしたなか、財政改革の問題を議論するために、全国三部会の開催が、パリ高等法院からだけでなく地方からも要求され、国王ルイ一六世（Louis XVI）はこれを受け入れた。そして翌年の一七八九年五月、フランス革命の舞台となる全国三部会が開催されることになるのである。

アンシアン・レジーム期の権力秩序は、こうして一七八六年から開始される財政改革とその後のフランス革命のなかで、大きな変容の時代を迎えることになる。王権による強権的な政策の実行と、全国で展開された特権と身分制をめぐる激しい議論は、アンシアン・レジーム期の王権と諸権力の交渉による政治運営の基盤を崩壊させる決定的な契機となった。[*9]

しかし、アンシアン・レジーム期の権力秩序が、革命によってすべて葬り去られたと考えることはできない。フランス革命の終着点がナポレオンによる統治であり、王政復古であるからである。この時、南フランスでは白色テロルが吹き荒れ、復古王政を後押しした。これらのことを考えるならば、アンシアン・レジームの権力のあり方の持続性と変容は、あらためて問われることになるだろう。

本書では、王権と地域権力が地域秩序の形成において交渉し、地域諸権力の利害を組み込むかたちで協働し、地域住民に対する支配の維持と強化に乗り出していた点に焦点をあててきた。地域権力や地域社会から支配構造を眺め直してきたのは、王権に限らない権力への視野を広げ、ここからアンシアン・レジーム期の権力秩序を考察することを目的としてきたからである。フランス革命によって王権は倒れるが、アンシアン・レジームとその後の権力秩序の関係を考察するためには、権力と支配をめぐるさまざまなアクターに目を向ける必要があると考える。

註

＊1　William Beik, «The Absolutism of Louis XIV as Social Collaboration», *Past and Present*, nº 188, 2005, pp. 195-224.

＊2　*Ibid.* ベイクは、ルイ一四世の治世のなかでも親政期（一六六一―一七一五年）の研究が手薄であると述べているが、例えばこのサーヴェイ論文後の二〇〇七年に公刊された以下の研究が、親政期も含めたルイ一四世の治世における王権と高等法院の協働関係について論じている。Caroline Le Mao, *Parlement et parlementaires. Bordeaux au Grand siècle*, Seyssel, 2007.

＊3　協働関係の指摘の多くが、地方三部会保有地域を対象とした研究に多いことは、ベイクが述べているとおりである。Beik, *op. cit.*, p. 221.

＊4　一七八六年に試みられたのは、「土地上納金（subvention territoriale）」の新設であった。特権身分への課税の試みは、これがはじめてではなく、一七四八年の二〇分の一税の新設もこれを目的としていたが、実施の過程でその目的は骨抜きにされた。

＊5　Julian Swann, «Introduction: The crisis of the absolute monarchy», Julian Swann and Joël Félix eds., *The Crisis of the Absolute Monarchy: France from Old Regime to Revolution*, Oxford, 2013, p. 2.

＊6　ラングドック地方三部会の議長はナルボンヌ大司教であったが、ナルボンヌ大司教が欠席のときには、トゥルーズ大司教が議長をつとめた。Élie Pélaquier, «L'assemblée des États», Stéphane Durand, Arlette Jouanna et Élie Pélaquier et al., *Des États dans l'État. Les États de Languedoc, de la Fronde à la Révolution,* Genève, 2014, p. 32.

＊7　Claude de Vic et Joseph Vaissète, *Histoire générale de Languedoc,* Toulouse, 1876, vol. 13, pp. 1344-1346.

＊8　Stephen Miller, *State and Society in Eighteenth-Century France: A study of political power and social revolution in Languedoc,* Washington, D.C., 2008, pp. 145-147.

＊9　ジュリアン・スワンは、アンシアン・レジーム期の王権とエリート層が相互に利益を得る協働関係を構築していたことを示す近年の研究の意義を認め、自らの研究もこの潮流に位置づけた。しかし、その協働関係を支える統治の合意が崩壊する原因が、これまでの研究ではほとんど描かれていないと指摘している。Julian Swann, «From servant of the king to 'idol of the nation': The breakdown of personal monarchy in Louis XVI's France», Swann and Félix eds., *op. cit.*, pp. 63-64. したがって、王権と諸権力の協働関係の変化は、フランス革命期にだけでなく、アンシアン・レジーム期の政治実践を分析するなかで検討することも必要だろう。また、ジョン・ハートが、近年の協働理論を批判したとおり、王権が諸権力に対して抑圧的な対応を取ることがあったことも否定できない事実であり、こうした側面と協働関係をどのように整合性をもたせて理解するのかという点も、アンシアン・レジーム期研究の今後の重要な課題であろう。John J. Hurt, *Louis XIV and the parlements: The assertion of royal authority,* Manchester; New York, 2002.

あとがき

本書は、二〇〇七年に千葉大学大学院社会文化科学研究科に提出した博士論文「一八世紀ラングドック地方における司法制度改革と権力秩序――ヴィヴァレ・セネシャル裁判所創設とマスクの蜂起――」をもとに、加筆・修正したものである。ただし、その後に研究をすすめていくなかで博士論文には大幅に加筆しており、本書の第二章を除き、博士論文のほとんど原型をとどめていない。本書は、博士論文のなかからいくつかの論点を拾い上げ、さらに詳細に分析を深めて発表した学術論文がおもにもととなっている。初出は以下のとおりである。

第二章「一八世紀ラングドック地方における司法制度改革と地域権力――ヴィヴァレ・セネシャル裁判所創設をめぐって――」『史学雑誌』第一一五編第八号、二〇〇六年八月、五五―七八頁。

第三章「混じり合う王権と地域権力――一八世紀フランスにおける国王裁判所の人的構成――」小沢弘明・山本明代・秋山晋吾編『つながりと権力の世界史』彩流社、二〇一四年二月、四七―六六頁。

第四章「一八世紀フランスの権力秩序と裁判管轄争い――一七八三年ラングドック地方におけるマスクの蜂起の事後処理過程――」『歴史学研究』第八六九号、二〇一〇年八月、一―一七頁。

第五章「一八世紀後半フランスの地方統治と地域秩序――トゥルーズ高等法院の巡回任務――」『史学雑誌』第一二一編第一二号、二〇一二年一二月、一―三三頁。

ここに再録することを認めてくださった関係各位に感謝を申し上げる。

これらの初出論文をもとに、相互に重複している部分を削除しながら新たに加筆し、また間違いを修正したものが、本書の各章となっている。また、序章、第一章、第六章、終章は、博士論文に同じくそのエッセンスはあるものの、学術雑誌などで発表したことはなく、本書のために書き下ろした。

ところで、ラングドック地方をフィールドに選択したのは、一九九〇年代の学部学生の頃であった。卒業論文を書くにあたって関心があったのは、フランスの近世・近代における人々の紛争解決の方法と、裁判制度に具現化されるような「近代的な」秩序観の相克であった。このテーマは、フランス社会史の王道の研究領域の一つであり、すでに一九八〇年代前後にはニコル・カスタンやイヴ・カスタンによるラングドック地方を対象とした研究が存在していた。筆者はこれをとおしてラングドック地方に興味をもち、また同地が現在にいたるまで中央と複雑な関係を形成し、地域主義運動を生んだことも、この地方に対する関心をもち続ける理由となった。

本書全体の起点は、実は最後の章である第六章である。ここで分析するマスクの蜂起を研究の中心にすえようと思いいたったのは、二〇〇一年から二〇〇三年にラングドック地方のモンプリエ第三大学（ポール・ヴァレリー大学）に留学することになる直前の頃だった。蜂起研究は、本書でも論じたように、一九八〇年前後に多くの研究蓄積を生んだが、この時代をピークにして、筆者が留学準備をすすめていた頃には停滞しているようにみえた。蜂起研究を留学における研究課題としたいという筆者の考えについて、これ以上どのような研究が可能なのかと問われたこともあった。しかし、秩序をめぐる権力の問題に関心があった筆者には、これまでの「民衆文化」を抽出する蜂起研究では満足できない漠然とした問題関心があり、マスクの蜂起の研究が行える場所として留学先を決めた。

フランスの大学院や研究機関における演習は、一般的に担当の教員一名とゼミ生だけという狭い空間と限られた参加者だけで行われるものではない。筆者が留学したモンプリエ大学でも、指導教授であったラングドック近世都市史が専門のアンリ・ミシェル先生だけが運営を担っていたわけではなく、フランス革命および一九世紀史が専門の教員とともに演習を担当していた。さらに同じ演習の時間には、モンプリエ大学による研究プロジェクトについて、経過報告が関係研究者から行われることもあり、また学外の南フランス史研究者がゲストスピーカーとして頻繁に招かれた。こうした機会には、大学院生以外の多くの聴衆も出席し、これをとおして最新の研究動向にふれ、ラングドック地方史の研究者との交流の機会に恵まれた。この時に文書館に通い膨大な史料群と日々向き合ったことも含めて、本書の基盤となっている。

博士論文を提出した千葉大学では、南塚信吾先生、小沢弘明先生をはじめ多くの先生方に学び、学位論文の審査にいたるまで指導を受けることができた。深く感謝する。史学科としてさまざまな領域を専門とする教員が大勢いらっしゃったことは、歴史研究の基礎を形作るうえで非常に影響を受けた。大変幸運な場で学ぶことができたと思う。

また、元東京外国語大学教授の工藤光一先生にも感謝したい。筆者が千葉大学の学部生であったときに、非常勤講師として講義と演習を担当され、そこから筆者はフランス史と社会史の勉強をはじめた。これを縁として東京外国語大学の演習に、博士課程にいたるまで断続的に参加させていただいたが、工藤先生は学外者である筆者を温かく迎えてくださり、さらに二宮宏之先生やフランス史研究者と筆者を結びつけてくださった。また博士論文を執筆したのはよいが行くあてのなかった筆者に職を紹介してくださり、就職が決まった時にも大変喜んでくださった。他界されてしまった今、ご本人に感謝の意を直接申し上げることはできないが、今後の学界活動や歴史研究を志向する若い世代とのかかわりのなかで、いただいた学恩に報いたいと思う。

千葉大学および大学院の友人や、研究会をとおして出会った同世代の大学院生や研究者からも多くのことを学んだ。特に千葉大学では、学術的な交流も刺激的であったが、それだけでなく、実家を離れて生活をしていた学生や院生が多かったせいか、まさに家族のようなつきあいとなった。博士論文がなかなか書けず先がみえない不安的な時期を乗り越えられたのは、ひとえに大学院生時代の仲間のおかげである。

そうした仲間の一人である伴侶に、感謝をささげる。同じく歴史研究者として、研究の初発の段階からその問題意識を含めて議論できることはありがたく、また楽しいものである。大学院生時代と就職までの長く厳しい時代を支えてもらったことには、感謝の言葉が尽きない。また両親にも、多くの苦労と心配をかけた。歴史研究を志すことに文句もいわずにその道を歩ませてくれたことに感謝する。

また、出版状況の厳しいなかで、本書の出版を引き受けてくださった有志舎の永滝稔氏に感謝する。本書の視野が広がるようにご助言をいただき、単著の出版をここまで導いてくださった。

本書が日の目をみるまでには、多くの研究助成と協力を受けた。沖縄県国際交流・人材育成財団（留学の初年度にあたる二〇〇一年九月より二〇〇二年八月まで助成）、文部科学省科学研究費補助金若手研究（B）「一八世紀フランス・ラングドック地方における司法制度改革と秩序観の相克」（研究代表者：仲松優子、研究期間：二〇一〇―二〇一二年度）、同じく文部科学省科学研究費補助金基盤研究（C）「フランス革命前後の政治的代表性をめぐる権力編成と旧秩序」（研究代表者：仲松優子、研究期間：二〇一五―二〇一七年度）によって、助成を受けた。記して感謝したい。また、研究の遂行においては、パリ国立文書館、アルデーシュ県文書館、エロー県文書館、オート＝ガロンヌ県文書館の各文書館員の方たちに大変お世話になった。さらに研究発表の機会を与えてくださった歴史学研究会、史学会、フランス史研究会、フランス革命史研究会、関西フランス史研究会、西洋近現代史研究会、ヨーロッパ近世史研究会の関係各位に感謝する。

ここでお名前を挙げることができなかったが、多くの方たちに支えられて本書の出版にたどり着いた。あらためて感謝をささげる。

二〇一七年八月　札幌にて

仲松優子

仲松優子（なかまつ　ゆうこ）
1974年生まれ。千葉大学大学院社会文化科学研究科博士課程修了。博士（文学）。現在、北海学園大学人文学部准教授。
主要著書:『つながりと権力の世界史』（共著、彩流社、2014年）
主要論文:「18世紀フランスの権力秩序と裁判管轄争い―1783年ラングドック地方におけるマスクの蜂起の事後処理過程―」（『歴史学研究』第869号、2010年）
「18世紀後半フランスの地方統治と地域秩序―トゥルーズ高等法院の巡回任務―」（『史学雑誌』第121編第12号、2012年）
「二宮史学の批判的継承に向けて―戦後歴史学・政治文化論・ジェンダー―」（『歴史学研究』第931号、2015年）
「複合君主政と近世フランス―ヨーロッパ近世史研究とフランス近世史研究の接続の可能性―」（『北海学園大学人文論集』第62号、2017年）

アンシアン・レジーム期フランスの権力秩序
――蜂起をめぐる地域社会と王権――
2017年12月30日　第1刷発行

著　者　仲松優子
発行者　永滝　稔
発行所　有限会社　有志舎
〒166-0003　東京都杉並区高円寺南4-19-2、クラブハウスビル1階
電話　03-5929-7350　　FAX　03-5929-7352
http://yushisha.sakura.ne.jp
振替口座　00110-2-666491
DTP　言海書房
装　幀　奥定泰之
印　刷　モリモト印刷株式会社
製　本　モリモト印刷株式会社

ISBN978-4-908672-17-0

索　　引

〈人　名〉

ア　行

アブリアル＝ディサ、ミシェル＝アンリ（Michel-Henri Abrial d'Issas） 113, 224
アンダーソン、ペリー（Perry Anderson） 14
アンリ４世（Henri IV） 7
ヴァシェ、ジャン＝バプティスト＝ルイ（Jean-Baptiste-Louis Vacher） 113, 224
ウェーバー、マックス（Max Weber） 9
ヴェロン＝ド＝ラ＝ラマ、アントワーヌ（Antoine Véron de La Rama） 114
ヴォルテール（Voltaire） 66, 212
エリオット、J. H.（J. H. Elliott） 15-16, 30-31
エンゲルス、フリードリヒ（Friedrich Engels） 6, 13
オリヴィエ＝マルタン、フランソワ（François Olivier-Martin） 11, 28

カ　行

カウツキー、カール（Karl Kautzky） 6, 13, 26
ガスク、ジャン＝アントワーヌ（Jean-Antoine Gasque） 113, 224
カスタン、ニコル（Nicole Castan） 19, 132
カタリナ、ディディエ（Didier Catarina） 20, 71, 109, 113
カロンヌ（Charles Alexandre de Calonne） 50, 238, 240
カンビス（Vicomte de Cambis d'Orsan） 209
ギゾー、フランソワ（François Guizot） 25
グスタフソン、ハラルド（Harald Gustafsson） 31
グベール、ピエール（Pierre Goubert） 71
クーロン、クラリス（Clarisse Coulomb） 192
ケーニヒスバーガ、H. G.（H.G.Koenigsberger） 31
ゲラール、バルテルミ（Barthélemy Gaillard） 114
コロンジョン＝デュソリエ、ガブリエル＝ジルベール（Gabriel-Gilbert Colonjon-Dussolier） 114, 117

サ　行

サン＝フロランタン（Saint-Florentin） 88
柴田三千雄 10
シャベール、アンリ＝マリユス＝フェリックス（Henri-Marius-Félix Chabert） 114
ショメル、ルイ＝テオドール（Louis-Théodore Chomel） 91-92, 105, 114, 117, 128
スービーズ公（Charles de Rohan, Prince de Soubise et d'Epinay） 119-121, 128, 187
スワン、ジュリアン（Julian Swann） 16, 242

タ　行

ダガン、ジャン＝ジョセフ（Jean-Joseph Daguin） 194
タベルノル＝ド＝バレ、シモン＝ピエール（Simon-Pierre Tavernol de Barrés） 113, 116, 122, 129
ダルビ＝ド＝ベルベーズ、ジャン＝フランソワ＝ドゥニ（Jean-François-Denis d'Albis de Belbèze） 167, 170, 178-180, 193-194, 196
ティエリ、オーギュスタン（Jacques Nicolas Augustin Thierry） 25, 26
デ＝フランソワ＝ドゥロルム、ジャン＝マリー（Jean-Marie des François-Delolme） 114, 116, 120
デュボワ＝モラン、ピエール（Pierre Dubois-Maurin） 113, 119, 224
デュポン＝ド＝ヌムール（Dupont de Nemours） 49
テュルゴ（Anne Robert Jacques Turgot） 49
デリエール、ジャン＝ルイ（Jean-Louis Delière） 113
ドイル、ウィリアム（William Doyle） 192
ド＝カセニョ＝ド＝サン＝フェリクス、ルイ＝エマニュエル（Louis Emmanuel de Cassaignau de Saint-Félix） 194
トクヴィル、アレクシス・ド（Alexis de Tocqueville） 5, 39, 61
ドミュール、マチウ＝ニコラ（Mathieu-Nicolas

Demeure) 114, 116, 119-120
ド＝ラシャドネード、ポール＝ジョゼフ＝サバチィエ (Paul-Joseph-Sabatier de Lachadenède) 122
ド＝レ＝ド＝サン＝ジェリ、クレモン＝ジャン＝オギュスタン (Clément-Jean-Augustin de Ray de Saint-Géry) 194

ナ 行

ナポレオン1世 (Napoléon Ier) 4, 240
ニコラ、ジャン (Jean Nicolas) 21, 200-201, 223-224
二宮宏之 1, 3, 10-13, 17, 26, 28, 157, 226
ネッケル (Jacques Necker) 49-50

ハ 行

バスティッド、ジャン＝フランソワ (Jean-François Bastide) 113, 116, 129, 224
バルエル、アントワーヌ (Antoine Barruel) 113, 115-119
バルエル、ルイ＝アントワーヌ (Louis-Antoine Barruel) 113, 115, 117, 119, 224
バルビッシュ、ベルナール (Bernard Barbiche) 194
フーコー、ミシェル (Michel Foucault) 20
フュレル、シモン＝アルマン＝ヴァランタン (Simon-Armand-Valentin Fourel) 114, 117
プーランツァス、ニコス (Nicos Poulantzas) 29
ブリエンヌ (Loménie de Brienne) 50, 238-239
ベイク、ウィリアム (William Beik) 13-15, 17-19, 29-31, 66, 234, 241
ベジアン、ギヨーム＝ジョセフ (Guillaume-Joseph Bézian) 113, 122
ベッカリーア (Cesar Bonesana Beccaria) 212
ペリゴール伯爵 (Gabriel-Marie de Talleyrand, comte de Périgord) 137, 159
ペルシエ＝デュゼール、フランソワ (François Percié-Dusert) 114
ベルセ、イヴ＝マリ (Yves-Marie Bercé) 194
ボダン、ジャン (Jean Bodin) 40
ポルシュネフ、ボリス (Boris Porchnev) 7-8, 10-12, 20, 26-28, 199
ボワシエール＝ラバニオル、ジャン＝クレール (Jean-Clair Boissière-Rabaniol) 113, 116

マ 行

マルトレ、ピエール (Pierre Marthoret) 114
マンドルー、ロベール (Robert Mandrou) 27
ミラー、スティーヴン (Stephen Miller) 21-22, 167, 198
ミリバンド、ラルフ (Ralph Miliband) 29
ムーニエ、ロラン (Roland Mousnier) 7-15, 20, 26-27, 199
メイジャー、ラッセル (Russell J. Major) 29
モプー (René Nicolas Charles Augustin de Maupeou) 48, 159
モンゴルフィエ、アレクサンドル＝シャルル (Alexandre-Charles Montgolfier) 114
モンテスキュー (Charles Louis de Secondat, baron de Montesquieu) 212

ラ 行

ラフォレ (Laforest) 175, 195
ラモワニョン (Chrétien François de Lamoignon) 48, 66, 240
リシュリュー (Armand Jean du Plessis, duc de Richelieu) 35
ルイ15世 (Louis XV) 48, 65
ルイ13世 (Louis XIII) 7, 35
ルイ14世 (Louis XIV) 1, 8, 13, 15-16, 20, 30, 38, 65, 192, 194, 200, 206, 236, 241
ルイ16世 (Louis XVI) 240
ルション＝ド＝ビリダンティ、ジャック＝ルイ (Jacques-Louis Rouchon de Billidentis) 113
ルース、エミール (Emile Lousse) 11, 28
ル＝マオ、カロリーヌ (Caroline Le Mao) 192
ル＝ロワ＝ラデュリ、エマニュエル (Emmanuel Le Roy Ladurie) 66
ロンバール＝ド＝カンシュ、ジャン (Jean Lombard de Quincieu) 114

〈事 項〉

ア 行

アイルランド 30
アナール学派 14
アノネー (Annonay) 74, 85, 99, 103, 120-121, 128, 178-179, 186

カ　行

サ　行

裁定（arrêt）　39, 97, 132, 151-154, 164, 167
裁判所審級　43, 44, 46, 64, 78, 90
裁判請求（requête en plainte）　138, 203
裁判先取権（prévention）　63, 161
財務局（bureau des finances）　61
財務総監（contrôleur général des finances）　38-39, 49-50, 62, 238
サン＝シエルジュ（Saint-Cierge）　179
三十年戦争　8, 35
サン＝タンブロワ（Saint-Ambroix）　136, 139, 171, 209
ジェヴォーダン地方（Gévaudan）　55, 59, 101, 171, 175-177, 188, 195-196
司教区（diocèse ecclésiastique）　54
執行吏（sergent）　172
執達吏（huissier）　144, 146, 172, 180, 187, 194-195, 228
司法諮問会議（Conseil d'État privé, finances et direction）　39, 152
資本制　6, 14
社会史　7, 14-15, 17, 28, 30
車刑　204-205, 210-211
社団　1, 12-13, 157
社団国家論　10-11, 28
社団的編成論　1, 2, 10-13, 17, 18, 229, 236, 238
シャンボナ（Chambonas）　196
宗教戦争　34, 40
自由主義　4-7, 17, 25
重農主義者　49
上級評定院（Conseil supérieur）　65
上座裁判所（présidial）　44-45, 62-63, 70-71, 140-141, 160-161
上訴制（appel）　63
証人召喚（assignation à témoine）　138, 144, 145, 203
証人尋問（information）　138-139, 145, 203
証人の供述検真（récolement）　203
植民地　47
叙任状（lettres de provision d'office）　105, 107, 109, 112-119, 126-128
ジョワイユーズ（Joyeuse）　75, 136, 138, 145, 175, 178, 211
司令官（commandant）　57, 61, 209, 215
神聖ローマ帝国　58
親族免除状（lettres de dispense de parenté）　116
製糸業　75
製紙業　99
セヴェンヌ地方（Cévennes）　57, 171, 183, 209
石炭　75
絶対王政　1-5, 7, 10-11, 15, 17, 20, 26, 29, 40, 69, 200, 216, 236
絶対主義　4, 6-7, 13-14
セネシャル裁判所（sénéchaussée）　43-44, 64-65, 70-71
全国三部会　48, 50, 100, 128, 240
染色　99
総代（syndic）（地方三部会）　85, 122, 125, 142-143, 175-176, 183-186, 215
総代官（lieutenant général）　34, 57, 61
総徴税管区（généralité）　35, 49, 53, 61
訴願審査官（maître des requêtes）　39, 117, 151, 163
ソシアビリテ論　10
訴追官（procureur）（裁判所所属）　82-83, 102, 112, 171

タ　行

第一バイイ裁判所管区（bailliages principaux）　100
第一法廷執達吏（premier huissier audiencier）　112
第三身分　26, 55
大諸侯会議（Cour plénière）　66, 240
大審部（grande chambre）　193
大青　54
代訴人（procureur）　133-135, 187-188
第二バイイ裁判所管区（bailliages secondaires）　100
大法官（chancelier）　38-39, 48, 86
地方議会（assemblée provinciale）　49-50, 240
地方三部会（États provinciaux）　35-37, 49-50, 125, 190, 236, 238, 241
地方総司令官（commandant en chef）　34-35, 38, 61
地方総督（gouverneur de province）　34, 61
地方総督管区（gouvernement）　34
地方長官（intendant de justice, police et finances）　35, 37, 39, 49, 61-62, 164, 194
中央集権化　1, 5, 37, 51
中級官僚（officiers moyens）　106-109, 124, 126, 129
通常裁判所系列（juridictions de droit commun）　43-44, 132, 140-141
ディオセーズ区（diocèse civil）　55, 59, 220
ディオセーズ区会議　59, 239

擲弾兵（grenadier） 178, 209
トゥルーズ（Toulouse） 22, 52-54, 74, 92, 99, 138, 180, 239, 242
トゥルーズ高等法院 53, 56, 72, 81, 87, 91, 107, 126, 155, 159, 167, 169-171, 175, 178, 180, 183-184, 186-188, 193-195, 198, 213, 219-220, 239-240
トゥルーズ総徴税管区（généralité de Toulouse） 53
トゥルーズ大司教 239, 242
トゥルーズ伯 52
トゥルノン（Tournon） 75, 103, 171, 178
登録権 37, 48, 240
特別裁判所系列（juridictions d'exception） 44-45, 138-139
都市裁判権 41
都市・農村共同体（communautés） 59, 74, 176-177, 195
土地上納金（subvention territoriale） 241
ドーフィネ地方（Dauphiné） 35, 48, 81, 116

ナ 行

内務諮問会議（Conseil des dépêches） 38
ナルボンヌ大司教 54, 239, 242
二十分の一税 238-239, 241
ニーム（Nîmes） 54, 56, 74-76, 81-85, 88, 91, 99, 102-103, 142
ニーム上座裁判所 81-82, 101, 138-139, 141-142, 144-147, 149, 154-155
ニーム・セネシャル裁判所 78-81, 83-85, 88, 92-94, 100-103
撚糸業 75
年齢免除状（lettres de dispense d'âge） 120
農地耕作人（travailleur de terre） 137, 210-211, 217

ハ 行

バイイ裁判所（bailliage） 43-45, 64-66, 71, 78, 86, 99-100, 108-109, 162
売官制 7, 27, 65, 109
パトロン＝クライアント関係 29
バ＝ラングドック地方（Bas-Languedoc） 36, 53-54, 57
パリ（Paris） 54, 56, 92, 175, 223
パリ高等法院 37, 48-49, 63, 65, 117, 239-240
バロン領（baronnie） 55, 129
ハンガリー 30
バンヌ（Banne） 211
ピエモン連隊（régiment de Piémont） 137
被疑者尋問（interrogatoire） 138, 203
被告と証人との対決（対質）（confrontation） 203
人形（ひとがた） 205, 211, 218
日雇い農 135, 137
評定官（conseiller）（バイイおよびセネシャル裁判所） 89, 94, 112-114, 116, 119, 121, 224
封印状 41
副検事（avocat pour roi、あるいは avocat du roi） 112-114, 116-117, 122
複合君主政 15-16, 30
複合国家 16
副総司令官（commandant en second） 57
ブシュー＝ル＝ロワ（Boucieu-le-Roi） 77, 99
ブドウ 54
フランス革命 4-6, 9, 13, 66, 125, 166, 201, 238, 240, 242
フランス元帥（maréchaux de France） 45, 120, 121, 129
フランス語 205, 207
プリヴァ（Privas） 75, 81, 85, 88, 100-101, 103
ブルゴーニュ地方（Bourgogne） 35
ブルゴーニュ伯領 58
ブール＝サン＝タンデオル（Bourg-Saint-Andéol） 75, 86
ブルジョワ革命 9
ブルジョワジー 5-6, 9, 26, 127
ブルターニュ地方（Bretagne） 35, 48, 127
プレヴォ（prévôt général） 138
プレヴォ裁判所（prévôté） 43-44, 64, 86
プレヴォ専決事件（cas prévôtaux） 45, 64, 89, 140, 204
プレヴォ・デ・マレショー（prévôt des maréchaux） 45
プロヴァンス地方（Provence） 35, 54
プロヴァンス伯領 58
プロテスタント 70, 201
フロンドの乱 8, 26-27
ベジエ（Béziers） 74, 80, 93
蜂起（民衆蜂起） 3, 8, 9, 19-21, 26-27, 31, 199-201, 221-224
封建制 6, 8, 10, 14, 134
法廷執達吏（huissier audiencier） 112
法務局 107
ボケール（Beaucaire） 73-74
ボケール・セネシャル 52, 56, 77-78
ポーランド＝リトアニア 30

マ　行

ヤ　行

ラ　行

文献目録

未公刊史料

Archives nationales（国立文書館）

Série E: Conseil du Roi.

E 2590: Minutes d’arrêts se rapportant au département du secrétaire d’État de la Maison du Roi. Janvier-avril 1783.

E 3707: Affaires diverses.

Série H: Administrations locales et comptabilités diverses.

H^{1}: Pays d’États. Pays d’Élections. Intendances.

Languedoc.

H^{1} 748^{101} à 748^{107}: Assiettes des diocèses. 1783-1789.

H^{1} 929 à 931: Procès-verbaux des États de Languedoc. 1783-1784.

H^{1} 1103: Affaires diverses.

Série O: Maison du Roi.

O^{1} 479: Lettres du ministre de la Maison du Roi aux autres Secrétaires d’État, aux Cours, aux Intendants, etc. 1783.

Archives départementales de l’Ardèche（アルデーシュ県文書館）

Série B: Cours et Juridictions.

B 66: Insinuations de la Sénéchaussée d’Annonay. 1781-1789.

B 68: Idem. 1781-1790.

B 77: Insinuations du Bailliage de Villeneuve de Berg. 1765-1780.

25B 79-81: Révolte des Masques armés.

Série C: Administrations provinciales.

C 9-15: Procès-verbal des délibérations des États particuiers du Vivarais. 1783-1789.

C 260: Édits, déclarations, lettres patentes du roi, ordonnances des commissaires du Roi, arrêts du Conseil d’État. 1783.

C 357-359: Procès-verbal des délibérations des États particuiers du Vivarais. 1780-1782.

C 372: Procès-verbaux d’assiette et des déliberations des commissaires ordinaires du pays de Vivarais. 1780-1785.

C 1083-1085: Administration de la justice. 1773-1789.

C 1515: Commission du Parlement. 1785.

Archives départementales de la Haute-Garonne（オート＝ガロンヌ県文書館）

Série B: Cours et Juridictions.

Parlement de Toulouse.

B 1822-1823: Arrêts du Parlement de Toulouse. Aôut-septembre 1783.

B 1836: Idem. Avril 1785.

B 1841: Idem. Septembre 1785.

B 1965-1966: Enregistrement des actes du pouvoir royal. Actes divers, Provisions d'offices. 1779-1785.

B 1969: Idem. 1780-1790.

Archives départementales de l'Hérault（エロー県文書館）

Série C: Administrations provinciales.

Intendance de Languedoc.

C 47: Notes sur les diocèses, villes et communautés de Languedoc. 1775-1789.

C 53: Administration de la justice. 1771-1784.

C 61- 62: Idem. 1768-1784.

Gouvernement militaire général de Languedoc.

C 6564: Révolte des Masques armés.

C 6886: Plaintes et placets. Diocèse de Viviers. 1781-1783.

公刊史料

ISAMBERT, Decrusy et Jourdan Isambert éds., *Recuil général des anciennes lois françaises depuis l'an 420 jusqu'à la Révolution de 1789,* Paris, 1822-33, 29 vol.

PUIS, Auguste éd., *Une famille de parlementaires toulousains à la fin de l'Ancien Régime. Correspondance du Conseiller et la Co^tesse d'Albis de Belbèze (1783-1785),* Paris, 1913.

同時代文献

Dictionnaire de l'Académie française, 4ème éd., Paris, 1762, 2 vol.

Dictionnaire de l'Académie française, 5ème éd., Paris, 1798, 2 vol.

FERRIÈRE, Claude-Joseph de, *Dictionnaire de droit et de pratique,* Paris, 1769, 2 vol.

研究文献（外国語）

ADO, Anatoli, *Paysans en révolution: terre, pouvoire et jacquerie, 1789-1794,* Paris, 1996［1re éd.: Moscou, 1971］.

ALTHUSSER, Louis, Étienne Balibar et al., *Lire le Capital,* Paris, 1965［今村仁司訳『資本論を読む』上下、筑摩書房、1996−1997 年］.

ANDERSON, Perry, *Lineages of the Absolutist State,* London, 1974.

ANTOINE, Michel, *Le Conseil du Roi sous le régne de Louis XV,* Genève, 1970.

——, «Sens et portée des réformes du chancelier de Maupeou», *Revue historique,* t. 288, 1992, pp. 39-59.

——, «Les remontrances des cours supérieures sous le règne de Louis XIV(1673-1715)», *Bibliothèque de l'école des chartes,* t. 151, nº 1, 1993, pp. 87-122.

AUBERT, Gauthier et Olivier Chaline dir., *Les Parlements de Louis XIV: Opposition, coopération, autonomisation?,* Rennes, 2010.

——, *Révoltes et répression dans la France moderne,* Paris, 2015.

BABEY, Pierre, *Le pouvoir temporel de l'évêque de Viviers au Moyen Age (815-1452),* Paris, 1956.

BAKER, Keith Michael, *Inventing the French Revolution,* Cambridge, 1990.

BALTEAU, J., M. Barroux, M. Prevost et al., dir., *Dictionnaire de biographie française,* Paris, 1932-.

BARBICHE, Bernard, *Les institutions de la monarchie française à l'époque moderne,* Paris, 1999.

BASSET, Charles du, *Trois siècles de la vie rurale, économique et sociale en Haut Vivarais (1600-1900),* Paris, 2004 (1re éd.: 1944).

BEIK, William, *Absolutism and Society in Seventeenth-Century France: State Power and Provincial Aristocracy in Languedoc,* Cambridge, 1985.

——, *Urban protest in Seventeenth-Century France: The culture of retribution,* Cambridge; New York, 1997.

——, «The Absolutism of Louis XIV as Social Collaboration», *Past and Present,* nº 188, 2005, pp. 195-224.

BÉLY, Lucien dir., *Dictionnaire de l'Ancien régime,* Paris, 1996.

BERCÉ, Yves-Marie, *Histoire des Croquants,* Genève, 1974.

——, *Croquants et nu-pieds,* Paris, 1974.

——, *Révoltes et révolutions dans l'Europe moderne XVIe-XVIIIe siècles,* Paris, 1980.

——, *Fête et révolte: des mentalités populaires du XVIe au XVIIIe siècle,* Paris, 1976［井上幸治監訳『祭りと反乱― 16−18 世紀の民衆意識―』新評論、1980 年］.

——, «La dispartion des Grands Jours», *La France d'Ancien Régime. Études réunies en l'honneur de Pierre Goubert,* t. 1, Toulouse, 1984, pp. 61-70.

BLANQUIE, Christophe, *Les présidiaux de Richelieu: Justice et vénalité (1630-1642),* Paris, 2000.

——, *Justice et finance sous l'Ancien Régime: La vénelité présidiale,* Paris, 2001.

BOHANAN, Donna, *Crown and nobility in early modern France,* 2001.

BORDES, Maurice, «Les intendants de Louis XV», *Revue historique,* t. 223, 1960, pp. 45-62.

——, «Les intendants éclairés de la fin de l'Ancien Régime», *Revue d'histoire économique et sociale,* t. 39, 1961, pp. 57-83.

——, «Les offices municipaux de la création de 1771 en Languedoc», *Annales de la Faculté des lettres,* Nice, nº 9-10, 1969, pp. 167-176.

——, *L'administration provinciale et municipale en France au XVIIIe siècle,* Paris, 1972.

BORZEIX, Daniel et al., *Révoltes populaires en Occitaine. Moyen Âge et Ancien Régime,* Treignac, 1982.

BOSC, Henri, *La guerre des Cévenne,* Curandera, 1985-1993, 6 vol.

BOSSUAT, André, *Le bailliage royal de Monferrand (1425-1556),* Paris, 1957 (rééd.: 1986).

BOUDON, Abert, *La sénéchaussée présidiale du Puy,* Valence, 1908.

BOULLE, Maurice, *Révoltes et espoirs en Vivarais (1780-1789),* Privas, 1988.

BOURDERON, Henri, «La lutte contre la vie chère dans la généralité de Languedoc au XVIIIe siècle», *Annales du Midi,* t. 66, nº 26, 1954, pp. 155-170.

——, «Recherches sur les mouvements populaires dans la généralité de Languedoc au XVIIIe siècle», *Actes du 78e congrès national des sociétés savantes (Toulouse, 1953),* Paris, 1954, pp. 103-118.

BOZON, Pierre, *La vie rurale en Vivarais. Etude géographique,* Valence, 1961.

BRETTE, Armand, *Atlas des bailliages,* Paris, 1904.

BURGUIÈRE, André dir., *Dictionnaire des Sciences historiques,* Paris, 1986.

CABOURDIN, Guy et Georges Viard, *Lexique historique de la France d'Ancien Régime,* Paris, 1978.
CAMPBELL, Peter Robert, *Power and politics in old regime France, 1720-1745,* London, 1996.
CAMUS, P., «Les rébellions contre le fisc en Haute-Boutière à la fin de l'Ancien Régime», *Revue du Vivarais,* t. 44, nº 4, 1937, pp. 193-215.
CARBASSE, Jean-Marie, Guillame Leyte et Sylvain Soleil, *La monarchie française du milieu du XVIe siècle à 1715: L'esprit des institutions,* Paris, 2000.
CASSAN, Michel, «Pour une enquête sur les officiers «Moyens» de la France moderne», *Annales du Midi,* t. 108, nº 213, 1996, pp. 89-112.
—— éd., *Les officiers «Moyens» à l'époque moderne: pouvoir, culture, identité,* Limoges, 1998.
——, «De l'État «moderne» à ses administrateurs «moyens»», *Histoire, économie et société,* t. 23, nº 4, 2004, pp. 467-472.
CASTAN, Nicole, «Révoltes populaires en Languedoc au XVIIIe siècle», *Actes du 96e congrès national des sociétés savantes (Toulouse,1971),* Paris, 1976, t. 2, pp. 223-236.
——, *Justice et répression en Languedoc à l'époque des Lumières,* Paris, 1980.
——, *Les criminels de Languedoc: les exigences d'ordre et les voies du ressentiment dans une société pré-révolutionnaire, 1750-1790,* Toulouse, 1980.
CATARINA, Didier, *Les justices ordinaires, inférieures et subalternes de Languedoc (1667-1789): Essai de géographie judiciaire,* Montpellier, 2003.
CHARAY, Jean, «La manufacture de soie d'Aubenas en Vivarais au XVIIIe siècle», *Vivarais et Languedoc,* Montpellier, 1972, pp. 207-213.
CHOLVY, Gérard dir., *Histoire du Vivarais,* Toulouse, 1988.
COHEN, Déborah, «Les répertoires de l'action: logiques sociales des acteurs ou contraintes de l'espace de réception? L'exemple de la révolte des «masques armés» (1783-1785)», *Annales historiques de la Révolution française,* t. 359, nº 1, 2010, pp. 9-28.
COLLINES, James B., *Classes, Estates, and Order in Early Moderne Brittany,* Cambridge, 1994.
CORNETTE, Joël, *La monarchie absolue. De la Renaissance aux Lumières,* Paris, 2007.
COULOMB, Clarisse, *Les Pères de la patrie: la société parlementaire en Dauphiné au temps des Lumières,* Grenoble, 2006.
COULOUMA, Joseph, «Une réforme judiciaire de Louis XIV, son application à Béziers», *Cahiers d'histoire et d'archéologie,* t. 1, Nîmes, 1931, pp. 128-134.
DEBORDES-LISSILLOUR, Séverine, *Les Sénéchaussées royales de Bretagne. La monarchie d'Ancien Régime et ses juridictions ordinaires (1532-1790),* Rennes, 2006.
DEYON, Pierre, *Le temps des prison,* Lyon, 1975［福井憲彦訳『監獄の時代』新評論、1982 年］.
DOYLE, William, «The Parlement of France and the Breakdown of the Old Regime, 1771-1788», *French Historical Studies,* vol. 6, nº 4, 1970, pp. 415-458.
——, *The Parlement of Bordeaux and the End of the Old Regime, 1771-1790,* London, 1974.
——, *The Ancien Regime,* Hampshire, 2001［福井憲彦訳『アンシャン・レジーム』岩波書店、2004 年］.
DUPORT, Anne-Marie, «Le personnel municipal de Nîmes de l'Ancien Régime à l'empire: étude sociale et politique», *Bulletin de la société languedocienne de géographie,* t. 16, nº 3-4, 1982, pp.

211-221.
——, «Les mouvements populaires dans les diocèses civils de Nîmes, Uzès et Alès de 1740-1789», *Annales du Midi,* t. 111, nº 225, 1999, pp. 31-45.
DURAND, Stéphane, Arlette Jouanna, Élie Pélaquier et al., *Des États dans l'État. Les États de Languedoc, de la Fronde à la Révolution,* Genève, 2014.
DUTIL, Léon, «La fabrique de bas à Nîmes au XVIIIe siècle», *Annales du Midi,* t. 17, nº 66, 1905, pp. 218-251.
——, «L'industrie de la soi à Nîmes jusqu'en 1789», *Revue d'histoire moderne et contemporaine,* t. 10, nº 4, 1908, pp. 318-343.
——, *L'état économique du Languedoc à la fin de l'Ancien Régime (1750-1789),* Paris, 1911.
EGRET, Jean, *La pré-révolution française (1787-1788),* Paris, 1962.
——, *Louis XV et l'opposition parlementaire (1715-1774),* Paris, 1970.
ELLIOTT, J. H., «A Europe of Composite Monarchies», *Past and Present,* nº 137, 1992, pp. 48-71［内村俊太訳「複合君主政のヨーロッパ」古谷大輔・近藤和彦編『礫岩のようなヨーロッパ』山川出版社、2016 年、55-78 頁］.
EMMANUELLI, Françcois-Xavier, *Un mythe de l'absolutisme bourbonien: L'intendance, du milieu du XVIIème siècle à la fin du XVIIIème siècle (France, Espagne, Amérique),* Aix-en-Provence, 1981.
ENGELS, Friedrich, *Der Ursprung der Familie, des Privateigenthums und des Staats,* Hottingen-Zürich, 1884［土屋保男訳『家族・私有財産・国家の起源』新日本出版社、1999 年］.
FERMEY, Raphaël, «Le bailliage royal et Siège présidial de Flandres: composition et activités (1693-1789) », *Revue de Nord,* t. 80, nº 326-327, 1998, pp. 619-635.
FONTAINE, Yves, «L'émotion de Joyeuse, 4-5 septembre 1735», *Revue du Vivarais,* t. 84, nº 4, 1980, pp. 197-203.
GALLET, Léon, *Les traits de pariage dans la France féodale,* Paris, 1935.
GALY, Guy-Roland, «L'exploitation des houillères en Languedoc et le marché du charbon au XVIIIe siècle», *Annales du Midi,* 1969, t. 81, nº 92, 1969, pp. 163-195.
GARNOT, Benoît, *Justice et Société en France aux XVIe, XVIIe et XVIIIe siècles,* Paris, 2000.
——, «Une rehabilitation? Les justices seigneuriales au XVIIIe siècle», *Histoire,économie et société,* t. 24, nº 2, 2005, pp. 221-232.
GIGORD, Raymond de, *La noblesse de la sénéchaussée de Villeneuve-de-Berg en 1789,* Marseille, 1979 (Réimpression de l'édition de Lyon, 1894).
GODECHOT, Jacques, *La contre-revolution: doctrine et action, 1789-1804,* Paris, 1961［平山栄一訳『反革命—理論と行動 1789−1804 —』みすず書房、1986 年］.
GOUBERT, Pierre, *L'Ancien Régime,* Paris, 1969/1973, 2 vol.
——, «L'ancien société d'ordres: verbiage ou realité?», idem, *Clio parmi les hommes,* Paris, 1976, pp. 281-286.
——, «Les officiers royaux des présidiaux, bailliages et élections dans la société française du XVIIe siècle», idem, *Le siècle de Louis XIV,* Paris, 1996, pp. 140-161.
GOURON, Marcel, *Inventaire sommaire des Archives départementales anterieures à 1790, Hérault,* t. 5, Montpellier, 1960.

GUENÉE, Bernard, *Tribunaux et gens de justice dans le bailliage de Senlis à la fin du Moyen Age (vers 1380-vers1550),* Paris, 1963.

GUILLEMINOT, Solange, «La justice d'Ancien Régime au XVIIème siècle. 11000 cas dans le Présidial de Caen», *Histoire, Economie et Société,* t. 7, nº 2, 1988, pp. 187-208.

HABERMAS, Jürgen, *Strukturwandel der Öffentlichkeit: Untersuchungen zu einer Kategorie der bürgerlichen Gesellschaft,* Neuwied, 1962［細谷貞雄訳『公共性の構造転換』未来社、1973 年］.

HAMSCHER, Albert N., *The parlement of Paris after the Fronde (1653-1673),* Pittsburgh, 1976.

HAYTON, D.W., James Kelly and John Bergin eds., *The Eighteenth-Century Composite State: Representative Institutions in Ireland and Europe, 1689-1800,* New York, 2010.

Histoire de Nîmes, Aix-en-Provence, 1982.

HOULLEMARE, Marie et Diane Roussel dir., *Les justices locales et les justiciables: La proximité judiciaire en France, du Moyen Âge à l'époque modern,* Rennes, 2015.

HURT, John J., *Louis XIV and the parlements: The assertion of royal authority,* Manchester; New York, 2002.

KAUTZKY, Karl, *Die Klassengegensätze im Zeitalter der Französischen Revolution,* Stuttgart, 1908［堀江英一・山口和男訳『フランス革命時代における階級対立』岩波書店、1954 年］.

KETTERING, Sharon, *Patrons, brokers and clients in Seventeenth-century France,* Oxford, 1986.

KOENIGSBERGER, H.G., «Composite states, representative institutions and the American Revolution», *Historical Research,* vol. 62, 1989, pp. 135-153［後藤はる美訳「複合国家・代表議会・アメリカ革命」古谷大輔・近藤和彦編『礫岩のようなヨーロッパ』山川出版社、2016 年、26-54 頁］.

LA ROQUE, Louis de, *Armorial de la noblesse de Languedoc: Généralité de Montpellier,* Marseille, 1995 (1re éd.: Montpellier, 1860).

LAROUSSE, Pierre, *Grand dictionnaire universel du XIXe siècle,* Paris, 1866-1877, 17 vol.

LARRIEU, Louis, *Histoire de la maréchaussée et de la gendarmerie des origines à la Quatrième République,* Maison-Alfort, 2002.

LAURAIN, Ernest, *Essai sur les présidiaux,* Paris, 1896.

LEBIGRE, Arlette, *La Justice du Roi: La vie judiciaire dans l'ancienne France,* Paris, 1988.

LEGAY, Marie-Laure, *Les États provinciaux dans la construction de l'État moderne aux XVIIe et XVIIIe siècles,* Genève, 2001.

——, «Les syndics généraux des États provinciaux, officiers mixtes de l'État moderne (France, XVIe-XVIIIe siècles) », *Hisoire, économie et société,* t. 23, nº 4 , 2004, pp. 489-501.

LE MAO, Caroline, «Louis XIV et le parlement de Bordeaux: un absolutism bien tempéré?», Hugues Daussy et Frédérique Pitou dir., *Hommes de loi et politique (XVIe- XVIIIe siècles),* Rennes, 2007, pp. 89-104.

——, *Parlement et parlementaires. Bordeaux au Grand siècle,* Seyssel, 2007.

——, *Hommes et gens du roi dans les parlements de France à l'époque moderne,* Pessac, 2011.

LEMARCHAND, Guy, «Troubles populaires et société. Vues nouvelles sur l'Ancien Régime: À propos d'un livre récent», *Annales historiques de la Révolution française,* nº 328, 2002, pp. 211-223.

LE ROY LADURIE, Emmanuel, *Histoire du Languedoc,* Paris, 1962［和田愛子訳『ラングドック

の歴史』白水社、1994 年].
——, *Les Paysans de Languedoc,* Paris, 1966, 2 vol.
Les grandes heures du bailliage et de la sénéchaussée du Bas-Vivarais, 1284-1790 (Revue de la société des Enfants et Amis de Villeneuve-de-Berg), Villeneuve-de-Berg, 1984.
LEXPERT, Albert, *Notice sur les États particuliers du Vivarais,* Tournon, 1893.
——, *L'organisation judiciaire de l'ancien pays de Vivarais,* Aubenas, 1921.
LOUSSE, Emile, «Parlementarisme ou corporatisme? Les origines des Assemblées d'États», *Revue historique de droit français et étranger,* t. 14, n° 4, 1935, pp. 683-706.
——, *La société d'Ancien Régime. Organisation et représentation corporatives,* Louvain, 1952 (1re éd.: 1943).
MAJOR, Russell J., *Representative Gouvernment in Early Modern France,* New Haven, 1980.
——, *From Renaissance Monarchy to Absolute Monarchy: French Kings, Nobles, & Estates,* Baltimore; London, 1994.
MALMEZAT, Jean, *Le bailli des Montagnes d'Auvergne et le présiial d'Aurillac comme agents de l'administration royale,* Paris, 1941.
MANDROU, Robert, «Les soulèvements populaires et la Société française du XVIIe siècle», *Annales E.S.C.,* t. 14, n° 4, 1959, pp. 756-765.
——, *Introduction à la France moderne, 1500-1640,* Paris, 1961.
MARION, Marcel, *Dictionnaire des institutions de la France aux XVIIe et XVIIIe siècles,* Paris, 1993 (1re éd.: 1923).
METTAM, Roger, *Power and Faction in Louis XIV's France,* Oxford, 1988.
MICHEL, Henri, «Les histoires urbaines languedociennes à l'époque moderne», *Société, Politique, Culture en Méditerranée occidentale XVIe-XVIIIe siècles,* Montpellier, 1993, pp. 199-234.
MICHEL, Robert, *L'administration royale dans la sénéchaussée de Beaucaire au temps de Saint Louis,* Paris, 1910.
MILLER, Stephen, *State and Society in Eighteenth-Century France: A study of political power and social revolution in Languedoc,* Washington, D.C., 2008.
MOLINIER, Alain, *Paroisses et communes de France. Dictionnaire d'histoire administrative et démographique : Ardèche,* Paris, 1976.
——, *Stagnations et croissance. Le Vivarais aux XVIIe-XVIIIe siècles,* Paris, 1985.
MOURS, Samuel, *Le Protestantisme en Vivarais et en Velay, des origines à nos jours,* Montpellier, 2001.
MOUSNIER, Roland, *La vénalité des offices sous Henri IV et Louis XVIII,* Paris, 1945.
——, «Recherches sur les soulèvements populaires en France avant la Fronde», *Revue historique moderne et contemporaine,* t. 5, 1958, pp. 81-113.
——, «Problèmes de stratification sociale», R. Mousinier, J.-P. Labatut et Y. Durand, *Deux cahiers de la noblesse pour les états généraux de 1649-1651: problèmes de stratification sociale,* Paris, 1965, pp. 9-49.
——, *Les institutions de la France sous la Monarchie absolue, 1598-1789,* Paris, 1974/1980, 2 vol.
MUTEL, André-Paul, «La justice de Saint-Étienne. Contribution à un essai de géographie des justices seigneuriales», *Revue historique du droit françcais et étranger,* t. 68, n° 4, 1990, pp. 471-488.

NAGLE, Jean, «L'officier «moyen» dans l'espace français de 1568 à 1665», Jean-Philippe Genêt dir., *L'État moderne, genèse: bilans et perspectives. Actes du colloque tenu au CNRS à Paris, les 19-20 septembre 1989,* Paris, 1990, pp. 163-174.

——, «Les officiers «moyens» français dans les enquêtes sur les offices (XVIe-XVIIIe siècles)», Michel Cassan éd., *Les officiers «Moyens» à l'époque moderne: pouvoir, culture, identité,* Limoges, 1998, pp. 25-41.

NÉGRE, Pierre, *Les troubles populaires dans les Cévennes en 1783,* Thèse Droit, Montpellier, 1950.

NICOD, Jean-Claude, «Les «séditieux» en Languedoc à la fin du XVIIIe siècle», *Recueil de mémoire et travaux publiés par la Société d'histoire du droit et des institutions des anciens pays de droit écrit,* t. 8, Montpellier, 1971, pp. 145-165.

NICOLAS, Jean dir., *Mouvements populaires et conscience sociale, XVIe-XIXe siècles. Actes du colloque de Paris, 24-26 mai 1984,* Paris, 1985.

——, *La rébellion française. Mouvements populaires et conscience sociale (1661-1789),* Paris, 2002.

NICOLAS, Sylvie, *Les derniers maîtres des requêtes de l'ancien régime (1771-1789),* Paris, 1998.

OLIVIER-MARTIN, François, *L'organisation corporative de la France sous l'Ancien Régime,* Paris, 1938.

——, *Histoire du droit français des origines à la Révolution,* Paris, 1948 [塙浩訳『フランス法制史概説』創文社、1986年].

——, *Les parlements contre l'absolutisme traditionnel au XVIIIe siècle,* Paris, 1988.

——, *L'administration provinciale à la fin de l'Ancien régime,* Paris, 1988.

PAGÈS, Georges, *La monarchie d'Ancien Régime en France,* Paris, 1928.

——, «La vénalité des offices dans l'ancienne France», *Revue historique,* t. 169, 1932, pp. 477-495.

——, «Le conseil du Roi et la vénalité des offices pendant les premières années du ministère de Richelieu», *Revue historique,* t. 182, 1938, pp. 245-282.

PALLASSE, Maurice, *La Sénéchaussée et Siège Présidial de Lyon pendant les Guerres de Religion. Essai sur l'évolution de l'Administration Royale en Province au XVIe siècle,* Lyon, 1943.

PÉLAQUIER, Élie, «Pouvoir royal et communautés d'habitants en Languedoc (1661-1789)», *Société, Politique, Culture en Méditerranée occidentale XVIe - XVIIIe siècles,* Montpellier, 1993, pp. 47-66.

——, « Les mouvements anti-fiscaux en Languedoc d'après les archives de la Cour des comptes, aides et finances de Montpellier (1660-1789) », *Annales du Midi,* t. 111, no 225, 1999, pp. 5-29.

PERROT, Ernest, *Les cas royaux. Origine et développement de la théorie aux XIIIe et XIVe siècles,* Paris, 1910.

PILLORGET, René, *Les mouvements insurrectionnels de Provence entre 1596 et 1715,* Paris, 1975.

PORCHNEV, Boris, *Les soulèvements populaires en France de 1623 à 1648,* Paris, 1963.

RAICO, Ralph, *Classical Liberalism and the Austrian School,* Alabama, 2012.

RÉGNÉ, Jean, «La vie minicipale et la bourgeoisie d'Ancien Régime en Vivarais», *Annales du Midi,* t. 46, no 184, 1934, pp. 337-359.

REYNIER, Élie, *Le Pays de Vivarais,* Paris, 1993.

RIOLLOT, Jean, *Le droit de prévention des juges royaux sur les juges seigneuriaux: origines et développement de ce droit dans l'ancienne France en matière purement judiciaire,* Paris, 1931.

ROGISTER, J., *Louis XV and the Parlement of Paris, 1737-1755,* Cambridge; New York, 1995.

RUDÉ, George, *The crowd in history: A study of popular disturbances in France and England, 1738-1848,* New York, 1964［古賀秀男・志垣嘉夫・西嶋幸右訳『歴史における群集―英仏民衆運動史　1738−1848―』法律文化社、1982 年］.

SABATIER, Gérard, «De la révolte de Roure (1670) aux Masques armés (1783): la mutation du phénomène contestataire en Vivarais», *Mouvements populaires et conscience sociale XVIe-XIXe siècles. Actes du colloque de Paris, 24-26 mai 1984,* Paris, 1985, pp. 121-147.

SALMON, J. H. M., «Venality of office and popular sedition in Seventeenth-century France: A review of a controversy», *Past and Present,* n° 37, 1967, pp. 21-43.

SCHNETZLER, Jacques, «L'affaire des masques armés de 1783 en Haut-Uzège et Bas-Vivarais», *Revue du Vivarais,* t. 95, n° 4, 1991, pp. 269-321.

SHENNAN, J. H., *The Parlement of Paris,* Ithaca, 1968.

SICARD, Germain, «L'administration municipale de Toulouse à la fin du XVIIIe siècle», *Ville de l'Europe méditerranénne et de l'Europe occidentale du moyen âge au XIXe siècle: actes du colloque de Nice, 27-28 mars 1969,* Nice, 1969, pp. 159-165.

SOLEIL, Sylvain, «Le maintien des justices seigneuriales à la fin de l'Ancien Régime: faillite des institutions royales ou récupération? L'exemple angevin», *Revue historique du droit français et étranger,* t. 74, n° 1, 1996, pp. 83-97.

——, *Le siège royal de la sénéchaussée et du présidial d'Angers (1551-1790),* Rennes, 1997.

SOLNON, Jean-François, «Justice et gens de justice (XVIIe et XVIIIe siècles) », *Sources d'histoire de la France moderne. XVIe, XVIIe, XVIIIe siècle,* Paris, 1994, pp. 477-491.

SONENSCHER, Michaël, «La révolte des Masques armés de 1783 en Vivarais», *Vivarais et Languedoc,* Montpellier, 1972, pp. 247-263.

——, «The Hosiery Industry of Nîmes and the Lower Languedoc in the Eighteenth-Century», *Textile History,* vol. 10, 1979, pp. 142-160.

——, *Work and Wages: Natural Law, Politics and the Eighteenth-Century French Trades,* Cambridge, 1989.

SOTTOCASA, Valérie, *Memoires affrontées. Protestants et Catholiques face à la Révolution dans les montagnes du Languedoc,* Rennes, 2004.

SWANN, Julian, *Politics and the Parlement of Paris under Louis XV, 1754-1775,* New York, 1995.

——, *Provincial Power and Absolute Monarchy: The Estates General of Burgundy, 1661-1790,* Cambridge, 2003.

——, «Le roi demande, les états consenté: Royal Council, Provincial Estates and *Parlements* in Eighteenth-Century Burgundy», D.W.Hayton, James Kelly and John Bergin, *The Eighteenth-Century Composite State: Representative Institutions in Ireland and Europe, 1689-1800,* New York, 2010, pp. 163-182.

——, and Joël Félix eds., *The Crisis of the Absolute Monarchy: France from Old Regime to Revolution,* Oxford, 2013.

TEISSEYRE, Line, «L'industrie lainière à Nîmes au XVIIe siècle: crise conjoncturelle ou crise structurelle? », *Annales du Midi,* t. 88, n° 129, 1976, pp. 383-400.

TEISSEYRE-SALLMANN, Line, *L'industrie de la soie en Bas-Langudoe, XVIIe-XVIIIe siècles,* Paris,

1995.
THOMPSON, E. P., *The Making of the English Working Class,* New York, 1966［市橋秀夫・芳賀健一訳『イングランド労働者階級の形成』青弓社、2003 年］.
TILLY, Charles, «Book Reviews: Social Hierarchies, 1450 to the Present by Roland Mousnier», *The Journal of Modern History,* vol. 46, n° 4, 1974, pp. 706-707.
TIMBAL, Pierre-Clement, *Histoire des institutions publiques et des faits sociaux,* Paris, 1974 (5e éd.).
TOCQUEVILLE, Alexis de, *L'Ancien Régime et la Révolution,* Paris, 1856, dans J. P. Mayer dir., *OEuvres complètes,* t. 2, vol. 1, 1952［小山勉訳『旧体制と大革命』筑摩書房、1998 年］.
TOURNERIE, Jean-André, *Le présidial de Tours de 1740 à 1790: Recherches sur la crise judiciaire en province à la fin de l'Ancien Régime,* Tours, 1975.
VIC, Claude de (dom) et (dom) Joseph Vaissète (plus tard E. Roschach, A. Molinier et autres), *Histoire générale de Languedoc,* Osnabrück, 1973 (1re éd.: Toulouse, 1872-1904), 16 vol.
VILLARD, Pierre, *Recherche sur les institutions judiciaires de l'Ancien Régime. Les justices seigneuriales dans la Marche,* Paris, 1969.
WOLFF, Philippe dir., *Histoire de Toulouse,* Toulouse, 1974.
—— dir., *Histoire du Languedoc,* Toulouse, 2000.

研究文献（日本語）

阿河雄二郎「裸足の乱とフロンドの乱」『Etudes françaises』（大阪外国語大学）第 13 号、1975 年、1-38 頁。

——「『ロマンのカーニヴァル』注解」『Etudes françaises』（大阪外国語大学）第 18 号、1981 年、21-55 頁。

——「伝統としての民衆蜂起」中村賢二郎編『都市の社会史』ミネルヴァ書房、1983 年、270-293 頁。

——「18 世紀パリの穀物政策」中村賢二郎編『歴史のなかの都市—続　都市の社会史—』ミネルヴァ書房、1986 年、119-139 頁。

石井三記「カラス事件の法的側面— 18 世紀フランスの誤審事件—（1）（2）」『法学論叢』第 114 巻第 6 号、1984 年、31-54 頁; 第 115 巻第 1 号、1984 年、41-62 頁。

——「18 世紀フランスの国王・法・法院」上山安敏編『近代ヨーロッパ法社会史』ミネルヴァ書房、1987 年、165-190 頁。

——「18 世紀フランスの『国制』像—モープー期を中心として—」樋口勤一編『空間の世紀』筑摩書房、1988 年、47-75 頁。

——『18 世紀フランスの法と正義』名古屋大学出版会、1999 年。

伊藤滋夫「近世フランス地方財政史のために— 18 世紀ラングドック地方債に関する史料—」『史学雑誌』第 107 編第 10 号、1998 年、68-85 頁。

——「アンシャン・レジーム期ラングドックの直接税の構造」『紀要　地域研究・国際学編』（愛知県立大学）第 32 号、2000 年、67-91 頁。

——「中・近世ラングドックの直接税収取機構の変遷」『愛知県立大学外国語学部紀要（地域研究・国際学編）』第 33 号、2001 年、47-70 頁。

——「18 世紀ラングドックにおける地方三部会と金利生活者」『西洋史学』第 227 号、

2007年、1-21頁。

入江和夫「フランス・アンシァン・レジームの地方総督（Gouverneurs de province）制―国王官僚機構に関する一試論―（1）（2）（3）」『法政論集』（名古屋大学）第94号、1983年、1-34頁; 第95号、1983年、490-528頁; 第100号、1984年、182-229頁。

岩井淳編『複合国家イギリスの宗教と社会―ブリテン国家の創出―』ミネルヴァ書房、2012年。

大原詠美子「カミザール戦争―ルイ14世治下の南部プロテスタントの反乱―」『寧楽史苑』（奈良女子大学）第49号、2004年、17-37頁。

カヴァリエ（二宮フサ訳）『フランス・プロテスタントの反乱―カミザール戦争の記録―』岩波書店、2012年。

木崎喜代治「18世紀におけるパルルマンと王権―モープーの改革をめぐって―（1）（2）（3）」『経済論叢』第134巻第5・6号、1984年、264-287頁; 第135巻第5・6号、1985年、393-420頁; 第136巻第2号、1985年、129-152頁。

――『信仰の運命―フランス・プロテスタントの歴史―』岩波書店、1997年。

小山啓子『フランス・ルネサンス王政と都市社会―リヨンを中心として―』九州大学出版会、2006年。

佐々木真「フランス絶対王政期における国王民兵制」『史学雑誌』第98編第6号、1989年。

――「フランス絶対王政期における軍隊行政―17世紀の軍隊監察官と地方長官を中心に―」『歴史学研究』第650号、1993年。

――「フランス絶対王政期の騎馬警察隊―17世紀末を中心に―」遅塚忠躬・松本彰・立石博高編『フランス革命とヨーロッパ近代』同文舘、1996年、13-39頁。

――「ヨーロッパ最強陸軍の光と影―フランス絶対王政期の国家・軍隊・戦争―」阪口修平、丸畠宏太編『軍隊』ミネルヴァ書房、2009年、14-66頁。

――『ルイ14世期の戦争と芸術―生み出される王権のイメージ―』作品社、2016年。

志垣嘉夫「『小麦粉戦争』、その展開、帰結（1）（2）」『歴史学・地理学年報』（九州大学）第4号、1980年、77-101頁; 第5号、1982年、33-50頁。

――『フランス絶対王政と領主裁判権』九州大学出版会、2000年。

柴田三千雄『近代世界と民衆運動』岩波書店、1983年。

――（福井憲彦・近藤和彦編）『フランス革命はなぜおこったか―革命史再考―』山川出版社、2012年。

ソブール、アルベール（権上康男訳）「フランス革命における農民運動」岡田与好編『近代革命の研究（上）』東京大学出版会、1973年、354-372頁。

高澤紀恵『主権国家体制の成立』山川出版社、1997年。

高橋清德「国家と身分制議会（1）（2）」『明治大学法制研究所紀要』第13・14号、1971年、155-177頁; 第15号、1972年、15-133頁。

――「コルポラティスム論の歴史的射程」外尾健一・広中俊雄・樋口陽一編『人権と司法』勁草書房、1984年、313-329頁。

――『国家と身分制議会―フランス国制史研究―』東洋書林、2003年。

高山博「フィリップ4世（1285-1314）治世下のフランスの統治構造―バイイとセネシャル―」『史学雑誌』第101編第11号、1992年、1-38頁。

田口富久治『マルクス主義国家論の新展開』青木書店、1979 年。

千葉治男「フロンドの乱研究の一動向」『西洋史研究』（東北大学）第 5 号、1959 年、87-92 頁。

――「フロンドの乱をめぐる諸問題」『歴史学研究』第 248 号、1960 年、49-55 頁。

――「フランスの民衆運動」『岩波講座世界歴史　近代世界の形成Ⅰ』第 14 巻、1969 年、302-324 頁。

中木康夫『フランス絶対王政の構造』未来社、1963 年。

仲松優子「18 世紀ラングドック地方における司法制度改革と地域権力―ヴィヴァレ・セネシャル裁判所創設をめぐって―」『史学雑誌』第 115 編第 8 号、2006 年、55-78 頁。

――「18 世紀フランスの権力秩序と裁判管轄争い― 1783 年ラングドック地方におけるマスクの蜂起の事後処理過程―」『歴史学研究』第 869 号、2010 年、1-17 頁。

――「18 世紀後半フランスの地方統治と地域秩序―トゥルーズ高等法院の巡回任務―」『史学雑誌』第 121 編第 12 号、2012 年、1-33 頁。

――「混じり合う王権と地域権力― 18 世紀フランスにおける国王裁判所の人的構成―」小沢弘明・山本明代・秋山晋吾編『つながりと権力の世界史』彩流社、2014 年、47-66 頁。

――「二宮史学の批判的継承に向けて―戦後歴史学・政治文化論・ジェンダー―」『歴史学研究』第 931 号、2015 年、20-28 頁。

――「アンシアン・レジームの政治構造」『歴史と地理』第 701 号、2017 年、57-60 頁。

――「複合君主政と近世フランス―ヨーロッパ近世史研究とフランス近世史研究の接続の可能性―」『北海学園大学人文論集』第 62 号、2017 年、121-138 頁。

中村義孝「資料: ルイ 14 世 1670 年刑事王令」『立命館法学』第 263 号、1999 年、251-322 頁。

二宮宏之「絶対主義をめぐる諸問題―ポルシュネフ氏を迎えて―」『歴史学研究』第 345 号、1969 年、45-49 頁。

――「『印紙税一揆』覚え書」岡田与好編『近代革命の研究（上）』東京大学出版会、1973 年、39-105 頁。

――「フランス絶対王政の統治構造」吉岡昭彦・成瀬治編『近代国家形成の諸問題』木鐸社、1979 年、183-233 頁。

――「王の儀礼―フランス絶対王政―」柴田三千雄ほか編『シリーズ世界史への問い 7　権威と権力』岩波書店、1990 年、129–158 頁。

――編『結びあうかたち―ソシアビリテ論の射程―』山川出版社、1995 年。

――「アンシアン・レジームの国家と社会―序にかえて―」二宮宏之・阿河雄二郎編『アンシアン・レジームの国家と社会―権力の社会史へ―』山川出版社、2003 年、3-32 頁。

――『二宮宏之著作集』全 5 巻、岩波書店、2011 年。

塙　浩「フランス法史上の権力と刑事法」法制史学会編『刑事と国家権力』創文社、1960 年、431-547 頁。

浜田道夫「18 世紀ボージョレ地方における領主刑事裁判―サン = ラジェ裁判区とその周辺―」『社会経済史学』第 64 巻第 4 号、1998 年、461-491 頁。

林田伸一「18 世紀フランスの都市制度と王権―ラヴェルディの改革をめぐって―（上）

（下）」『人文・社会科学論集』（東洋英和女学院大学）第5号、1992年、17-37頁; 第6号、1993年、29-37頁。

――「ロラン・ムーニエと絶対王政期のフランス」二宮宏之・阿河雄二郎編『アンシアン・レジームの国家と社会』山川出版社、2003年、195-215頁。

深沢克己「18世紀のレヴァント貿易とラングドック毛織物工業―アレッポ向け毛織物輸出の変動をめぐって―」『土地制度史学』第32巻第1号、1989年、1-20頁。

福田真希『赦すことと罰すること―恩赦のフランス法制史―』名古屋大学出版会、2014年。

藤井美男「近代国家形成過程における都市エリートの学説史的検討―対象と方法をめぐって―」『経済学研究』（九州大学）第66巻第5・6号、2004年、43-65頁。

古谷大輔・近藤和彦編『礫岩のようなヨーロッパ』山川出版社、2016年。

正本 忍「1720年のマレショーセ改革―フランス絶対王政の統治構造との関連から―」『史学雑誌』第110編第2号、2001年、1-36頁。

松本英実「Conflit de juridictionsとアンシャン・レジーム期フランスの法構造―商事裁判所資料を素材として―」『法制史研究』第56号、2006年、109-140頁。

『マルクス＝エンゲルス全集』全53巻、大月書店、1959-1991年。

マルテーユ、ジャン（木崎喜代治訳）『ガレー船徒刑囚の回想』岩波書店、1996年。

宮崎揚弘『フランスの法服貴族―18世紀トゥルーズの社会史―』同文舘、1994年。

宮崎洋「近世都市トゥルーズについて―その都市機能の変化―」『三田学会雑誌』第84巻第2号、1991年、450-462頁。

安成英樹『フランス絶対王政とエリート官僚』日本エディタースクール出版部、1998年。

――「フランス絶対王政における訴願審査官のプロソポグラフィ」『お茶の水史学』第44号、2000年、79-105頁。

山瀬善一「13世紀初期におけるトゥールーズの毛織物工業とその経済的基礎」『国民経済雑誌』第96巻第1号、1957年、19-36頁。

渡辺和行『近代フランスの歴史学と歴史家―クリオとナショナリズム―』ミネルヴァ書房、2009年。

渡辺恭彦『18世紀フランスにおけるアンシアン・レジーム　批判と変革の試み―エコノミストたちの試み―』八朔社、2006年。